烽火记忆

FENGHUO JIYI
BAIMING KANGZHAN LAOZHANSHI KOUSHUSHI

百名抗战老战士口述史

上

江苏凤凰教育出版社 凤凰职教

图书在版编目(CIP)数据

烽火记忆——百名抗战老战士口述史：全3卷 / 张连红主编. —南京：江苏凤凰教育出版社，2018.8

ISBN 978-7-5499-7562-4

Ⅰ.①烽… Ⅱ.①张… Ⅲ.①抗日战争-史料-中国 Ⅳ.①K265.06

中国版本图书馆 CIP 数据核字(2018)第 180369 号

书　　　名	烽火记忆——百名抗战老战士口述史
主　　　编	张连红
责 任 编 辑	刘　艳　高　燕　李　睿
出 版 发 行	江苏凤凰教育出版社
地　　　址	南京市湖南路 1 号 A 楼，邮编：210009
出　　　品	江苏凤凰职业教育图书有限公司
网　　　址	http://www.ppve.cn
照　　　排	南京紫藤制版印务中心
印　　　刷	建湖县人民印刷有限责任公司
厂　　　址	建湖县经济开发区上海路 666 号，邮编：224700
电　　　话	025-68037410
开　　　本	718 毫米×1 005 毫米　1/16
印　　　张	59.25
版　　　次	2018 年 8 月第 1 版　2018 年 8 月第 1 次印刷
标 准 书 号	ISBN 978-7-5499-7562-4
定　　　价	160.00元(全 3 卷)
批 发 电 话	025-83658830
盗 版 举 报	025-83658873

图书若有印装错误可向江苏凤凰职业教育图书有限公司调换

提供盗版线索者给予重奖

《烽火记忆——百名抗战老战士口述史》
编　委　会

主　任：王燕文

副主任：杨志纯　葛　莱　胡连生　夏春青　林小昇

编　委：张连红　李良慧　陈　辉　夏锦忠　陈文娟

　　　　孙　敏　祝筱炜　朱永贞

主　编：张连红

副主编：吴先斌　王骅书　王志龙

编　者：（按姓氏笔画排序）

　　　　王元萍　王金鑫　叶　铭　齐春风　严海建　来碧荣

　　　　肖晓飞　张　力　张若愚　郑　忠　莫　非　薛　刚

统　筹：胡雅倩　刘　艳　杨　娟

序　言

　　这是一部抗日战争亲历者的口述史，是一份记载那段烽火岁月的珍贵史料，更是一本警示和教育人们砥砺奋进的鲜活教材。

　　天地英雄气，千秋尚凛然。在波澜壮阔的抗日战争中，中华儿女万众一心、众志成城，凝聚起抵御外侮、救亡图存的共同意志，涌现出千千万万的抗战英雄，他们抛头颅、洒热血，为抗日战争胜利作出了重大贡献。抗战英雄们身上所展现出的天下兴亡、匹夫有责的爱国情怀，视死如归、宁死不屈的民族气节，不畏强暴、血战到底的英雄气概，百折不挠、坚忍不拔的必胜信念，凝结成为伟大的抗战精神，这是中华民族弥足珍贵的精神财富。

　　习近平总书记强调，伟大的抗战精神，永远是激励中国人民克服一切艰难险阻、为实现中华民族伟大复兴而奋斗的强大精神动力。为传扬英雄故事、弘扬抗战精神，2017年暑假期间，省委宣传部、省文明办、省委网信办、省民政厅、团省委以纪念全民族抗战爆发80周年为契机，组织大学生志愿者开展"寻访千名抗战老战士"活动。2个多月时间里，全省450多名大学生志愿者冒着酷暑、走街串巷，用各种方式寻访到1037名目前生活在江苏的抗战老战士，用镜头和文字记录、留存口述历史资料600余份。南京师范大学抗日战争研究中心国家社科基金重大项目"抗日老战士口述史资料抢救整理"课题组全程参与,选派有经验的研究人员对寻访工作和资料整理进行指导,并对部分抗战老战士又进行了深度访谈。在此基础上,我们精选了其中有代表性的 102 位抗战老战士的口述历史资料,集辑出版这部三卷本的《烽火记忆——百名抗战老战士口述史》。

历史是由无数生动的细节构成的。一个个抗战亲历者看似琐细零散的经历,却能让抗战历史更加生动、形象地展现在世人面前。正如习近平总书记所指出的,抗战研究要深入,要做好战争亲历者头脑中活资料的收集工作,抓紧组织开展实地考察和寻访,尽量掌握第一手材料。在这次寻访活动中,当大学生志愿者联系 94 岁的魏愉同老战士时,他激动地说:"你们赶紧来,趁我现在还记得,这也是为国家作的最后一点贡献。"正是带着这样的崇高责任,一位位耄耋老人为年轻的学子们讲述了自己刻骨铭心的抗战记忆。虽然他们的讲述不是宏大的历史叙事,但恰恰从普通士兵的视角,反映了热血男儿和巾帼英雄保家卫国的壮行义举,反映了贫苦孩子和富家子弟的共同抗战决心,反映了抗战防御阶段、相持阶段、反攻阶段的艰苦卓绝斗争,反映了中国共产党在抗日战争中的中流砥柱作用,反映了正面战场和敌后战场、中国人民抗日战争和世界反法西斯战争等重大关系。阅读这部口述史,透过一个个生动的历史细节,我们能够真切感受在长达 14 年艰苦岁月中中国人民的英勇牺牲与顽强抗争,能够深刻体味抗战过程的惨烈和抗战精神的伟大。

历史是最好的教科书,历史是最好的营养剂。记录和保存抗战老战士们的珍贵民族记忆,正是为了让后人牢记由鲜血和生命铸就的中国人民抗日战争的伟大历史,牢记中国人民为维护民族独立和自由、捍卫祖国主权和尊严建立的伟大功勋,牢记中国人民为世界反法西斯战争胜利作出的伟大贡献,让历史如镜、丰碑不朽、精神永恒。我们要用好这部口述史,切实加强以爱国主义为核心的民族精神教育,在全社会进一步营造崇尚英雄、学习英雄、捍卫英雄、关爱英雄的浓厚氛围,引导人们树立正确的历史观、民族观、国家观、文化观,以坚定的理想信念筑牢精神之基,确立崇高的价值追求,争做担当民族复兴大任的时代新人。

江苏大地是遭受日本帝国主义蹂躏最为惨痛的地区之一,也是反抗侵略、奋起斗争最为壮烈的地区之一。如今,硝烟早已散去,但曾经的牺牲和抗争永远也不能被遗忘。以史为鉴、面向未来,我们要传承中华民族壮怀激烈的集体记忆,用伟大的抗战精神聚合新时代砥砺前行的磅礴力量,努力建设经济强、百姓富、环境美、社会文明程度高的新江苏,为实现"两个一百年"奋斗目标、实现中华民族伟大复兴的中国梦作出更大贡献。

谨以此向抗战英雄致敬,向抗战历史致敬!

本书编委会

聆听英雄故事　传承抗战精神

一、寻访抗战英雄

"天下艰难际,时势造英雄。"习近平总书记指出:在 14 年反抗日本军国主义侵略特别是 8 年全面抗战的艰苦岁月中,全体中华儿女万众一心、众志成城,凝聚起抵御外侮、救亡图存的共同意志,谱写了感天动地、气壮山河的壮丽史诗。无论是正面战场还是敌后战场,无论是直接参战还是后方支援,所有投身中国人民抗日战争中的人们,都是抗战英雄,都是民族英雄。

为了聆听英雄故事,传承抗战精神,2017 年暑期,江苏省委宣传部、省文明办、省委网信办、省民政厅、团省委联合组织开展大学生志愿者"寻访千名抗战老战士"活动。

在暑期社会实践过程中,全省 450 多名大学生志愿者在指导老师的精心组织和指导下,在各地民政部门的协助下,冒着酷暑,顶着高温,以各种方式寻访到 1 037 名目前生活在江苏的抗战老战士,记录、拍摄、留存口述史资料 600 余份,拍摄了数千小时的影像或录音资料,整理了数百万字的口述史文稿,"寻访千名抗战老战士"活动取得了圆满成功,在社会各界产生了广泛影响。

为提高寻访活动质量,南京师范大学抗日战争研究中心国家社科基金重大项目"抗日老战士口述史资料抢救整理"课题组对寻访工作和资料整理进行全程指导。同时,课题组专业人员利用寒假和今年上半年的时间,分成多个小组,从志愿者走访的老战士中,选择部分身体较好、记忆相对清晰的抗战老战士,再次进行口述史专业访谈,对老战士口述史的内容进行了学术整理,现呈现在各位读者面前的便是其中 102 名抗战老战士的口述史。

在本书 102 名抗战老战士中,年龄最大的是曾任国民政府军政部学兵总队炮兵团上尉参谋徐恭权。徐老 1915 年出生于南京六合,现在仍然健在,已经 103 岁了。年龄最小的老战士是 1930 年出生,今年也已 88 岁了,其中共有 6 位老战士同岁,他们分别是新四军苏浙军区第 3 纵队的王守先、在 1945 年大反攻时曾加入学兵团的荣风光、八路军鲁南军区第 5 团第 2 营的张荣光、新四军新兵连通信员的刘公能、新四军第 3 师后勤供给部女工刘金花和盐阜地区交通员孙彪。在百名老战士中,有 6 位巾帼英雄,她们分别是黄埔军校 3 分校第 16 期女兵周玉云、1944 年参加青年远征军教导团的穆天爱、八路军根据地青年妇女抗日先锋队工作人员李萍、曾任新四军根据地乡村妇联工作人员的史长美、1945 年 3 月参加新四军第 3 师后勤供给部女工的刘金花和泰兴乡村小学教员常皆春。在百名老战士中,有步兵、宪兵、坦克兵、装甲兵、航空兵、文艺兵,有卫生员、通信员、情报员、理发员,有正规部队士兵,也有地方武装人员,有文职人员,也有后勤系统的工人。真是"地无分南北,人无分老幼",凡是参加抗战的人们,他们都是抗战英雄,因此,本书排序以姓氏笔画进行了编排,弱化了军队和兵种、前线部队和后方工作人员的属性。

二、 每一位老战士的故事都是一部独特的抗战史

自本世纪以来,抗战老战士的口述史抢救整理在社会各界日益受到广泛和

高度的重视。抗战老战士是抗日战争中重大战役和重大事件的亲历者和见证人,他们的口述资料是抗日战争研究中宝贵的财富,是整个抗战资料中不可或缺的重要组成部分之一。在研究抗战历史过程中,如果没有抗战口述史资料的补充,可以说就很难全面揭示抗战历史的面相。由于我们所拥有资料的局限性,导致我们目前抗战历史研究的主题比较单一、内容也比较片面偏颇,这"同中国人民抗日战争的历史地位和历史意义相比,同这场战争对中华民族和世界的影响相比,我们的抗战研究还远远不够"。显然,抢救整理抗战老战士的口述史,可以弥补第一手档案文献资料的不足,有利于形成完整的民族记忆。

在访谈老战士的过程中,给我们留下了许多可歌可泣、感人至深的鲜活故事。2018 年 1 月 31 日,我们一行踏着积雪,前往金坛访问黄埔女兵周玉云老人。周老年近百岁,耳聪目明,思路清晰,声音洪亮,热情接待我们访问,3 个多小时,滔滔不绝,令人惊奇!周老的家族本是湖南长沙乡下望族,无奈父母早逝,她由姐姐一手带大,并送她上学直到高中毕业。1939 年她在衡阳考入黄埔军校,成为当年 300 名黄埔女兵中的一员。周老详细介绍了当时军校女兵行军、学习和生活的情况。一年后她就毕业分配到前线兵站医院政训科工作,她和我们分享了其在兵站医院抢救护理伤员的各种故事,例如劝说伤兵不要骚扰妇女、鼓励伤兵坚韧接受截肢、指导伤兵成功躲避日机突袭、劝说战友吃辣椒等。由于她是兵站医院唯一的女兵,为了保护她的安全,医院马兆麟院长专门给她介绍了一个男朋友,当时也在兵站医院工作的黄埔第 14 期生贺锁庆,并催促他们尽早结婚,算是给她找了一个"保护神"。周老第一个儿子生下后送给其姐姐帮助寄养,但是在一次逃难过程中,孩子不幸落水淹死。抗战胜利后,周老回到丈夫老家江苏金坛,坚决不参加内战。

抗战是一个大舞台,精彩故事源于生活实践。家住常州荷花池社区的季刚芹老人也给我们留下深刻印象。季老 1928 年 10 月生,今年 90 周岁,1944 年参加新四军苏中二分区特务营 3 连,十二三岁时就曾私藏一颗手榴弹,并惊险避开检查。16 岁时新四军来到家乡,他先加入儿童团,男扮女装进行抗日宣传,当年 6 月正式参加新四军。由于自己上过私塾,在部队里教战友识字,由于在部队各方面表现突出,入伍不到半年就被秘密发展为党员。季老为我们介绍了在特殊时期加入中国共产党和党内小组学习的许多细节。最有意思的是季老曾配合营长成功上演一场"假枪毙"逃兵的双簧戏。季老说当时部队里开小差当逃兵并不多,但时常也有一些士兵开小差偷偷回家。1945 年春天,部队在黄桥休整,部队里发生了几位开小差的事件,其中一位便是时任五班班长季老的一位士兵(投诚过来不久)。后来部队派人将其中一位逃兵抓回,要召开全营大会处理,事先连指导员交代季老一个任务,让他在营教导员宣布将逃兵拉出去枪毙时,立即从队伍中冲出,大喊"刀下留人!"后来这位逃兵感恩不杀之恩,并在部队中继续努力表现。

其实,每一位抗战老战士的经历都是一部独特的抗战史,每一位抗战老战士都有属于自己的感人故事。只有当我们走进抗战老战士的内心,静心聆听,我们才能真正感受到当年无数年轻人弃家报国的激情热血,才能真正体验到战争的残酷无情,也才能真正触摸到历史的温度。

三、 战时日常生活汇聚抗战精神

习近平总书记指出:在中国人民抗日战争的壮阔进程中,形成了伟大的抗战精神,中国人民向世界展示了天下兴亡、匹夫有责的爱国情怀,视死如归、宁死不屈的民族气节,不畏强暴、血战到底的英雄气概,百折不挠、坚忍不拔的必胜信念。伟大的抗战精神,是中国人民弥足珍贵的精神财富,永远是激励中国人民克服一切艰难险阻、为实现中华民族伟大复兴而奋斗的强大精神动力。

大历史是由无数"小人物"创造的。在伟大的中国人民抗日战争中，面对民族存亡的空前危机，中国人民的爱国热情像火山一样迸发出来。全体中华儿女众志成城、共御外侮，为民族而战，为祖国而战，为尊严而战，汇聚起气势磅礴的力量，并最终凝练而成极具丰富内涵的抗战精神。

本书访谈的百名老战士，他们在抗战期间均为普通士兵或下级军官，他们没有参与部队上层的重大决策，没有惊天动地的丰功伟绩，他们口述的内容也没有宏大的历史叙事，但他们都是这场关乎中华民族生死攸关的抗日战争亲历者、参与者，是中国人民取得抗日战争伟大胜利不可缺少的重要一员。由于处在战争这一特殊时期，许多重要战役和重要事件，都没有留下文字记载，而对于诸如抗战期间部队衣食住行、官兵关系、军民关系、武器装备、情报侦查、卫生教育、战场尸体掩埋、奖惩抚恤、通信情报、爱情婚姻、娱乐生活、便衣俘虏等，更是缺少第一手资料，至今战时军队生活细节仍多为历史空白。因此，要传承伟大的抗战精神，挖掘战时日常生活不可或缺。

在抗战期间，大部分老战士都很少写信同家中联系，担心家中父母受到牵连。老战士印行由于参加新四军，其父母曾被汪伪的和平军抓起来吊起来打，要他们交出儿子。很多老战士在当初参军时，其父母大都并不同意，而是自己偷偷参军的，有些父母在听说儿子驻地的消息后，则步行几百里，只是为了见上一面。好男儿志在四方，但他们也会时常想家，八路军老战士焦庭振刚参军时，有时候走在半路上特别想家，他"就朝家的方向磕个头"。

战斗经验来源于日常生活，由于缺少重武器，新四军东南警卫团六连的程雪青为我们介绍了新四军的"土制坦克"，即由战士顶着堆有潮湿棉絮的四方桌，向敌人碉堡进攻，子弹打到泡水后的棉絮上，就失去了威力。在访谈中，多名老战士还回忆到另一种攻打日军碉堡的奇特战术，就是将腐臭难闻的狗猫鸡鸭等动物尸体扔进碉堡，从而迫使日本兵无法忍受而走出碉堡，攻打部队乘机进行突然袭击。新四军南通城闸敌后武工队的赵暄讲述了用"蛇皮袋"活捉日本兵的精彩故事。黄埔军校 7 分校第 18 期步科的施金陵生动讲述了他第一次使用新式进口的"战防枪",击毁日军坦克获得表扬的光荣经历。

曾亲自押送谷寿夫上刑场的中国远征军老战士唐泽其,他清晰记得在缅甸野人山行军时的艰辛生活,遍布山中的蚂蟥、蚊子、蛇虫令人不寒而栗,饥饿和疾病导致每天都有战友倒下去,等到了印度新维接待站时,一百多名战友只剩下 20 余人的惨痛经历。国民党军第 74 军的老战士李连仲作为军医,介绍了战时前线作战部队药品的匮乏。周玉云的口述则十分详细介绍了兵站医院伤兵的心理困境。新四军老战士陈志祥则详细介绍了新四军士兵剃头的相差规则和要求。

关于战时入党和支部生活,老战士的回忆几乎一致,在八路军和新四军中战时入党是秘密的,大多通过谈话就决定其能否入党,不用写申请,而且支部生活十分灵活,可以随时召集。在部队里,所有党员觉悟都很高,在吃饭时,他们自己会主动少吃,而让新兵多吃。在行军时,首长有时会将战马让给受伤的士兵骑。

抗战期间有许多老战士都是从担任儿童团就开始参加革命,如八路军老战士 1929 年出生的张文治,在 15 岁时参加家乡儿童团,他还动情地给我们唱了一首当年儿童团歌曲:

> 月儿弯弯,星光闪闪,我们都是儿童团;
>
> 站岗放哨,又当侦探,盘查行人捉汉奸;
>
> 鬼子来了,我们就跑,跑到八路去报告;
>
> 领着八路,手拿枪刀,杀却鬼子把家乡保。

抗战老战士口述史中的日常生活,反映了战时历史的生动细节,这些内容我们在历史档案中找不到，在抗战史学术著作中也看不到。大量抗战老战士对战时日常生活的记忆，可以互相补充，互相印证。通过聆听抗战老战士栩栩如生、丰富多彩的战时军队生活，我们才能真正体会抗战历史不仅仅是战场拼杀的历史，真正体会战时部队生活的艰苦，真正体会到抗战胜利来之不易，真正体会到中国普通士兵坚韧不拔的民族精神和令人动容的家国责任。

四、 抗战老战士口述史的整理与传承

真实是口述史的生命。近十年来，社会各界十分重视老战士口述史的访谈，出版了一批质量较高的口述史著作，许多老战士的口述史提供了大量第一手珍贵史料，极大丰富了抗战史的研究。但是，口述史资料由于受访人受到立场、身份、环境、情绪、身体、年龄、记忆、人际关系等各种主客观因素的影响，不管是高级将领还是普通士兵，其口述内容都有可能会出现有意或无意的夸大、避讳、遗忘、差错、隐瞒、曲解，甚至同一受访人前后内容也会出现相互冲突之处。极个别抗战老战士在接受媒体采访或出版口述自传时，存在故意夸大或虚构历史事实的现象。从情感上来说，我们在访问抗战老战士过程中，所有经历过抗战洗礼的老战士，都值得我们敬重，作为后辈，我们没有资格怀疑他们。但是，从学术和出版角度，我们又必须理性对待抗战老战士口述史的真伪。我们更要尊重历史，敬畏历史，只有记录真实的抗战口述史，才有助于我们科学认识总结中华民族伟大的抗战史。一些老战士记忆中的明显差错，我们在整理时通过注释做了说明。

本书收录的百名老战士口述，在访问之前我们事先都做了"功课"，事后也进行了历史事实的核对，当然可能仍存在一些无法避免的差错。

寻找到老战士的线索，并成功进行了访谈，其实这只是老战士口述史整理

工作的第一步。而真正进入聆听访谈录音和整理访谈逐字稿则是口述史整理的第二步，而这可能需要数倍于实际访谈的时间，要不断反复核听。第三步是在逐字稿的基础上，形成完整逻辑体系的整理一稿，整理一稿基本是一篇论文的写作，不仅要谋篇布局，还要查阅核对大量相关资料。第四步是整理一稿完成后，再由课题组专家进行把关修改，形成整理二稿，在此基础上选择配老战士照片，撰写老战士档案，这样才可以进入编辑委员会的最后流程。编委会提出修改意见，再进行修订，最终才形成定稿。这是整理老战士口述史的基本流程，当然，在实操阶段，仍有许多问题需要不断讨论。

几乎每个老战士都有极富个性的口音、方言。江苏 13 个设区市，南到苏州，北到徐州、连云港，南北语系各异，甚至同一个大市的不同乡镇，其方言也有巨大差异。在本书整理过程中，有十余位老战士由于口音方言过重，逐字稿就未能如期整理出来。在语音表述风格上，为了保留不同老战士的个性话语风格，我们尽可能采用口语方式来整理，现在看来用口语方式来表达，会使读者在阅读时显得更为放松。

在整理老战士口述的过程中，除了口音和方言外，人名和地名的困扰对整理者也是一大挑战。在采访过程中，我们尽最大可能在老战士访谈结束时，就逐个进行确认，但有些人名和地名，由于年代久远，老战士自己也无法确认。在事后整理地名和人名时，我们会通过查阅地图和工具书来加以核对，对一些很小的地名和不重要的人名，在不影响历史真实的前提下，我们则用拼音汉字来表述。为了便于读者阅读，我们对老战士口述中的一些人名和地名进行了必要的注释。另外，对于抗战时期许多军事术语和相关兵器，我们在本书中添加了注释，供读者阅读时参考。

需要特别说明的是，抗战老战士的口述史不是老战士的抗战口述史，从口述史的价值来说，老战士一生完整的口述史，其价值无疑最高。读者可以通过了解抗战对老战士个人生活的巨大影响,通过阅读抗战老战士完整的个人生活史,真正感受到触手可及的抗战精神,并进而传承抗战精神。但由于受本书篇幅等因素的限制,在编辑过程中,我们还是被迫忍痛删除了部分抗战老战士在抗战胜利后的个人生活史。

五、 深深的感动与无尽的鸣谢

近几年来,国内外口述史热潮方兴未艾,但开展口述史确非易事,不仅需要有一个强大的团队,还需要投入巨大的财力,需要全社会的关注支持,更需要从事口述史专业人员的澎湃激情和坚韧毅力。回望一年来的艰辛历程,感慨万千,在我的内心深处唯有"感动"和"感谢"。

首先要感谢接受我们寻访的所有抗战老战士,尤其是接受我们深度访谈的100余位抗战老战士及其家属后人,没有他们的热情接待,我们的访问根本无法进行。有些老战士听说我们要来访问,他们提前几天就在准备,一些老战士更是穿戴整齐、胸佩奖章静坐家中等候,一些老战士和家属事先精心准备饮料水果,还有一些老战士则执意邀请我们一起用餐。为了能让我们了解真实的抗战历史,有的老战士为了留下他的口述资料,以教育后人,连续接受我们三个半天的采访。在采访过程中,也有些老战士未能给我留下他们珍贵资料。2018年1月31日上午,我们前往丹阳乡下敬老院采访中国远征军95岁的老战士史泽华,他毕业于复旦大学,我们去访问他时,他一人端坐窗口,其已经不能正常交流了。2月5日,我们在泰州人民医院采访印行老战士时,紧靠其床的是老战士王志奎,王老躺在病床上,不时发出起伏不定的呻吟声,昏迷中的王老对周边一切已经失去知觉。还有一些老战士,在我们采访完后不久,不断传来噩耗,他们相继驾鹤归队了,如本书中新四军第3师的单丙礼、曾任八路军第5纵队第2支队第4团话剧团演员的阴署吾等。在采访中每每遇到此情此景,无不令人动容,不觉潸然泪下。

感谢在2017年暑期中积极参加"寻访千名抗战老战士"活动的所有大学生志愿者和指导老师,他们的寻访活动为我们后来深度采访老战士提供了许多重要的线索。特别是江南大学志愿者团队的张英凡、盐城师范学院志愿者团队的王金鑫等同学,作为志愿者,在访谈过程中,他们脱颖而出,迅速成长为我们口述史团队中最为活跃的年轻人,为本项目顺利完成注入了巨大活力。

感谢南京民间抗战博物馆为此次访谈活动所做出的不可取代的贡献,吴先斌馆长不仅负责此次访谈的交通车辆,而且安排多名馆中工作人员参加访谈。在访谈中,几乎所有摄像录音工作均由该馆工作人员完成,在他的大力支持下,抗战老战士访谈计划才得以有条不紊的进行。在百名老战士访谈过程中,感谢爱德基金会、南京金泊集团和中国银行玄武支行团委为抗战老战士送去的年终组合礼包,在天寒地冻的冬天,他们的爱心给百余位老战士送去了的无尽温暖。

最后我要特别感谢我们这个极具战斗力的团队,作为国家社科基金重大项目"抗日老战士口述史资料抢救整理"课题组,从2015年11月课题立项以来,课题组成员放弃节假日休息,克服各种困难,有时在外地访谈要连续工作2个月以上。目前课题组在全国各地已经先后访谈了1000余位抗战老战士,搜集了大量丰富的第一手资料,本书百名抗战老战士的口述史只是其中十分之一。

本书也是国家社科基金重大项目课题组的阶段性成果,感谢国家社科基金对本项目的经费支持。

张连红

2018年8月于南京仙林

(作者系国家社科基金重大项目"抗日老战士口述史资料抢救整理"首席专家)

目 录

序　言　　　　　　　　　　　　　　　　　　　本书编委会 / 001

聆听英雄故事　传承抗战精神　　　　　　　　　　　张连红 / 001

上　卷

丁金兰	战斗与饥饿并存	001
于百英	南京保卫战死里逃生的宪兵	008
卫功文	安徽省保安团的一个兵	012
王兆清	从娃娃兵到抗日英雄	016
王守先	小个子少年坚决要加入新四军	023
王定忠	转战南北不忘学习	032
凤甲寅	从抗战宣传员到战地卫生员	043
石永固	长衡会战的一段秘密往事	051
卢　华	战地中的"白衣天使"	056
叶开发	经历硬仗的战士	071

田浩东	收税不畏奸商	081
史长美	相信和依靠群众	087
印 行	以一己之力建起党支部	094
朱学明	被俘后死里逃生的黄埔老兵	101
朱得胜	忠诚的通信兵	112
邬汉忠	头部中枪的敢死队员	117
刘广柽	"官二代"的军校生活	124
刘公能	响水抗日亲历记	130
刘其友	转战响水驱日寇	137
刘冠时	用行动践行革命理想	144
刘 靖	烽火记忆犹在脑海	156
江春晖	为抗战作出贡献的情报老兵	167
汤乃全	身经百战建功勋	175
许映泉	带领连队跳出鬼子包围圈	184
孙良彬	师哥引路征战十年	198
孙学旺	没有共产党就没有我今天的幸福生活	205
孙 彪	智勇双全的地下尖兵	218
孙道成	第一次上战场就打了胜仗	231
孙德明	在战斗与歌声中成长	239
阴署吾	青春在战斗中燃烧	250
纪仲舒	考了三次黄埔军校	261
李安平	连续炸掉鬼子十个碉堡	272
李连伸	九死一生的白衣战士	284
李 萍	带领姐妹们抗日	291
李德才	通信员的抗战岁月	299

战斗与饥饿并存

丁金兰

"因为在战斗中救了宋文团长，救人有功，被部队授予了一个一等功"

★ 口述人：丁金兰

★ 采访人：王骅书　王金鑫　张德贤　张嘉玮

★ 采访时间：2017 年 12 月 10 日；2018 年 8 月 11 日

★ 采访地点：江苏省淮安市金湖县前锋镇淮胜村三联组

★ 整理人：张德贤　王金鑫

【老兵档案】

丁金兰，1926 年出生，江苏省金湖县人。1941 年 1 月参加新四军，曾任新四军第 2 师第 5 旅第 13 团 2 营 5 连 3 排 8 班战士、华东野战军第 7 纵队第 20 师第 58 团 2 营 5 连 2 排排长等职。1945 年 9 月至 1947 年期间，任宋文警卫员。立有一等功 1 次、三等功 1 次。抗战期间曾参加桂子山战斗、占鸡岗战斗、黄疃庙战役等战斗战役，解放战争时期曾参加淮南保卫战、苏中七战七捷等战役。1949 年 12 月，转业回乡。

1 世道太黑暗，参加新四军

1941 年元月，我参加了新四军，那年我 16 岁，之所以参加新四军，是因为当时社会太黑暗了，老百姓无法生存。官府凶神恶煞收捐收税，不管我们老百姓的死活，捞猪捞鸡抢粮。同时，土匪也很多，金湖、宝应湖、洪泽湖地区的土匪成群结队地打家劫舍，杀人越货。解放以后，河道清淤的时候，挖出了大量的人头骨，都是当年被土匪杀害的无辜百姓。我参军以后，被编入了新四军第 2 师第 5 旅第 13 团第 2 营第 5 连第 3 排第 8 班，个子还没枪高。当时新四军的生活还是极其辛苦的，虽然我们是主力部队，但是经常吃不饱，甚至吃不上饭，战斗任务天天都有，敌强我弱，打的是游击战，所以大家都很辛苦。

参军后的第一场硬仗，是 1941 年在洪泽湖地区打地方上的大刀会[1]，当时我随 13 团来到洪泽湖地区，遭到了的大刀会的阻击，部队出现了被大刀会冲散的情况，部队收拢后，首长们吸取了教训，高度重视，我们经过精心准备，深挖战壕，然后轻重长短武器有序开火。大刀会的人吃符纸吞乌砂，还念着咒语，不顾一切地冲了上来，我们高度戒备，最后大刀会被我们打垮了。

2　血染桂子山，激战占鸡岗

1943 年 8 月 17 日，我随部队参加了桂子山战斗。桂子山位于六合的东南，当时叫九牛山，因为当时日本鬼子大都聚集在那里，所以也俗称鬼子山。当天我们 5 连随部队进山去围剿鬼子，我们把日本鬼子包围了，那天刮东南风，进山时鬼子突然发射毒气弹，只见雾气升腾，我们战士只要闻到毒气，立即就会昏迷，最起码两三个小时才能醒过来。我所在阵地恰巧就在东南风下，不少战士中毒昏迷，但是首长有经验，要我们立即用湿毛巾捂住口鼻。我们纷纷取出毛巾，可是战场上没有水，有战友提议用小便。我就立即用小便打湿毛巾捂住自己的口鼻，不让毒气吸进去，但是有些爱干净的战友却没有能够用小便打湿毛巾捂住口鼻，遭到毒气袭击后，有的当场就牺牲了。桂子山上我们整整打了一

---

[1] 大刀会：以大刀为主要武器、依托封建宗教迷信建立起来的民间武装团体。清朝光绪年间，兴起于山东，后广泛流传至河南、江苏、安徽等地。成员多为普通农民、手工业者，相信通过吃符、念咒、做法等迷信活动就能够刀枪不入。至民国年间，沦为反动地主豪绅操纵愚弄普通群众的工具。尤其抗战时期，往往为汉奸所利用，成为攻打抗日军民、破坏抗战的反动组织。

天，部队牺牲很大，但也没有放过鬼子。

从 1944 年开始，我随 13 团参加了在津浦路西的反顽[1]战斗，那时候国民党军桂系顽军，也就是我们称呼的"广西猴子"与日本鬼子勾结，轮番侵占我们新四军路西地区。1944 年 11 月，我参加了占鸡岗战斗，那时候广西顽军企图占据占鸡岗[2]，为了消灭他们，在罗炳辉师长的指挥下，我们 5 旅和其他兄弟部队一起毙伤俘桂顽 1 900 多人，其中俘虏了 1 000 多人。战斗中，我们 5 旅骑兵连及时参加了作战，骑兵连的同志们每个人人手一把马刀，轮番上阵，打得十分英勇，许多马背上的同志牺牲了，但是没有坠马，战马还继续冲上去和敌人撕咬，我和战友们当时都看到了这英勇的场景，可以看得出来，骑兵连的同志们和战马长期相处感情很深。骑兵连最后就剩下了一名班长，其他同志都壮烈牺牲了，但是，正是他们将敌人的部署打乱，我们才取得了胜利。这也是转入反攻后第一次集中全旅部队和地方游击队，进行的大范围运动战。从此，我们部队就开始了从小型游击战向正规战的过渡。因为这次战斗俘获多，胜利大，师长罗炳辉和政委谭震林都到我们 13 团参加了庆功大会，对部队鼓舞很大。

▮3 大战黄疃庙，勇救宋团长

到了 1945 年 4 月，我随部队参加了黄疃庙战役，作战的主要地点就在黄疃庙[3]，这是我们新四军在路西组织的一次重要的反顽战役，参战的除了我们 2 师的 4 旅和 5 旅外，还有 3 师 7 旅、独立旅和 7 师的 19 旅，一共 5 个旅，都是我

---

〔1〕 指针对国民党顽固派的武装进攻而实行的军事反击。
〔2〕 今安徽省滁州市定远县吴圩镇站岗村。
〔3〕 今安徽省合肥市肥东县张集乡黄疃村。

们新四军各个师的主力。反顽作战的第五天,我们 5 旅 13 团和顽军打得十分激烈,互有胜负,因为下大雨,双方就罢兵了。第二天,天蒙蒙亮,我们前往昨天的战场,准备打扫战场,当时还下着小雨,负责侦察的同志工作没到位,原来顽军昨天没有从战场上退出到附近的村庄去住宿,因为他们装备好,搭了帐篷就地宿营,我们 13 团一个团被顽军反包围了,措手不及,而且广西顽军战斗力也相当凶悍和狡猾,他们猛打猛冲,我们所有人都措不及防,结果部队被打散了。

在与"广西猴子"的战斗中,我子弹打完了,就跟敌人拼刺刀。在拼刺刀的时候,有几个广西顽军包围了一个新四军,我一看发现是团长宋文[1]。当时宋文团长和警卫战士也被敌人冲散了,宋文团长与我们普通战士的服装不一样,被狡猾的广西顽军老兵认了出来,有三个广西老兵立即扑了过去,本来团长手中有一挺轻机枪,但是被雨淋湿了,关键时刻打不响。

当时我看到团长有危险,就奋不顾身用刺刀劈开一条血路来到团长身边,那时候团长已经受伤了,他看到我来后交代说:"小鬼,你抵住!"团长让我抵住,我就必须抵住,但是一对三,对方又是广西老兵,按道理说我是死定了,可是,当时敌人出现了一个失误,有一个广西顽军向我扔了一颗手榴弹,落在了我的脚下,冒烟还未爆炸,我想也没想,也没来得及抓起那手榴弹,就迅速弯下腰,用手奋力一挥,手榴弹被扔回并落在追赶上来的三个"广西猴子"身边,爆炸了,当场炸死了两个人,这也是平时艰苦的训练在战场得到的回报吧!

宋文团长也立刻意识到身上与众不同的服装会成为敌人的目标,成为大家的负担,所以立即用铁锹将农田里的泥浆水洒到自己身上,保护了自己。当时

---

[1] 宋文(1914—1995),原名宋丞塘,安徽金寨人。1929 年参加中国共产主义青年团,1931 年参加中国工农红军,1933 年加入中国共产党。曾任红 4 方面军第 4 军 10 师 29 政治处干事、第 31 军 93 师 279 团政治处组织干事、新四军第 4 支队 8 团连指导员、新四军挺进团营长兼教导员、新四军第 5 支队 10 团参谋长、14 团副团长、新四军第 2 师 5 旅 14 团团长、5 旅 13 团团长、山东野战军第 2 纵队 5 旅副旅长、华中野战军第 6 师 16 旅政委、第三野战军 25 军 74 师师长、华东军区装甲兵副司令员、司令员、江苏省军区副司令员、江苏省军区政委等职。1955 年,被授予少将军衔,获二级八一勋章、二级独立自由勋章、一级解放勋章。1995 年,病逝于南京。

剩下来的那个广西老兵没有退缩逃走,立即向我逼了过来,我们拼起了刺刀,在拼刺刀的时候,他找到了一个机会,快速地朝我刺了过来,我立即用左臂挡开了刺刀,左臂被他的刺刀刺中扎了一个长长的口子。当时的伤痕现在还在,也就在那一瞬间,我用右手将自己的三八大盖[1]步枪刺向顽军,因为三八大盖比他的中正式[2]步枪要长,所以后发先至,把他干掉了。因为在战斗中救了宋文团长,救人有功,被部队授予了一个一等功,战役结束的时候,我还缴获了一门八二迫击炮,荣获了三等功,功劳簿是个红本子,因为多次搬家已经丢失了。

4 抗战胜利,烽烟又起

抗战胜利以后,毛主席和中央发布指示要向北发展和向南防御,2 师的 4 旅、5 旅作为新四军主力部队,在罗炳辉师长的带领下北上山东。在北上前,我们 13 团来到了刚刚解放的六合县城,驻扎在县城西边二里的竹园庄,进行了一个星期的休整,我们每个人还拍摄了照片寄回家里。

1945 年 9 月,部队北上山东时,我被宋文团长召去做了警卫员,团长是安徽人,老红军,身经百战,刚强威武,一开始我还有点怕他,时间长了了解了他的脾气,处得很好。他的左手在战争中负过伤,用不上劲,裤带腰带都是我帮他扎。部队从苏北进入山东的过程中,战斗不停,打涟水,打莱芜,打孟良崮,打莱阳,打兖州,对手都是国民党军的主力。74 师用的都是冲锋枪,火力很猛,在孟良崮,我们一个团拼到最后只剩 100 多人,现在想起来心里都很难过。就在当

---

〔1〕 即三八式步枪,为栓动步枪,日本陆军于日俄战争后 1907 年正式采用为制式武器,是第二次世界大战中日本陆海军最主要、最基本的武器,在中国一向俗称为三八大盖,由于其枪机上有一个随枪机连动的防尘盖以及机匣上刻有"三八式"字样而得名。

〔2〕 中正式步骑枪为德国标准型毛瑟步枪的中国版本,使用 7.92 毫米尖头型毛瑟步枪弹,正式名称为中正式步骑枪,最早在 1935 年由巩县兵工厂(兵工署第 11 厂)组织生产,以取代国民革命军所装备的汉阳八八式步枪,因蒋中正而得名。从生产的角度而言,中正式步骑枪是中国近代第一种制式步枪。

宋文团长警卫员的时候，一次激烈的战斗中，为了掩护团长突围，我让团长骑马狂奔，自己则抓住马尾巴跟在后面，跑了几百米，最终宋文团长突出了重围，我自己大口吐血，身体亏了不少。到了1947年，团长就让我回到2营5连当了2排排长。这时我们部队已改编为华东野战军第7纵队第20师第58团。打兖州时我们团2连首先破城，各连在突破口打垮敌人十多次反扑。战后，2连成为"兖州战斗英雄连"，我们5连也获得"兖州战斗模范连"的称号。

在当排长的时候，我还随部队参加了山东大沙河战役，我们消灭了国民党军吴化文的部队。1948年12月份，因为长期作战导致肺部感染，我被安排到了山东黄河北边的后方医院住院治疗，1949年12月，我复员回到家乡。那时我才23岁，血气方刚，又刚从部队上下来，对乡长、指导员说话办事看不惯。有一次与他们争执了起来，他们要处理我，我一气跑到南京找老团长告状。宋团长那时已当了司令员，听了我说的情况，不仅没有支持我，还批评我说："让你回去是发挥党员作用，好好生产的，怎么和领导干上了，回去找乡长检讨，搞好生产劳动！"按照首长的指示，我就在家乡好好种地。到了26岁，因为家庭经济困难，乡邻介绍我给王金高家招女婿，我和他家大女儿王杏华结了婚，大儿子跟了岳父的姓姓王，二儿子才姓丁。我本来在部队上入了党，介绍人叫杨泽东，是我们金湖县金南人，一个月就转正式党员了。可是1954年发大水，把我们家房子都淹了，把我的党员证明、退伍证、荣誉军人残废证都冲掉了。地方上就不承认我是党员，但仍然享受抗日老战士的生活待遇。现在我已经93岁了，儿孙满堂，过得也蛮好。

南京保卫战
死里逃生的
宪兵

于百英

"到了黄口，老百姓围着我，这个拿馍，那个拿饭，这个送鞋子，那个送袜子。"

★ **口述人**：于百英

★ **采访人**：叶铭　薛刚

★ **采访时间**：2016 年 11 月 25 日

★ **采访地点**：江苏省徐州市丰县于百英家中

★ **整理人**：王喜琴

- -

【老兵档案】

　　于百英，1917 年出生，徐州丰县人，1935 年考入国民党军宪兵教导二团学习，1937 年随部队参加南京保卫战，最终渡过长江死里逃生。回乡后参加民团，继续投身抗战之中。

- -

1　参加宪兵教导二团

　　我叫于百英，徐州丰县人，1917 年出生，我们家兄弟三个，我高小毕业后，上不起中学，当时正好赶上南京宪兵学校来徐州招生，然后就进入南京的宪兵教导二团，那时我 18 岁。我们宪兵司令那会儿是谷正伦[1]，校长蒋介石。那时我们宪兵学校在南京中华门外南门的五贵桥（现名能仁里），在学校进行了四个月军训，四个月文化课训练，军事一本书，文化课一本书，学校里也教我们唱歌："快起来革命，要在枪林弹雨中，夺回我们的光明，打倒日本！"我们的衣服冬

----

〔1〕　谷正伦(1889—1953)，字纪常，贵州安顺人，中国国民革命军将领，中将军衔。有"现代中国宪兵之父"之称，提出将"不说谎，不作假，守本分，尽职责"为宪兵官兵的座右铭。1953 年 11 月 30 日，因胃癌在台北病逝。

夏都是黄色的衣服,穿的都是绒衣,冬天都是呢子。宪兵的扣子,你不扣他给你扣,军纪最严。我们宪兵外表都很漂亮,是纪律兵,跟普通的士兵不一样。我们的军衔,兵分为一等兵,二等兵,三等兵,然后尉官,校官,都是三等九级。我们用的枪有上海造、79步枪、套筒,没用过手枪,手枪那都是排长用的。

抗战爆发后,11月中旬南京国民政府迁往重庆,这时上海已经失守了,蒋介石命令唐生智守军截住上海过来的日军。日军12月到南京,到南京后,天天轰炸,火车轮船都停了。你这边一动他就轰炸,军队就在南京挖地洞,避轰炸,沟里睡得都是人。12架飞机派出去,到清凉山就轰炸了。他一轰炸,我们就跑。过后俺这队长领着大家拍照去,老的炸死不少,没炸着俺。炸死了很多老百姓。日本人那炮火厉害,老百姓就跑。

■2 南京大屠杀死里逃生

日本人打到南京雨花台,守雨花台的是一个师[1],硝烟满天,八天八夜没见到太阳,不知道是白天黑夜。光华门也在打,雨花台到处是轰炸。日军那迫击炮可厉害,在江东门那儿,那人死的不知多少。打的上级一看不行了,撤退,不能守了。唐生智下令向江北撤,那会儿有火车,但是不通,也没个桥。南京长江大桥,现在到江北五六个,那时候没一个,都是用轮渡,火车从北到南,都是用轮渡。那会儿桥修不起来,现在五六个桥。

那死的人太多了,街上都不能走人。电线杆烧的,人都走了,路上都没人。坐火车没车,坐轮船没船,那个能走的都出城了。南京那时候的房了,瓦房很少。

我也是走运,训练刚完,日军开始打南京。我们的射击教练,看到南京有逃

---

[1] 孙元良指挥的国民党军第88师。

跑的士兵，就讲，你跑回家也把你抓回来的，养兵千日，用兵一时。

打死人没数，我刚出南京城，大屠杀就开始了，日本人见人就杀了。那会儿无所谓军队了，人都尸横遍野了。俺在秦淮河那儿，看有个破船，船上没人，俺排长说，估计人们都避难去了。我们就乘船过秦淮河到江里，小船顺江漂了30里才到江岸。小船漏水，快到江边的时候，船里面水都快漫出来了，我们拿头盔舀水。后来小船被江水冲散了，我们几个人，每人抱着一块木板，被江水冲到了北岸。到了江边，江岸边没有实地，都是稀泥滩，船过不去，我跟排长就开始走。但是江边逃难的人太多，上岸那一段路都走成稀泥滩了，我跟班长深一脚浅一脚往江边走，但脚陷下去，就拔不出来了，走一步，陷进去一步，走了半天，半尺都没有走过。我在前面走，排长说，你拿着我的头盔，舀点水，往我身上泼，脚上有点水，脚好拔出来。后来，排长就让我们把大衣脱了，垫在稀泥上，滚过去。后来身上衣服基本都脱了，裤子上衣都脱了。上了岸，俺排长到村里找老百姓，买了衣服换上，当兵的手里都有钱。俺们的队伍，走得早都活命了，走得晚的都淹死了。

3 回乡参加民团继续抗日

太阳冒红了，我们到浦镇了，浦口在西，浦镇在东。我找到稻草，就睡了。太困了，睡眼朦胧中听到排长喊我的名字，我没答应他，喊了一会，他就走了。太累了，饥寒交迫，不敢坐，一坐下去就起不来了。后来我到蚌埠北，上了火车，到徐州我没下车，到黄口，这路我认识，离家近了。到了黄口，老百姓围着我，这个拿馍，那个拿饭，这个送鞋子，那个送袜子。我就想我不能老是待在这儿，我得走啊，有人问我你家在哪儿，我家在宋楼。回家后，参加过本地乡团，国民党，八路军，地主为了自卫，组织乡团，跟日本人拼，不拼不中了。打赵庄就是本地的乡团参加的，都是弟兄，都参加了。

安徽省保安
团的一个兵

卫功文

"我一天跑了 180 里路，扛着勃朗宁轻机枪，加上行李，到了目的地，我累得不能动弹。"

★ 口述人：卫功文

★ 采访人：肖晓飞　莫非　刘倩　史可　任俊

★ 采访时间：2017年11月12日

★ 采访地点：江苏无锡市积余小学工地宿舍

★ 整理人：肖晓飞

【老兵档案】

卫功文，1925年生，安徽舒城张母桥人。少年时帮工为生，1943年被国民党抓壮丁，参加安徽省保安团4团。曾经在太湖县一带和日军作战。抗战胜利以后，因思乡回家，在家中务农至今。

1　放牛娃被抓丁

我属鼠，甲子年腊月十二生人（1925年1月6日），老家在安徽舒城张母桥庙冲村。我不识字，连自己的名字都不认得。1982年，政府派人到我家来登记户口，填写姓名时跟我开玩笑："公家来找你了，是找你去坐班房的。"

我小时候，家里很困难。父母帮人家做散工，有人来找，就干个一天两天，前后帮过四家，到解放以后家里才有土地。父母的劳动收入很微薄，勉强能吃饭。庙冲村一带地主不多，土地也有多有少，多的家中大概种十几石田，完全依赖雇人。我从12岁开始帮人家放牛，16岁开始帮人家干活，一直干到19岁。

我兄弟姊妹共七人，我排老三。二哥是被抓走的，坐船到上海，从上海又到了东北,走了再也没回来过。

抗战爆发以后,日本人从舒城经过,到了霍山县。霍山是盆地地形,和我们舒城不同。我们张母桥在乡下,泥路不好走,日本人顺着公路跑过去了。不久就有新四军来活动,归六安这边管。小时候就听大人讲过大别山一带有共产党和红军,但从来没见过。听父母说新四军里面有个姓高的,是个厉害人。

1943 年正月二十,我早上起来,准备帮人上工干活,刚叠完被子,还没出门,就被乡公所的人上门抓走了。我在乡公所蹲了三天,接着被送到舒城县,直接交给安徽省保安团[1]4 团。一个乡 11 个保,一保出一个丁。他也不管你,可你也跑不掉,那时候五家连坐,有你的户口信息,跑也跑不了。

2 在安徽保安团的回忆

我在保安团干了四年。我们 4 团约有 1 500 人,我在第 3 营第 7 连。团长姓朱,叫朱其辉(音),湖南人。副团长姓林,广西人。营长姓吴,叫吴楚(音),广西人。连长姓刘,也是广西人。听说连长 12 岁的时候,和他的老干爷从广西老家出来,老干爷是六安专员。

到了保安第 4 团,上面发了衣服、鞋子。衣服都是老土布的,灰色,一年夏冬两套,腊月边上开始发棉衣;鞋子一年三双。保安 4 团武器还可以,有一个重机枪连,一个炮连,三门迫击炮,还有掷弹筒。我在保安团用的枪叫勃朗宁轻机枪[2],25 发子弹,前面有两个腿打开作支撑,据说拆开零件一共 156 件。

---

〔1〕 安徽省保安团,民国时期安徽省地方保安武装,主要以打击土匪盗贼,维持地方治安为任务。30 年代曾参与地方"剿共",后进行裁团改警工作。抗战军兴,停止裁团改警,转而全面复团,并开赴前线抗日,由安徽省保安司令部管辖。
〔2〕 勃朗宁轻机枪,1917 年由美国人约翰·摩西·勃朗宁设计的自动步枪,一战时开始投入战场,二战时期广泛使用于中国战场。

保安团平时以训练为主，早上四五点起床，开始训练，上午无事，下午继续训练。部队里一天两顿饭，上午下午各一顿，都是干饭。饭随便吃，能吃饱，菜就一个大盆子，偶尔有荤菜犒劳一下。在部队里也有补贴，多的有七八块一个月，少的差不多一块钱，发的都是纸币。我们在安徽晓天训练三个月，打了五六回靶，每人每次三发子弹。部队里也有"开小差"逃走的，其中也有被抓回来的，只好继续当兵。

我们保安团去过庐江、桐城、太湖、潜山、怀宁等地方，都在安徽省内。

我抗战时期和日本人就打过一回仗。日本人住在安庆，我们住在太湖的三桥。大约在1944年八九月间，有一天早上我们在出来的路上碰上了日本人，就打起来了。我们还有一队人驻在桐城，我们人多，有一千多人，日本人远远没有我们多。从白天战斗到天黑，日本人最后撤退，回到安庆。

1945年8月，抗战胜利。我们当时驻在庐江县的矾山，后来通知我们南下，接收日本人防地汤集沟。我一天跑了180里路，扛着勃朗宁轻机枪，加上行李，到了目的地，我累得不能动弹。晚上新四军悄悄摸上来，放倒了我们站岗放哨的，卷走了我们一个排的武器。

后来，部队里说愿意干就继续留下来，不想干就回家。我心里想，家里还有一双上人[1]，当兵不能当一辈子，回去吧。大约在1946年的农历二月，我从桐城的部队回到家，凭着在部队攒的一点钱当作路费，早上出发，一天就跑到了家。回家以后，还是帮人干活，一直到解放以后，土改分田地，分了三亩田，才自己在家干活。

我于29岁那年结婚，老伴就是庙冲村人。如今有两个儿子、两个女儿，两个儿子和大女儿都在无锡。

―――――――――

[1] 江淮官话，即父母的意思。

从娃娃兵到
抗日英雄

王兆清

"等到1949年10月1日成立中华人民共和国的那天，我们在上海大集合，部队游行来庆祝新中国成立。"

★ 口述人:王兆清
★ 采访人:薛刚 来碧荣 卢倩 李超 徐沈桢
★ 采访时间:2018 年 3 月 5 日
★ 采访地点:江苏省宿迁市新河镇新槐居委会
★ 整理人:朱子君 张若愚

【老兵档案】

王兆清,男,1928 年 1 月 12 日生,江苏宿迁人。出生于贫困的农民家庭,1942 年参加新四军,任通讯兵,1946 年加入中国共产党。抗战时期参加赵集镇战斗等,解放战争时期跟随部队北撤至东北,先后编入东北民主联军 2 纵、东北野战军 2 纵 14 团,经历四战四平、长春围城、辽沈战役等。1950 年随部队第二批入朝,在第 9 军团 26 军 88 师 263 团通信连任通信排长。1954 年复员回家务农。

1 勇敢参军不怕打仗

我叫王兆清,今年 91 岁。我出生于 1928 年,是一个贫困的农民家庭,学一天也没有上过,家里寸地没有。我有弟兄四个,我排老三,12 岁时父亲就死了,我大哥 30 岁也死了。小时候我家里推磨烙大饼卖,以此谋生,我们就吃点麸子。

1942 年,我 14 岁时,那时新四军 3 师 10 旅搞扩兵,他们驻在阴平东头,司令部在后河头小东庄。他们从县里到乡里再到村里,给我们老百姓开会,动员参军，报名的人很多，我也想参军打鬼子。当时我家弟兄四个，老大去世以后家里没有人照顾生活，老二又到乡里头当乡队长搞征兵活动，所以家里就问我和老四是要出去一个当兵还是都不出去，结果我就说我去当兵。参军出发的那天，我们新兵 180 人中我最小，挂个大红花，骑着小毛驴在最前面，鞭炮连天，老百姓都来欢送我们。

因为那时候我很小，部队里有 20 多个娃娃兵。谭震林就留我们在司令部。我们在司令部学吹号、学剃头、学医，做这些事情。干了有十多天，我吹号吹够了不想吹，就提意见了说不吹，要干别的。部队里问我想干什么，我说我干通讯兵、联络兵。以后我就当通讯兵做联络，我一发现鬼子就通知地下党。每一天要传一次消息，向连长报告情况，不能说错字，都是口传消息。参军后要学会自己纺纱织布缝衣服穿。后来有了兵工厂才有灰色军装穿，军装上有新四军的臂章，军帽上国民党的帽徽，还发了一支土步枪。

入伍后有训练，学习夜里作战，扔手榴弹，要求是扔 20 米到 30 米远。一人给三发子弹，每颗子弹都要确保能打到敌人，要增加子弹就要抓到鬼子才行。我们在淮阴、沭阳打鬼子，我打的第一仗是在 1942 年的 12 月，新四军 7 旅、10 旅的两个团及各县独立团，各地民兵联合行动拔除鬼子的据点，打击出来扰乱的鬼子和伪军。老百姓配合我们的行动，就把许多死狗摞到鬼子的据点周围，形成臭狗阵，让鬼子又闻狗臭，又挨进攻。这一仗先后攻克宋圩、姜圩、永兴圩、小钱圩、孟头庄、金圩等据点，我们毙伤日伪军有数百人。我第一次打仗的时候心里头没有害怕，既然当了兵就不怕打仗。

2　惨烈的赵集镇一仗[1]

和鬼子打的最惨的一仗是在赵集镇。打赵集这边有 201 个敌人,里面有 16 个鬼子,其他都是伪军。那时候分配一个人打一个鬼子。2 营负责打鬼子的飞机,3 营打鬼子的陆军,我们 1 营打赵集镇。我们把赵集镇包围起来后,里面的鬼子不投降,跟我们开始打。我们有三个连队:1 连 2 连 3 连,还有东海大队,总共四个连队和鬼子打。我们打进赵集镇以后,壕沟里的水很深,我们就带了梯子冲过去。因为鬼子做的是铁皮墙,我们冲到芦苇沟边就打不进去。后来我们用炸药炸,鬼子的三个炮楼被我们打下来两个。还剩最后一个炮楼,被我们包围起来,但我们没有重武器,一时拿不下。一名叫邓华光的英雄战士向营长报告了他游过河去放火烧炮楼的想法,得到了营长批准。我们的轻重机枪一起开火,掩护他一口气游到炮楼下,火点起来后,鬼子害怕了,终于缴枪投降,我们取得了战斗胜利。

1945 年鬼子投降时我们在陇海铁路上活动打鬼子,东至刘山西至徐州东的 80 多里铁路两边都是我们的活动范围。鬼子不投降就消灭他们。陇海铁路上的和平军[2]闻风而动,先向我们新四军投降,我们还接收了他们的武器,有三八大盖等装备。知道日本鬼子投降的那天晚上,部队专门办饭的,庆祝抗战终于胜利了。

---

〔1〕 1942 年 12 月,新四军 3 师决定将 10 旅全部和 7 旅部分主力部队实行地方化,29 团和 21 团 1 营与地方武装合编为四个支队,每个支队辖三个小团。第三支队活动于潼沭海地区,辖第 7、第 8、第 9 团。7 团由沭河大队 3 营(原东海大队)编成,团长宋耀南(兼)、政治委员李登云,活动于东海地区;8 团由沭河大队一营(原沭河大队)和原 28 团 2 营 5 连编成,团长吴大林、政治委员郭水昌,活动于潼阳地区;9 团(后)由马陵大队编成,团长张德胜、政治委员李石清,主要活动于宿北地区。赵集围点打援战斗发生在 1945 年 5 月 24 日,地点在东海蔡庄、姜庄、瓦屋基。第三支队 7 团、8 团及支队直属部、炮兵连参加了此次战斗。驻海州日军 100 余人与伪军刘大水部 700 余人前来增援,被我军迎头痛击,大败而回。我军获得毙伤日伪军 50 多人的战果。
〔2〕 即汪伪和平建国军。

■ 3 四战四平与长春围城

在我成年以后，也就是我 18 岁时，中央命令苏北新四军立即到东北去，黄克诚带领我们 3 师三万多人挺进东北，我们从沭阳一步一个脚印地走了 35 天进入东北境内。走的时候淮河根据地河湖都涨大水，难以通过，我们就搭了浮桥过，沭阳的老百姓都来了，都在欢送我们，给我们新四军做了布鞋，每人两双鞋，总共七八万双鞋子。我们洗衣纺纱、织布、烧饭做菜这些都是苏北沭阳人的工作。部队就改编为东北民主联军 2 纵队，我在 14 团，还是跟着团长当通讯兵。

1946 年我加入了中国共产党，介绍人是我的指导员，那时候党员身份还是不公开的。入党时我有三个月的预备期，入党后也不交党费。党小组的活动是一个星期两次，就这样开会，一个党员保证带两个兵，这是任务，要带好这两个兵。

等到国民党的兵到了东北后，就与我们交上了火，光四平就打了四次。一战四平歼灭国民党两万多人，三战、四战四平我们歼灭国民党三万多人。

打完四平后我们就打长春，也不好打，我们部队在长春的西北角，包围了长春，还把四平到长春的路线切断。我们看到从长春城里不断有老百姓往外跑，我们收容接纳他们，听他们说长春城里饿死了很多人。我们把国民党围得实在没办法了，长春起义了两个军，问题就解决了。

解放长春后，我们就去打了辽沈战役。打了有四十多天，国民党有 55 万军队被我们消灭掉，辽沈战役结束以后我们就进关了。1948 年 11 月，我们的部队改编为中国人民解放军第 39 军。接下来的平津战役，第 39 军率先攻破天津城防，歼灭国民党军队十万人。北平围城的时候，傅作义有 40 万军队，我们有五六十万，武器也不差。傅作义最后接受了我们的谈判条件，部队出城接受改编，所有城门的钥匙都标好名称交给了我们。1949 年 1 月解放军入城接管了城防。北平的和平解放我参加了，我也是见证人。接下来，第 39 军与四野一起挥师南下参加渡江战役。我记得是在长江北岸的西梁山渡江的，南岸就是安徽的芜湖。

4 渡江时的插曲

1949 年 4 月 17 日，我们到达西梁山，这里有国民党的一个团在江北，江南就是芜湖。267 团跟他们打了三天，到了 4 月 20 日，就叫我们护航准备渡江。白天我在西梁山接团长的命令，到 267 团看看战绩如何、情况如何。于是我到那边去了三趟，看到山上国民党的三架炮，正准备打这里，我就赶快趴下，所幸炮弹没打到我。再之后到了下午，我们部队就进行换防，到了快天黑时，又是打雷又是刮风，还下起了大雨。我们部队要攻上山，一直打到西梁山第三道铁丝网的前面，当时衣服全都湿掉了，我们准备好手榴弹进攻。我向首长报告说部队已经到达位置等待命令。团长让我到阵地上传达命令，双方停火，进行战场谈判，我在雨中向山上的敌人喊话，让他们停火谈判。国民党兵知道大势已去，开始回应我们的喊话，停止开火，还主动拆毁了铁丝网，与我们战场谈判。条件谈成后，第二天是个大晴天，山上的国民党兵都下来了，我们招待他们吃了红烧肉。部队也顺利地过了长江。

百万雄师过大江后，我们就去攻打上海。解放上海以后，我们部队就一直留在上海，驻在上海高桥，准备解放台湾。我们在上海的时候天天下雨，没有　天不下雨。我记得一解放上海时，那些资本家从楼上把东西往下摔，我们这些当兵的看都不看，站着淋雨，也不上屋里去，纪律很严格。等到 1949 年 10 月 1 日成立中华人民共和国的那天，我们在上海大集合，部队游行来庆祝新中国成立。

5 抗美援朝及之后经历

1950 年，朝鲜战争爆发了，我们就准备进入朝鲜抗美援朝，我是第二批入朝。

抗美援朝结束后，我到南京学习训练了半年，主要学习军事技术。等我学习结束回到青岛，我们师已改编为第 26 军炮兵师。因为我是学习的步兵，就调我到 77 师当军事教员。到了 1954 年，部队放人回家，我不想当官也不想发财，就写了申请回家种田结婚。我老伴也是当地的农民，比我小 7 岁，1935 年出生的。我回家以后当支部书记，把不少钱都投在农业田里，买耕牛，买农具，后来成立了高墟镇，我是高墟镇区长，兢兢业业地干到现在。

小个子少年
坚决要加入
新四军

王守先

"新四军人数不多，可是连日本人都怕他们。当时我们就在想，这个新四军在哪里呢？究竟是什么样子呢？"

★ 口 述 人：王守先
★ 采 访 人：肖晓飞　莫非　黄雯　李庆
★ 采访时间：2018 年 5 月 23 日
★ 采访地点：江苏省苏州市
★ 整 理 人：肖晓飞

【老兵档案】

王守先，原名王汉祥，1930 年出生，浙江安吉人。1945 年春加入新四军苏浙军区第 3 纵队，先后参加了天目山第三次反顽战役[1]、高邮战役、鲁南战役、莱芜战役、孟良崮战役、淮海战役、上海战役等，立过二、三、四等功数次。1958 年从朝鲜回国。1964 年从沈阳军区调至南京军区。1980 年担任苏州市金阊区政协主席，1986 年离休。

1 两个哥哥被抓壮丁

我叫王守先，原名叫王汉祥，1930 年 4 月 24 日出生，老家在浙江安吉，当时叫孝丰县报福镇第五保，现在叫上墅乡董岭村。我的父母都是农民，家里没有田，租了一亩地。老家在天目山脚下，山上种点茶叶、竹笋之类的东西。

我家有兄弟四人，还有三个姐姐，一共七个，我是最小的。大哥叫王荣祥，

---

〔1〕 第三次反顽战役，是新四军在浙西反击国民党顽固派军队进攻的战役。经两昼夜激战，将国民党军第 79 师及突击第 1、第 2 纵队大部歼灭。

二哥叫王毛祥，三哥叫王根生。母亲在我四五岁的时候就去世了，大姐领了我几年，后来，父亲60岁的时候也去世了，这个家就解体了，我和三哥都出去帮工。后来，大哥和三哥都被国民党抓走了。

大哥被抓是在抗战前夕，大约是1936年、1937年，国民党要下来"抽丁"[1]。那时候，年轻人都不敢住家里，而是住在外面山上、树底下或山洞里。有个姓夏的保长，喊我父亲阿叔，他和我父亲说："阿叔，你放心，上面有规定，长子不抽丁。"我父亲是个忠厚老实的人，于是当天晚上就上山，把我大哥王荣祥叫回来，他对大哥说："保长说了，你是长子，是家里唯一的劳动力，回来吧。"哥哥自然巴不得回来。

大约是第二天、第三天，村里来了个人，是个竹匠，不是本村的，看着也不认识。他跑到我家门口，我父亲感觉不大对头，赶紧对我大哥说："你赶快走，这个人不像正派人物。"我哥哥还没起身出门，这个人手枪就掏了出来："不许动！"原来，这个人是乔装打扮过的。哥哥就这样被带走了，一直被送到云南、贵州，只给家里写过信、寄过照片，人无法回来。据我大哥自己讲，大概在1946年，他跟着部队一直乘车到南京的浦口，当时浦口渡江没有桥，人统统下来，乘船过江，他就趁晚上逃回了老家。我参加革命以后，到了山东，渡江南下，解放江南，在苏州工作，大哥来看过我。回来以后没多久，大哥就因病去世了。

大哥被抓去没多久，日本人就到我们家乡了。后来，我的三哥王根生也被国民党抓走了，至今下落不明。二哥王毛祥因为逃得快，在很远的亲戚家打工，没有被抓到。他后来回到老家，娶妻生子。可见，那个时候国民党就依靠欺骗、强迫的手段来维持他的军队。

---

[1] 也叫抽壮丁，旧时统治者强迫青壮年去当兵。

2 主动参加新四军

我老家在天目山边上几十里路的地方。大概在 1943 年，日军攻打天目山。我看到日军追着国民党军队跑，一个追一个跑，互相打枪，日本人的枪比较准，几枪就把国民党士兵打倒了两个。日本人走过去了以后，我们从山上下来，看到山上满路都是国民党军队丢弃的东西，有米袋、水壶等等。我们在山上也没有东西吃，我有个堂哥，他说："我们下去，赶快捡米袋，往山上跑。"正在捡的时候，我看到有个国民党士兵倒在河里面，血把河水都染红了。我看到还有一个人还没死，躺在地上喘气，我们也顾不上，只顾捡米袋，背了就往山上跑。后来，本地的老百姓出来，拿破席子把战场上的尸体包裹起来，埋在路边上。

日本人走了没几天，国民党的保甲长又回来了，每家每户地搜查，说："你们抢到什么东西，都要交出来。"他们只管让老百姓交战场上捡来的东西，不管那些战场上牺牲的士兵。那些士兵至今都无人知道葬在哪里。

再后来，听说新四军来了。我们那里有几支武装队伍经常来来往往，有国民党的第 52 师、第 64 师，还有个忠义救国军。我们当地有句顺口溜："第 52 师吃败仗，第 64 师晒太阳，忠救军是嫖姑娘，新四军才是天兵天将。"新四军人数不多，可是连日本人都怕他们。当时我们就在想，这个新四军在哪里呢？究竟是什么样子呢？

这回新四军真的来了，有的保甲长就逃掉了，新四军找一些留下的人帮忙办事，也给他们一点钱。有些人就说："我宁愿跟新四军走，也不愿意被国民党抓走。"有不少人就跟着新四军出来了。

我当时在上墅村帮工，那里学校多，各方面来来往往，消息也灵通。1945年春天的时候，我参加了苏浙军区第 3 纵队，那是陶勇的部队，下面有第 7、第8、第 9 三个支队，我在纵队部的后勤部武装班。我们纵队有个老虎团，是方志敏创建留下的。

苏浙军区第 1 纵队司令是王必成，第 2 纵队司令是何克希，第 3 纵队司令是陶勇，第 4 纵队司令是叶飞。何克希在浙东，我们在浙西。当时新四军来浙江的战略任务是配合美军在杭州湾登陆。美军希望新四军在沿海地区修建一个像样的飞机场，何克希自己无能为力，于是粟裕司令下令两个旅南下，先是陶勇南下，后是叶飞过来。当时有 12 个主力团在浙江，比较分散。我们还和何克希打通了联系，在富春江新登一带，我们可以过去，他们也可以过来。

我参军的时候，找的是后勤部的一个蒋副官，他不肯要我，说："你太小了，还没有一支三八枪高，走不动路。"我缠着他不放，他说："你别急，我请示一下领导，研究以后再说。"后来，机关领导的一个管理部队的支部书记，叫徐寄萍[1]，她的丈夫是后勤供给部长，叫王迅，他本名叫毛泽全，是毛泽东的堂弟。

蒋副官把我找过去，我看到徐寄萍，她问我家里的情况，问我为什么要参加新四军，告诉我新四军很苦，要天天跑路。我说："我不怕苦，我在山里天天走山路，爬山很快。"她看我的身体好像还蛮健康，就说："你决心是很好的，我们再做研究。"没过几天，蒋副官告诉我："我们马上要走了，向南开拔，过两天就到前面的一个村，你要来，就在我们走了以后跟上来。"于是我就跟上去了。

那是 1945 年三四月份，我怕冷，把所有衣服都穿上了。去了以后，给我发了一套军服、一双鞋子、一把牙刷和一包蝴蝶牌牙粉，我当时个子很矮，衣服都到了膝盖。徐寄萍说找个裁缝给我剪短一点。我以前只穿过两双新鞋子，一双是我姐姐做的，第二双就是新四军发的。看到这些东西，我高兴得不得了。

---

[1] 徐寄萍，原名徐乃馨，江苏南京人。日军占领南京时，全家经苏北到上海，后转入上海制药职业学校学习，并参加了上海学生协会。1941 年赴苏北参加新四军，后随部队南下，1943 年与毛泽全结婚。

3 跟随部队南征北战

进入部队后,先是往南打,后来组织天目山第三次反顽战役。我们佯装败退,引国民党军队来追,然后又一下子把国民党军队包围起来。这一仗打完,歼灭国民党一个多师。

后来,苏浙军区要北撤,我们进入江苏长兴,接着进入宜兴、张渚。我还记得一件事,常州打完以后,汪精卫的一个总队打我们,我们就反击,将他们消灭,缴获了很多文件,一箱一箱的。清理文件的时候发现有周佛海的、蒋介石的,都是最近的情报,文件上说要在江边消灭我们。

我们渡江以后待的第一个地方就在黄桥附近。蒋副官在渡江以后就调走了,从此就没见过。

在部队里忙得不得了,我的岗位也经常变动。打宜兴的时候,我上前线送东西,支援前线。需要给牺牲的同志换上新衣服、新被子,还有人负责买棺材,我们就把这些东西送上前线去。战斗结束以后,我和战友们一起将牺牲的战友和日军的尸体分成两排摆放,用裹尸被将战友们的遗体包住后进行安葬。

打高邮的时候,我们在城墙底下支援。日本人用石灰往下倒,很多人就从梯子上翻下来了。这一仗我们缴获了不少敌人的烟幕弹。高邮打下来以后,部队未做任何停留,立即跑步向新安镇前进。我们开到陇海路,上级命令我和另一名勤务兵赶往宿迁的一个军械库,将1 000发迫击炮弹送到前线。接到任务后,我和战友赶着五辆牛车向宿迁赶去,在回程途中,迎面遇到一名从前线下来的通讯兵,说是前线重机枪的枪筒坏了,让我再回去领枪筒。我军的重武器本来就不多,重机枪对战局起着相当重要的作用。于是,我就让战友赶着牛车先上前线,我和通讯兵抄近路返回军械库去领取重机枪枪筒。那个枪筒太重,一人根本无法搬运,军械库的一名副官主动提出帮助我们。我们最终将枪筒横放在一辆破自行车上，用麻绳系紧，推着车连夜往新安。1946年1月，我们打下新安镇。

之后，部队北撤山东，我们最北到了山东惠民。单是黄河我们就过了四次。解放战争时期，我先后参加过鲁南、莱芜、孟良崮、济南南线阻击战、淮海、上海等战役，立过二、三、四等功数次。印象比较深的是，班长顾士林大我4岁，一直很照顾我。打孟良崮的时候，我们一起运送山炮，敌方一枚炮弹在我们身边爆炸，我眼睁睁看着班长的两个膝盖被弹片削烂，失血过多的他被送往医院抢救，从此失了联系，至今也不知道是死是活。

后来，我们改编为第3野战军第23军第69师，第69师第205团和炮第38团，我都待过。我先后当过战士、班长、排长、连指导员，还当过干事、副科长、副政委，也到炮校学习过。

4　从东北到苏州

解放以后，我又跟着部队到了朝鲜，参加抗美援朝。1958年回来以后，我就到了黑龙江。

抗美援朝期间，我们经常带新兵出国、送老兵回国。有一次回国，到了南京，我生病了，南京有很多战友，南京军区的副司令郭化若想把我调过去，我开玩笑说："你说话我听不懂。"他有个秘书姓杨，和我关系极好。我到总院住院养病，好多战友都来看我。都问我："你在朝鲜，有没有找对象？"我说："找朝鲜老百姓总不太好。"

这时候他们就介绍了南京军区李华楷的女儿给我，说我年纪适合，人也忠厚老实。我就这样谈恋爱了。我的岳父李华楷也是第23军的，当时是政治部的民运部长,后来调到军后勤部任政委,打孟良崮的时候我就认识他了。

我妻子是部队护校毕业的,因为我当时还在东北,所以她就调到东北。1959年,我俩在齐齐哈尔结婚。我岳父母都是老红军,家中没有儿女在身边,他们就给领导写信,说家里没人,能不能将女儿调到南方来。

当时,我在北京执行特殊任务,副军长告诉我说:"你家老头子要你回去。"

我说:"我不回去了。"

"有机会你就回去吧,你也不能当一辈子兵,安排由组织来办。"

"那就让我老婆回去,我就不回去了。"

"那怎么行?哪有夫妻两个不在一起的!"

那时候我身体不大好,身体里有血吸虫,但一直治不好。副军长就让我回南方养养病,陪陪家人。我在部队里待的时间太长了。我当时是师的保卫科副科长,上下级都很熟悉,加之新婚不久,因此不愿意调动。副军长说:"人都要老的,你老了没有战斗力了,是要退休的,我有一天也要走的。"

又过了两年,1964年秋,忽然接到总政的通知,说我们几个必须马上走,不走的话,就要被别人代替了。就这样,我从沈阳军区调到南京军区,分到苏州文化干校上班。大概年把过后,"文化大革命"爆发了。单位领导号召,凡是能动弹的都要参加"三支两军"[1]。我刚刚从杭州疗养回来,南京军区一个副参谋长搞了一个"三支两军"支部,一下子组织了80多人。我被安排进苏州地委机关,先后在苏州地委机关、政法系统、吴县县委工作,后来又去了苏州的农业大学。

"文化大革命"结束以后,我又老了很多。领导说:"你这个年龄退休早了一

---

[1] 三支两军指"文革"时期中国人民解放军在中央指示下,介入地方"文革"而展开的活动,分别是支"左"(支持当时被称为"左"派的造反派)、支工(支援工业)、支农(支援农业)、军管(对一些地区、部门和单位实行军事管制)、军训(对学生进行军事训练)。

点,但是提起来的可能又不大。现在样样都要大学生。"

我说:"那怎么办?请领导替我想想。"

"你转业吧,地方也不错的。"

我就转业了,到金阊区革命委员会当副主任。1980 年,要恢复区政府,让我当区长,要求区长 45 岁以下,我超龄了,于是安排我去政协担任主席。做了 6 年政协主席后,我办理了离休。

转战南北
不忘学习

王定忠

"1945年秋天的时候，我们知道鬼子投降了，当时高兴啊。"

★ 口 述 人：王定忠

★ 采 访 人：叶铭　张若愚　薛刚

★ 采访时间：2018 年 3 月 1 日

★ 采访地点：江苏省连云港市朝阳中路干休所

★ 整 理 人：王莹莹

【老兵档案】

王定忠，男，1926 年 4 月生，山西晋城人。1943 年参加太岳军区基干 2 团，1945 年 8 月入党。解放战争期间编入晋冀鲁豫军区第 4 纵队第 13 旅，历任副班长、连部支书、连指导员。1951 年参加抗美援朝，担任 65 军补训团指导员、营教导员，后在志愿军司令部政治部俘虏管理处 2 大队 4 中队任中队长。1953 年回国，后调至徐州兵役局工作，担任连云港人防办公室主任，1982 年离休。

1 放牛娃参军

我是山西晋城川底乡和村人，1926 年 4 月生。家里有父母、兄弟和两个妹妹，一共七个人，属于贫苦农民家庭。我 11 岁给地主放牛。后来，我父亲和哥哥都出去逃荒要饭，死在外面了。母亲带着我的两个妹妹和 个弟弟从老家逃难到沁水根据地。那时候，河南到根据地的人很多，都往八路军根据地跑。

八路军来到我们村以后，首先把地主老财的粮食拿出来分给穷人。晚上八路军来村子开会，宣传发动群众。共产党、八路军为穷人服务，我从小就受共产党的影响，只知道这个，别的我也不懂。我家庭贫穷，没饭吃，逃荒要饭，共产党又那么好，所以在1943年我17岁的时候就参加八路军了。母亲知道我当兵，也提心吊胆的，黑夜也睡不着觉，因为我们庄上二十多个人当兵，今天这个死了，明天那个死了，她当然担心我了。

我参加的是太岳军区4分区基干2团3连，发的是麻布制的军服。我们是靠山区，军服深灰褐色，也有臂章，是"十八集团军"字样。穿的是上裤腰的裤子，鞋都是根据地老百姓做好，支前时送给我们。帽子上开始时有"青天白日"标记，后来去掉，不戴了，就戴两个扣子。我们穿的衣服当兵以后一直没换，补过补丁。

我在新兵连待了一个月。新兵需要参加训练，一是训练队列，主要是稍息、立正、向右转、齐步走和跑步；二是学习三大技术：打枪、投手榴弹和刺杀。学瞄准射击时，因为部队两个人只发了一条枪，所以就轮换打靶。手榴弹也是树上砍下来的木头棍做的。手榴弹训练要求掷得远、准、高，打敌人的碉堡要高，打不进去也要让它震撼，震撼得让敌人害怕。练习刺杀的枪是木头棍做的。刺杀是硬功，需要灵敏。

部队内的干部战士关系都很好，很让我们新兵感动。吃饭的时候，老兵靠边站，新兵先吃。老兵不跟新兵抢。吃什么菜？就是萝卜干。那时候部队百分之五十的人得伤寒病，我在新兵连也得过，发高烧，爬都爬不起来，虽然没有死，但是可受罪了。药有进口的，但是确实不容易搞到。

2 靠拢党组织

那时候确实很困难，一天半斤粮还得节约一点救济难民。我们挖野菜，从苦菜到野菜，还有地里的小葱野蒜，都吃过，还吃不饱。我们一天吃三顿，早晨吃稀饭，就是把小麦磨成面打面糊，中午一顿午饭七八两，晚上只有四两干饭。一般战士吃时用木头碗，出来打仗能缴获一个洋瓷碗，那就很了不得了。

后来为了改善生活，我们就在中条山开荒。开了一年多，我身上生了疥疮。疥疮轻一点的好了后，去干重劳动活，我只能拾点柴。我们开了一年荒以后，最后我还是留下了，因为疥疮太厉害了，部队叫我养猪，东一家西一户地住着。我住着茅草屋，种着庄稼。野猪、野羊我都见过。野猪下山来吃庄稼，我们半夜还得起来到山沟里吓唬它，把手榴弹别着。我第一次放手榴弹就是吓唬野猪，半夜一扔，野猪就被吓跑了。

我们行军很苦。那布鞋不耐磨，一天一双，就靠自己粘鞋。粘鞋不是我一个人会，很多人都会。老兵教新军搓麻绳。没有锥子，就用铁杵磨成锥。我们平时就有这一套工具，坐到哪里就剪破鞋，就是剪掌。那个掌是备用的，你把掌粘上去。没有斧子，就借砍柴火的刀磨成斧。有时候鞋这边厚，那边薄，还得补半个掌，再补也补不齐，因为工具不行。行军中脚起泡太多了，走起来很困难，就和别的病号一起，晚睡早出，你不能掉到最后。行军经常爬山过河。爬山一身汗，稍微休息就冰凉冰凉的。过大河是绕着河走，小河是搬着石头搭着，一步一步过，一下踩不稳就掉进水里，要在冬天鞋子就结冰了。再一个过了河就要跑，要拼命地跑。行军中还有刮风下雨，另外会有疲劳行军、急行军、夜行军。行军可难了，就怕夜里疲劳行军，你是似睡非睡，低一脚高一脚，拉扯着，突然一下蹬空了，你醒了。这时要睡还不敢睡，不敢睡还得走，所以说我们非常怕行军。行军不是拼命地走路，各种情况都会发生，这边刚做饭，水还没烧开，敌人又来了，赶紧起来又跑。我们跑，还要带干粮，最少是一个礼拜的生粮，一个礼拜的熟粮。熟粮就靠这个大米，煮熟后带上。我有个破茶缸，中午吃饭用。行军的苦是说不完的。

即使在部队有困难，我也抓紧时间学习，开始学拼音字母、加减法。学了一年多，我打下学习的基础。在这个基础上，以后边行军边学习。那时候怎么学呢？走在前面的战士身上写几个字，或者一句话，走在后面的跟着读，就这样学。1947年我进入学校学习，1948年毕业，学了大约一年。我学习很努力，吃饭睡觉都在想着学习，经常拿小棍子在地上写。过去的墨水就是染衣服那个染料，我把子弹头当笔尖，蘸着写。可以说，我当兵时一直在学习，坚持多问多学，做到一有空就学，有空就练。我们在打河南白土岗时，缴获过去的旧书，我把它当很珍贵的笔记本，字里行间写国共两党的事情。

当时我们与群众的关系很好。部队有三大纪律八项注意。真如歌中所唱的那样，"军爱民，民爱军，军民团结一家人"。如果有战士违反纪律，也得看轻重，区别对待，轻者批评，重者关禁闭，很严重很严重的才枪毙，那是极少数。如果战时逃跑，动摇军心，或者组织开小差，那就要枪毙了。

1945年8月我入党了。介绍人是指导员，还有一个人叫王小技。当时我说自己表现不好，他们说我表现很好。那时入党要看你各个方面表现，不管是哪个方面，好了才能入党。我没写申请书，不会写。我的入党预备期为一年。当时部队里的党组织、党员是秘密的，以后才公开。我们的组织生活没有固定时间，那时候行军打仗，主要布置讨论的是战斗任务、行军作战、战前动员等等。共产党员必须表现积极。我们打汾河，过汾河，十一二月份，穿棉裤也得蹚汾河。过河后打碉堡，共产党员都在前面。我在炮兵连是2班副班长，在过一个简易桥时，1班战士掉河里了，我赶快跳水里去救。部队去野营有老传统，出发前归还借的东西，损坏赔偿。我就调查各方面，将百姓的东西还清。我也积极交党费，交后会发给我一个小票。

3 转战敌后

我们这个团有 500 人左右，底子是阎锡山的决死队[1]过来的，薄一波做了大量工作。我们团共四个连，1 连战斗力最强，可能是老兵的原因，4 连战斗力也强，我们 3 连还可以。1 连有三挺机枪，4 连也有两三挺机枪，我们 3 连有两挺机枪，其中一挺六五枪，一挺是法国造的带铜叉重机枪。我当兵以后在 3 连机枪班。我们连是 90 个人，机枪班共 5 个人，三个负伤以后，就剩下我和班长。我后来调到迫击炮连。那时团里才有这一门炮，就把它当宝贝，丢了这门炮不得了。鬼子来袭击了，我们一个连来掩护它。

那时我们的主要任务是扩大解放区，在黄河以北的焦作、济源、孟县和沁阳等地开展游击活动。我们是有路不敢走，有船不敢进，有房不敢住，一晚上换好几个地方。为啥这样呢？因为我们一个连队才 90 个人，还是破老杆子枪，但是要负责两个县，有的地方不了解地形，当然要谨慎行事。今天抓到伪军后，我们就讯问他伪公所驻哪里，村长保长经常到哪一家。第二天晚上就让他带路，乘着黑夜袭击。我们经过一年多活动，基本上把那里的伪政权消灭了。八路军控制的区域逐步扩大。太岳军区有四个分区，第一分区在高平、泽州这一带，第二分区靠近平遥那一块，第三分区是浮山、安泽和洪洞等老根据地，第四分区就是在运城这一块。

我第一次打仗在河南，两个团打敌人黄河边的军事据点，一个是主力 17 团，另一个就是我们基干团，有千把人，配合主力团打。因为那是我第一次打仗，还是攻坚战，所以心里很紧张，很害怕。当新兵第一仗打好了，可以壮胆，如第一仗打不好，很长时间心情好不过来。我们的第一仗顺利了，我一下子就不

---

〔1〕 山西青年抗敌决死队，简称决死队，又称新军，是中国抗日战争时期中国共产党与阎锡山合作在山西组织的一支队伍。决死队下设第一纵队、第二纵队、第三纵队、第四纵队。对当地的抗日工作起到了不小作用。

怕了。我们用两天时间把敌人据点打下来了。第一天开始打，到第二天天亮，反复多少次进攻都没打下来，主力团伤亡很大，就撤出战斗，我们助攻团也得跟着撤。在撤的时候，班长牺牲了。我因为小，他们叫我躲得很远，但是后面都跑了，就剩下我了。我不敢跑，因为机枪不停地打，主攻团撤下后，28挺机枪都对着我们这个方向来了。开始的时候，我爬，但是爬不快，就赶紧起来跑。第二天硬打，最后打进去了，敌伪七百多人投降了。但是，还有碉堡没打呢。因为没有炮，碉堡只能接近后用炸药包炸。河南过去有太平车，是四个轮子。为了接近敌人碉堡，我们就把老百姓的棉被拿来，灌上水，再搭到太平车上，靠它挡住子弹，运送炸药包，推到碉堡跟前，然后炸掉它，这样就攻上去了。部队将投降过来的敌人编了四个连队，但是很快叛变了两个，团里接到消息后，把排长以上干部都叫去开会，但是追也没追上。他们还有一个连队，就在打下的那个地方住着。结果那天日本鬼子来进攻，我们中午吃了饭，3连掩护，全团组织撤退，但是日本鬼子火力强，有迫击炮、重机枪。敌人也不知道我们多少人，也不知道是一个连还是一个团。6班的一个战士负伤，从山中下来是敌占区，老百姓冒着生命危险帮他养伤，半个月伤养好了，又把他送到在济源的部队。

我们打霍县窑子镇先是偷袭，说打下来过阳历年。但是咱们对地形不熟，不了解情况，武器火力也不行，结果打了一夜，没打下。偷袭不行后转入强攻。39团开始不知道局部选择突破口，等到选好突破口冲进去了，发现里边筑了双城墙。后来我们用迫击炮炸，炮弹是太行造的，后面加药包，可以打250米，把城墙给炸开了。

1945年秋天的时候，我们知道鬼子投降了，当时高兴啊。后来，部队撤回老根据地，我们团改编了，驻扎在阳城县。

4　参加解放战争

1946 年 9 月，我们配合兄弟部队在原平打掩护，兄弟部队在浮山消灭了胡宗南部号称天下第一旅的黄正诚旅。1947 年夏天，我们第一梯队强渡黄河，坐着小船，过了河就打新安县。打了新安，我们接着就往西去，打下铁门镇，然后就是打渑池县，我们这个旅的主力，也就是 37 团、38 团和 39 团，继续往西去，到达豫西。

淮海战役期间，为了防止杜聿明逃跑，那时我们在豫西军区，就急行军，路过信阳和驻马店，坐船一直到安徽界首下船，然后向北去，过槐树镇，到永城过阳历年，但是杜聿明部队没有来。

渡江战役打响后，我们从安徽望江渡江。渡江之前，我们一直学习架机枪，看大家训练，训练怎么过江。部队的训练挺辛苦的。打过长江以后，我们接管南昌市，陈赓任军管会主任，我在此第一次见到陈司令。之后，我们团十一二个连以上干部参加调查组，开展调查工作。我们调查组主要是调查敌人物资，将炮弹、枪支、粮食等物资全部登记封存，就做这个，干了二十多天。我们调查组继续南下，到井冈山。我们入城之前，都进行三大纪律八项注意学习教育。

后来进军广西。那个地方比较湿热，行军中全身生疥疮，就用柴火烤，可越烤越痒。我们就用土办法，把敌人没有炸的手榴弹弄开，用里面的炸药，炸药里有硫磺，就用炸药抹到疥疮上止痒。到了云南普洱地区，瘴气以及水土不服等都给我们生活造成很大困难。我们在那剿匪损失也很大。国民党军队打败后跟老百姓住在一块了，住老百姓村里分散隐蔽。在云南建水县，我们团一个班在支干训练班学习，中间去粮站扛粮，土匪突然袭击，把全班人都杀害了。

5 入朝作战

1951 年 3 月,我们部队在云南,为了抗美援朝,一个团要组织一个志愿点,志愿报名入朝参战。我任指导员,事情都归我管。我组织起来一个志愿点,都是老兵报名,有 70% 的人是党团员和骨干。我带领他们,途中经过半个多月步行,才出了山区到开远,又从开远出发,经过大路,有时走,有时坐汽车,到川东凉山、大足两县。我们到那里的志愿点集合,一共 1 300 多人,前往辽宁省新城县的辽西军区,部队入朝前要在那儿进行吃苦教育,提高思想政治觉悟,清洗不纯分子。当时中长铁路[1]中断了,我们还得抢修铁路,修通以后,又调我到山海关接新兵,接的是两广新兵。1951 年 4 月底,我们就入朝了。

入朝以后,我升任 65 军补训团的干部指导员。不到几个月,我又被提拔为副教导员,调到中国人民志愿军政治部俘虏管理处,简称志政俘管处。我过去看管俘虏,被任命为二大队四中队队长。俘管处有好多团,我主要管从天上打下来的飞行员,或者称其为细菌战犯,这是一个特殊的中队。

这些俘虏过来的飞行员,有好管的,也有不好管的。当时我们四中队有 156 个俘虏,少校中校、英国的美国的都有。如果有参加细菌战的,让他们交代细菌战情况。有的他不给你说,就得做工作,让他说。但是那几个搞细菌战的就是不认罪,那就分散关押。英国的一个战俘参加过第一次世界大战,他很反动,就单独看管。还有一个美国的中校也很反动,也单独看管。俘虏在生活上给以优待,给他们换了很好的衣服。牙膏牙刷都供应。他们自己当炊事员,自己做自己吃。我们还给俘虏发烟,开始发那个前进牌烟,后来换为发大众化烟。在遣返之前,一个俘虏发两条,叫他带回去。

---

〔1〕 沙俄建成由满洲里到绥芬河的中东铁路干线,二战后苏联控制该铁路,称其为中国长春铁路,简称中长铁路。

1953年7月和谈以后，签协定遣返战俘。遣返是有遣返计划的，今天我方交多少，对方交多少；对方交多少，我方交多少。我方将俘虏交到"三八"线以南对方那个接送站，对方送到我方的接收站。对方交给我方人员，出发前检查。我方交给他方人员，出发前也要检查。一开始都是计划交换，在板门店进行。对方战俘在回之前，把我们给的上衣扔掉，就穿裤子跑回去了。

我于1953年12月15日回国，到设在辽宁省的归来人员管理处，简称归管处。我在归管一团，对归来人员进行审查和政治教育，让他们开班务会。他们自己介绍在做战俘时的表现。这个交代是他们自己说，还有别人互相说，主要说谁在战俘营里表现好，谁表现不好。经过一段时间教育后，我们把这些人都复员回家了。

6　参加军管工作

我成家在1954年，28岁结婚，应该说比较晚了，因为部队有要求，营级干部还不够结婚条件，但是当过八年连长的可以。其实我从朝鲜回来以后岁数大了，也不好找对象，岁数差不多的年轻女子都嫁了，要找只能找小点的。那时候，我也不想在外面找对象，想回家找对象。但是那时候家在农村，结婚后我养不起。这时，副营长在他那给我介绍了一个对象，但是没有钱结婚。后来老家给我寄一百块钱，我妹妹又寄给我一百块钱，这样才把婚结了。

结婚之后不久，我就被调到徐州分区兵役局担任预备役科长，带着二三十个人。后来又调到铜山县当科长。1961年我被提拔为团级干部。我那时候提团级干部还是比较年轻的，全江苏省包括我在内，共七个人被选调到南京军事学院学习。我在第二指挥系。我不是军事干部出身，是政治干部出身，就当副班长,然后班长。学的教材基本是我们的,也有苏联的。我们学习战略战术、战史,学画军事地图。学了一年多,毕业的时候,我拿了七十多分。

王定忠生活照

"文化大革命"爆发后,十年不准提干。那时候,军管会调我到铜山县生产办公室任主任,由我主持工作,县长、县委书记靠边站。后来调我到徐州专区电信局,还是军管,就是管八个县电信通信方面的工作。1974年调到连云港,管人防工程,干了三年多,后来叫我当人防办公室主任,1982年离休。

从抗战宣传员到战地卫生员

凤甲寅

"八路军本来人不多，但是通过到处宣传以后，当兵的老百姓多起来，八路军在抗战时期快速发展。"

★ 口 述 人：凤甲寅

★ 采 访 人：王志龙　薛刚　张英凡　张楚昀　郑敏

★ 采访时间：2017 年 8 月 30 日

★ 采访地点：南京军区联勤部无锡干休所

★ 整 理 人：杨帆

【老兵档案】

　　凤甲寅，1923 年 6 月 13 日出生于陕西省商州市麻街镇凤家村。1936 年 12 月参加红军，1942 年加入中国共产党。历任红 25 军第 73 师政治部宣传员，八路军第 115 师第 344 旅第 688 团宣传队宣传员、卫生队卫生员，新四军第 3 师第 10 旅第 688 团卫生队室长，第 10 旅医院医疗队队长，第 10 旅教导队卫生处处长、医务处主任，103 医院副院长，92 医院副院长、院长等。1981 年离休。

1　给地主家当长工

　　1923 年 6 月 13 日，我出生于陕西省商州市麻街镇凤家村。父亲叫凤西其，我三岁的时候父亲死了，家里还剩母亲、两个姐姐和两个哥哥。我大哥在家挑担子做生意，被疯狗咬了中毒而死。1933 年，我二哥凤铁工到徐海东的部队去当兵，后来打仗牺牲了。当时我家里有三亩地，先是父亲种，父亲死后由哥哥种。那时候生活很困难，三亩地怎么养家里七八口，没有粮食，所以除了种地外，大哥还做做生意。

我 6 岁时在本村的一个私塾里上学,学费一年大概是三四块钱。私塾只有一个老师,还是我本家。里面没有女孩子,因为在当地,女孩子不准上学。我们学的主要是《百家姓》《三字经》和"四书"等。我在私塾念了三年,后来因为家里没有钱就不上了。

不上学以后,我就给地主放牛当长工。我们村子里的地主不多,大概有三五家。所谓地主,不是什么了不起的地主,不像外面的大地主,他们没有很多土地,就只有几十亩,基本上都是雇长工来耕种,没有出租的。我们村里当长工的人很多,除了帮人种地外,还有就是因为很多人家都有牛,富裕一点的家庭就雇人放牛。雇我的地主是一个本家哥哥凤平安,他对我们家还可以。1936 年我当兵以后才离开他家。那时候,我上午八九点钟把牛赶到山上去放,还得在山上拾粪、砍柴。当长工很苦,但是能吃饱饭。地主也不打人,我们都在一个桌子上吃饭。

2 在赶集时参加红军

我们平时不经常上街的,上一次街不容易。1936 年 12 月,我们村子四个小孩一起有到黑龙口镇上赶集,其中一个叫王平安,红军改编八路军时他回家不干了;有一个叫王毛蛋,到山西打仗时牺牲了;还有一个记不得了。当时,红军正好住在黑龙口。这支红军就是徐海东从鄂豫皖革命根据地长征北上到陕南的红 25 军,这个军有 73 师、75 师和 78 师三个师。在黑龙口的就是 73 师。他们为了扩大军队到处宣传。那时红军宣传没有标语,一直是在口头宣传,碰见你就对你讲:"我们是红军,是老百姓的部队"。然后继续讲当兵怎么样好,让大家来当兵。我们四个人都想当兵,因为家里很穷,都没有饭吃,希望到部队能够有口吃饭。那个时候我13岁，他们三个都比我大一点。我们在一起商量，他们同意了，我也同意了，我们就到部队去了。

我们当兵去了红25军73师250团。那个时候部队番号都比较大，主要是为了扩大名声。当兵以后，我只在黑龙口住了一个晚上，第二天就到了大街，在大街住了一个多月。我们队伍有几千人，部队到了哪里老百姓都知道。然后，我母亲就到大街找我回家。黑龙口离我家有15里，大街离我家30多里。我母亲是小脚，走不动路，她跑了几十里路来找我。指导员也同意我回家，而且对我说："你太小了，回家吧。"那时候，我家里也没有什么人，两个哥哥都死了，只剩两个姐姐。指导员很热心，还给了我妈妈三块洋钱。我说我不回家，下决心待在部队。我妈没有办法就回去了。大街是一个村子，部队在这里整训，主要就是训练、出操。因为我很小，不能扛枪，就给团部参谋当勤务兵，主要是做打饭、打水、烧水、洗碗这些勤务工作。

后来整个部队到了甘肃孟马镇，住了将近大半年，主要任务就是整训。那个时候我不当勤务兵，开始在师政治部当宣传员。政治部宣传队有二三十个人，都是小孩子。宣传工作主要是跳舞和唱歌，还要编排节目，领导编排好了教给我们跳。那个时候全面抗战还未爆发，也不宣传反蒋，因为和蒋介石已经基本合作了。我们主要是在部队里对战士们宣传，不去农村。我们边唱边跳，也是一种娱乐活动。我在孟马镇一直做这个工作。

3 宣传员转变为卫生员

1937年秋天，我们部队离开孟马到达陕西三原。在三原待了一个多月，因为跟国民党合作了，部队开始进行整编，从红军改成了八路军。整编以后我还是政治部宣传队的宣传员。部队在三原休整了一段时间就准备渡黄河，1937年秋过黄河到了山西，第一站是侯马镇，然后从侯马镇坐火车经过太原到了平型关。平型关战役是林彪指挥的，消灭了日本鬼子一个旅团的一千多人马，打得很好！林彪派了三个团：687团、688团和689团，主要参加战斗的是687团。我们688团驻在下关镇准备打援助，没有上战场。因日军的援兵一直没到，所以战役结束后我们就撤走了。

打平型关时，我在688团宣传队做宣传员。那时，已经开始宣传抗日了，但没有标语，有"打倒日本"等口号。宣传主要是指导员讲讲话，我们写写口号。当时部队没多少枪，但一当兵就发军装。那时候的军装乱七八糟的，有长有短，有新有旧，有黑的、蓝的、红的，什么颜色都有。因为没有衣裳穿，也有穿老百姓衣裳的。

八路军刚到山西时人生地不熟，阎锡山说我们特别坏，老百姓对我们也没有好印象，直到打了平型关之战以后，我们的处境才有所好转。阎锡山是山西省的主席，战役开始时他不给我们饭吃，不给我们衣裳穿，什么都不给，说你们这个部队还能打仗吗？那个时候我们的条件的确不好，枪很差，而且还有红缨枪。阎锡山说我们部队不能打仗，他们部队的大炮机枪都打不赢日本鬼子，我们更不可能打赢。他看不起我们。平型关大战消灭了很多日本鬼子以后，他就对我们客气了，给我们发粮食、衣裳，还给我们钱花，对我们很好。

我们部队在山西待的时间不长，平型关战役结束后就撤到河北平山县。那时候我就到688团卫生队当卫生员，在医训班边上班边学习。伤病员都住在部队的卫生队，我主要是给伤员换药、打绷带。我们的医疗条件很困难，消炎就用普通的红汞、碘酒，也有一些吃的药，如阿司匹林等。上面发的药很少，大部分是打仗夺来的，也有买来的。手术刀是上面发的。我们在平山待了一年多，部队主要是在训练。八路军大部队在平型关战役以后，就深入敌后开始打游击。

他们分散到山西、河南、河北、山东等地。八路军本来人不多,但是通过到处宣传以后,当兵的老百姓多起来,八路军在抗战时期快速发展。

4 随部队南下编入新四军

后来部队从河北平山到苏北的淮海区[1],驻扎在涟水县。皖南事变以后,我们 688 团编进新四军 3 师。[2] 当时新四军 3 师的师长是黄克诚。我们部队在淮海区打的主要是伪军,也叫"二鬼子",真正打日军的不多。我们还打过江苏省主席韩德勤的部队。我们部队战士多是打仗以后新编的,不能打大仗,只能打些小仗。我那时已经是团卫生队的一个室长,相当于连级干部。卫生队的队长叫甘泗中。卫生队也跟着部队打仗,但一般在后方,基本不上前线,是为团里做医疗保障的。一般很少有伤员送到卫生队里,伤病员也少,因为都是我们主动打敌人的,受伤的人不多。敌人要是太多,我们就跟他打游击战。我们跟老百姓关系好,对游击地方较为熟悉,可以到处跑,但敌人路线不熟悉,他们不敢随便跑。

新四军比八路军要富足一些,因为新四军活动的地区苏北苏南比较富裕。比如说新四军黄克诚的部队,衣服穿得好、饭吃得好、钱也多一些。八路军的生活比较苦,吃得差,主要吃玉米、小米,很少吃大米,还经常吃野菜,有时候下午没事就去山上挖野菜充饥。八路军一个月给的钱很少,就一两块钱,新四军要

---

〔1〕 1940 年 9 月,中共苏皖区党委在沭阳召开绅民大会,宣布成立淮海区专员公署,辖沭阳、涟水、淮阴等苏北 9 个县。

〔2〕 此处有误,第 688 团早已改编为八路军第 4 纵队第 4 旅第 11 团。皖南事变以后,改编为新四军第 4 师第 10 旅第 28 团。1941 年 9 月 9 日,新四军第 4 师第 10 旅与第 3 师第 9 旅对调,第 10 旅归第 3 师建制,并兼淮海军区。

多一点,有五六块钱。

从八路军改成新四军以后,衣服发生了变化,八路军穿黄军装,新四军穿灰军装。帽子也有变化,八路军帽子前面的徽章上写着"八路"两个字,新四军写着"新四军"三个字,但都有 12 角星。

新四军的医疗条件总体也比八路军好,一般的医院都可以开刀。八路军也有好的医疗单位,但是很少。新四军有青霉素、黄连素等消炎药,是从外面买来的,我给伤员用过。医疗器械主要是一些开刀、换药用的,但设备还是不充足,条件总体上很困难。

1942 年 12 月,我在苏北入党,介绍人是我的团长汪洋[1]。当时我在团卫生队当室长。他请我去家里吃饭,然后谈到了这个问题。他说:"你是老同志了,还没有入党,我介绍你入党吧。"我说:"我不已经是共产党部队了吗?"他说:"这还不是共产党员。"后来很快就批下来了,没有预备期。

日本宣布投降时,我在苏北,当时是团卫生队的队长。胜利的消息是上面传达下来的,当时很高兴,但没有什么庆祝活动。随后,我们部队到了山东临沂地区。医院都在后方,我们医生真正参加打仗死的比较少。我在山东待的时间蛮长,在那里成的家。当时部队对婚姻的规定很严格,团长才可以结婚,营长都不可以结婚,而且岁数也有限制,28 岁以上的团级干部才能结婚,当兵时间长也不行。那时我还不是团级干部,只是营级干部,我结婚批准还算优待我。

全国解放后,我先是在苏北扬州的第十五步兵学校卫生处当处长,后到苏北的军区医院工作。1953 年 103 医院从常州搬到了福建永安,我去了那里,后

〔1〕 汪洋(1920—2001),陕西横山人。1937 年参加八路军,同年加入中国共产党。曾任陕北公学学员、抗日军政大学学员、八路军第 115 师第 344 旅第 689 团参谋、新四军第 4 师第 10 旅第 29 团作战参谋、第 3 师第 10 旅第 1 支队独立 2 团团长、支队参谋长、第 10 旅第 29 团参谋长、东北野战军第 2 纵队第 5 师参谋长、第四野战军第 39 军第 116 师参谋长、师长、第 39 军副军长兼参谋长、第 16 军军长、沈阳军区副司令员兼参谋长、第七机械工业部部长、北京军区副司令员等职。1955 年被授予大校军衔,1964 年晋升少将军衔,获二级独立自由勋章、二级解放勋章。

又随医院到了福建南平。"文化大革命"期间我在 92 医院当副院长,造反派不敢冲击医院,不然他们被打伤就没人给治疗了,所以我基本没有受到影响。

1981 年,我从 92 医院院长职位上离休。

长衡会战的一段秘密往事

石永固

"1938年10月，我的部队巧设'口袋阵'，在万家岭打死打伤侵华日军第106师团近万人。"

★ 口述人：石永固
★ 采访人：叶铭　莫非
★ 采访时间：2016 年 9 月 7 日
★ 采访地点：江苏省南京市中央北路向阳养老院
★ 整理人：刘倩　钱硕

【老兵档案】

石永固，1922 年出生，河南永城人，原国民党军第九战区参谋长赵子立的外甥。1938 年，年仅 16 岁被赵子立带出家乡当兵，1941 年考入中央军校二分校第 18 期，1943 年毕业后分配到第九战区司令部，1944 年参加长衡会战，担任第 10 军第 3 师连长。

1　从军接受新思想

我叫石永固，是河南永城人，出身黄埔第 18 期，毕业于二分校第 7 总队。当年，我的军校教育长是李明灏，总队长是卢石英，他出身于黄埔军校第 3 期。我入伍之前是名副其实的富家子弟，祖父是晚清的一个秀才，家境殷实，因此家人的思想比较封建，信奉孔孟之道。我小时候上私塾，读四书五经，也算是个文人。14 岁那年，一次偶然的机会，我接触到了阿拉伯数字，我自认为知识渊博，却连一个数字都不认识。这时，我才领悟到学习西方文化的重要性，"闭门造车不行，必须学习西方知识"，我的思想悄悄发生了转变。当年我们上军校，预备教育三个月,然后入伍锻炼半年,再接受学生教育一年半。我当时在步兵科,基本科目包括所谓的"典范令"[1],射击、打靶也是常有的,通常每次每人可以击发5发子弹。当时在军校,我们每天可以吃两顿饭,上午9点和下午4点各一顿,通常是4个人一盘素菜,条件比较艰苦。

不当兵能行吗?日本人侵略我们中国,我还能坐在家里等着他们打?于是我1938年从军,在第九战区第1兵团司令部参谋处绘图室当文书,从事作战地图的绘制工作。而第1兵团参谋处作战科长赵子立[2]正是我的二姑父。他在军阀割据的年代参加了冯玉祥的部队,先后在黄埔军校第6期、中央陆军大学第14期学习,卢沟桥事变后被调到第52军赶赴北平,当时级别已是副团级。路过河南老家,他把我给带到了部队。当时在第52军提到赵参谋,基本上没有人不认识。万家岭会战时期,赵子立为参谋处副处长兼作战科长。后来,处长狄醒宇到第四战区张发奎部任兵站总监,赵子立升任参谋处长,抗战时给薛岳当参谋,先后经历了四次长沙会战,因功升参谋长。时任第九战区司令长官部参谋长兼干训团教育长吴逸志有名无实,每每战争开打,他就带领与作战无关人员撤离至湖南大学后的岳麓山。实际上,许多作战计划皆出自赵子立之手。

当时我们在司令部,下辖几个军。当时我不在野战军里,我所在的参谋处负责指挥别人、下达命令。1938年10月,我的部队巧设"口袋阵",在万家岭打死打伤侵华日军第106师团近万人。由于我没上过战场,与日本人的接触并不多。不过有一次,我看到一个日本俘虏,我当时心里憎恨极了,咬牙切齿,但却无可奈何。

---

[1] 作战训练及队列内务等方面条规的总称。
[2] 赵子立(1908—1992),河南永城人。黄埔军校第6期、中央陆军大学第14期毕业。曾任国民党政府军第九战区第1兵团高级参谋兼作战科长,第九战区参谋长等职。1949年12月在四川巴中县率部起义。

2 长官不和的秘密

赵子立与薛岳的关系其实并不那么融洽,他俩之间曾有一段不愉快。1944年4月,长沙前线吃紧,大量军政人员的家属需要后撤,赵子立家属并未撤走,而薛岳的家属大部分已撤走,唯独留了一个他很宠爱的八九岁的小丫头在身边。当时交通不便,要到湘潭才能上火车转移到较安全的后方。薛岳的那个小丫头先到撤退地点。等接送家属的"汽划子"[1]到岸后,负责接送的军官先后问了两遍:"参谋长(指赵子立)家属来没来?"小丫头说"没来",便擅自乘船离开。后到的赵家家属无船可坐,几番周折才有惊无险地撤出前线。第27集团军打电话几番联系后也才得知赵家家属的下落。撤退后的军政人员及其家属们当时住进何健经营的一个工厂,当时薛岳住在二楼。赵子立得知自己家属的遭遇后拍桌大骂:"你们是命,我们全家不是命?!"二人的矛盾自此埋下。

后来湘江战事吃紧,薛岳就带着长官部撤往耒阳,赵子立完全不知情。当时守长沙的是张德能的第4军,此人与张发奎有些关系,第4军也是粤系部队。张德能告诉赵子立:"长官(指薛岳)走了,现在这里由我指挥。"赵子立怒不可遏地打电话给后方的薛岳:"你让我在这里送死吗?让我留在这里,又不给指挥权。要联络,你放联络参谋就行;要看司令部房间,你派几个参谋就行了。"薛岳当即挂断电话。赵子立不敢撤离。于是向张德能建言:"防备主方向应该是岳麓山,岳麓山在我手中则长沙城可保不失。"但张德能不听从,将两个师放在城内,只留一个师布置在岳麓山。结果日军一个猛攻,岳麓山守军就抵挡不住了。张德能这才想从城内调一个师支援岳麓山方向,但当时的战局之下调动大部队谈何容易,况且增援部队需要横渡湘江。张德能吓得六神无主,直问赵子立:

---

[1] 汽艇的俗称。

"怎么办？怎么办？"赵子立说："你去好了！"第四次长沙会战，二姑父赵子立因指挥作战不力被查以后，我也随之被分配到第27集团军第10军任职。

在衡阳保卫战期间，我到位于冷水滩的副总部汇报工作，后由于腿伤被留下，没有归队。我曾见过方先觉，方先觉是江苏萧县人，个子高高的，右腮帮受过伤。衡阳保卫战之所以能打那么久，是因为方先觉早有准备。他首先疏散居民，然后在城内外修筑工事，事先把油米盐埋在地下藏好，准备长期战斗，准备得有条有理。我在6月初出的衡阳城，那时敌人还没正式进攻，我走后军事形势就紧张了。后来衡阳沦陷后，第10军撤退出来的官兵在桂林集中，经柳州、宜山等地到重庆进行整编。我被编入第10军第3师第9团担任防毒军官。后来成立了防毒连，我担任连长。

战地中的"白衣天使"

卢 华

"几经周折，我的抗战胜利70周年纪念章终于办理成功，领纪念章时还举行了仪式。"

★ 口述人:卢华

★ 采访人:叶铭　莫非　肖晓飞　董晓景

★ 采访时间:2016 年 11 月 18 日

★ 采访地点:江苏省南京市信府河路

★ 整理人:董晓景

【老兵档案】

卢华,1922 年出生于浙江省宁波市宁海县。1937 年初进入第五陆军医院学习。抗战爆发后在武汉中央军官训练团医务室工作,之后调至第九战区伤兵收容所。上高会战结束后,考入国民党中央陆军军医学校。毕业后分配至第 10 军第三野战医院。抗战胜利后,在第 88 军军医部门任职,后调至南京"国防部"第四厅从事卫生工作。全国解放后加入皖南行署卫生防疫大队,之后在芜湖防疫站工作,直到退休。

1　追随叔叔,进入医院

我是浙江宁海人,后来我家从宁海县迁到象山石浦镇。我的父亲是铜匠,技术很好,在当地很有名气。我们家当时主要是做刨丝,是刨萝卜丝用的。我父亲还能修枪炮。我们那边是个渔港,靠近海边,为了防备海盗,家家都有土枪土炮。当地的枪炮坏了之后,都来找我父亲修。当时家里条件还不错。我家兄妹四人,我排行第三,家中还有哥哥、姐姐和妹妹,现在家里其他人大多已经去世了，只剩下一个妹妹退休在家。

我幼时在家乡一个教会学校学习，学校名字叫做斐迪学校。那个学校的学费比较贵，一般一个学期三四块大头[1]。当时天天在家吃饭，所以不用交伙食费。当时的学校是教会学校，每周也会做礼拜，但学校不强求学生去做，我父母会去做礼拜。学生通过这个学校可以保送到宁波的斐迪中学。当时小学是靠近海边的，现在已经被拆掉了。当时这个小学教得非常好，教外语的老师比较多，比其他学校都要多。里边还有许多初中生。后来我到第五陆军医院工作时，我的外语比其他人都好。当时小学里有一个体育老师，先是去了武汉，后来又到了延安。解放之后，他回来了，还见我了一面，向我了解了相关的情况。

我叔叔卢方雄当时在江西省国民党军政部的第五陆军医院当军需处处长。1936 年，我十几岁，就跟着叔叔离开家乡来到了江西。当时我去的是江西部队开办的学校，在那里插班读书。1937 年初，我叔叔不干回家了。那时的第五陆军医院院长是我家亲戚，他不让我回家，想让我留在医院里当医学生。当时医院招进去五六个人，大多数是跟领导有关系的。我们当时在医院的条件比较好。白天，我们上药剂课，晚上医院也会给我们上课。后来我在医院当练习生，白天帮忙，晚上依旧上课学习。我们的几位主任都是浙江医科大学毕业的。

当时陆军第五医院里边的药品西药居多，主要是外科药。当时药剂科的制剂全是西药，中药很少。这些药主要是打针用。当时药厂比较少，很多药都是进口的。药品都来源于国民党自己的药库，医院根据自己需要的药品造册，然后送到军政部军医处批。军医处批准之后，医院派人去仓库提货，把装药的袋子和批文都交给仓库，最后把药包装好托运回医院。每月或者每季度派人去领一次，一般都是自己雇车去，棉花、纱布、绑带都是一捆捆的。当时医院可以做很多手术，截肢手术都可以做。

---

[1] 即袁大头，银圆的民间俗称。

陆军医院的设备条件是很好的,伤员主要是从部队送来的。北伐的一部分老伤员还在,还有国民党在江西"剿共"的伤员也在。在抗日战争之前,医院的伤员也有好几百人,一般都是住满的。伤员住医院一般都是一年半载,一直等到身体完全康复才离开。医院会通知哪些伤兵可以出院了,伤员所属部队就派人来把伤员接走,送来一批,接走一批。部队没有派人来接的伤兵就一直养在医院里边。伤员的衣食全部是医院供应,伙食很好,每人一份,主要有稀饭、面条等。医院造册将伤兵花费报上去,上边每月都会拨一大笔经费下来。医院的伤员对医生和护士都比较好,但是他们对行政部门,尤其是对后勤部门意见比较大,嫌医院的伙食不好,所以经常闹事、绝食。后来医院的领导过来,答应他们会改善伙食。

有些伤兵不讲理,在外边闹事的也比较多,所以医院看这些伤员的伤好了,就赶紧让部队接走。如果伤兵一直没人来接,就会一直在医院养着。当时医院里边没有警卫人员,只有医生和护理人员,对伤兵的闹事也无可奈何。

2 驻军武汉,参加抗战

1937 年初,我们第五陆军医院奉命从江西调到武汉。我们医院还在武汉的时候,抗日战争爆发了。

淞沪战役打响后,战事非常激烈,当时的伤员非常多,长江一带的伤员大多送往武汉。我们医院本来床位不多,后来随着伤员的增多,逐步扩充了床位。当时在武汉有很多伤员,医生的数量很少,忙不过来。所以有很多妇女和志愿者经过简单培训之后,开始在医院帮忙照顾伤员。

随着战事日益紧张,当时的首都南京沦陷了,南京国民政府一部分到重庆,一部分来到武汉。在武汉时,医院又接到命令,要搬到四川去。当时伤员不断增加,就送往后方医院。当时的伤兵大多送到我们医院,有用船或者车送来的伤员,也有人专门护送来的。

1938年,国民政府在武汉成立了一个军官训练团[1],地址在武汉大学。当时,武汉大学学生已经搬走了,所以有地方作为训练团场所。这个训练团里边都是师级以上的干部,比如师长、军长等,团级都没有资格参加。训练团虽然是一个临时机构,但因为有几十个人,因此需要有一个医务室。我们陆军医院的院长带一部分人留在了武汉,就去成立医务室,主要给高级将领看病,我们院长担任医务室主任。我跟着院长留在了医务室,主要任务是管理药品。我们当时见到最多的人是冯玉祥。有一天吃饭的时候,他到我们医务室转了一圈。我看到了他,他个子高高的,长得很魁梧。在武汉除了经常见冯玉祥之外,还见到卢汉,还有几个师长也见得比较多。当时有一个师在武汉大学外围演习,师长也和普通士兵一样,去观看演习。现在称为军事演习,我们当时叫"打野外"。打野外时,我们背上红十字背包,带上急救药品,跟在部队后边。万一出现什么意外,我们就要临时急救一下。跟着他们出去不用跑路,一般都会有车。我们看他们打野外,还要给他们做评判。在武汉大学旁边有一个纸坊小镇,我们在那放孔明灯,他们用机枪打孔明灯进行演习。当时演习的时候,并没有人意外受伤。

武汉保卫战开始后,日本人沿着南昌到九江的铁路,已经攻到九江。在武汉时,部队医院每天处理500多名伤员。医院收满之后,走廊、楼梯口到处都是人,睡地铺。医院晚上会有人值夜班。夜班时,我们休息的时间很短,一般会有夜餐,紧急的时候也会加班。当时药剂房的人并不多,大概五六个人,一般分为

---

[1] 又称"战干团",是国民政府军事委员会战时工作干部训练团的简称,是抗日战争时期国民党中央所开办的一个大型军事、政治训练机构。1938年1月,战干团正式成立,团本部设武昌珞珈山,由桂永清负责。

两班倒。那些伤兵是有伤票的,每人只有一张,就像卡片一样,纸质的,有红色边框,没有分轻重类别。伤票上有的写伤兵的基本情况,也有的写受伤的部位。伤兵送到医院之后,我们会先找到伤兵的伤票,把伤票填好之后,再把伤员送后边治疗。当时我们没有碰到过没有伤票的伤员。

从战场上送下来的重伤员比较少,大多数是炮弹伤和枪伤。在战场上生病也会送到我们医院,生病的伤员就没有伤票了。

我们医院驻地没有标红十字,我们就自己画一个"十"字。日本飞机当时没有炸到医院。大概是1938年三四月份,我第一次看到日本人的轰炸。被炸的是武汉的汉阳兵工厂。我当时年龄小,不懂事,还跑到外边去看这次轰炸,觉得很惨。

当时在武汉,我看到了苏联红军援华的航空队,还看到了一次空战。日本飞机来之前,有人拉防空警报。我们共有30多架飞机起飞迎战。第一天空战,苏联的飞机被打坏了一架,飞行员就跳伞下来。苏联飞行员落到了农村,当地军队并不知道他们是哪国人,就把其中好几个当成鬼子打死了。救援人员从武昌坐小货轮到汉口去救苏联飞行员。我当时从武昌到武汉也坐这个轮渡,才知道这件事。

随着抗战高潮的到来,国民党政府在武汉成立了很多卫生机构,比如伤兵国民收容所、伤兵国民输送队、后方医院、临时医院等。我们的院长还兼任伤兵官兵收容所主任。成立这些卫生机构之后,要把它们分配到各个战区,给战区里边的伤兵看病。后来,我们主任留下一部分人,包括我在内,成立了伤兵输送队,全部分配到第九战区。当时第九战区司令部在江西南昌。

9月份之后,我跟着主任去了第九战区的收容所。当时收容所的主要任务是接收伤兵。我们收容所里边有专家队,也有治疗的医生,可以容纳20—30人,规模并不大。我们收容所主任是少校军衔。随着战事的发展,我们的收容所被分配到一个军部的后方,从南昌转移到九江,参加了武汉外围的保卫战。当时战事激烈,日本人使用大量的飞机炮弹,造成官兵伤亡很大。我们跟在军队后边收容伤兵。我们当时跟的是广东部队,听不懂他们讲话,只能找能听懂广东话的人翻译。

那时白天没办法行动,一般在晚上点马灯去照看伤兵。战斗开始后,伤员增多,我们就把伤兵送往各个地方治疗。除了收容所,还有一些输送队运送伤兵。一般伤比较轻的就留在收容所里边,伤比较重的就用担架往后方送。我们收容所有 100 多个担架,有专门的担架兵,还有队长带队。当时汽车不多,全靠人力输送。输送伤兵走的都是羊肠小道,走起来不方便,还要躲避天上的飞机,而且在晚上特别容易迷路。晚上我们用马灯照明。随着武汉、九江沦陷,我们部队一直往后撤到江西万载。到万载之后,我们伤兵收容所有很多人都跑散了。

我们在万载那里休整几个月后,江西的上高会战开始了。第 74 军参加了上高会战,王耀武是军长。这时,我们伤兵收容所的主任换了,新主任是黄埔军校第 6 期的。王耀武当团长时,他当连长;王耀武成为军长后,他当了伤兵收容所主任。我们主任和王耀武关系比较好,所以就把我们配给了第 74 军。军部到哪里,我们收容所就跟到哪里,伤兵也是由我们输送到江西新余。上高会战时,我们设在一个小学里边。当时小学都不上课了,人都跑光了,飞机一直在上空轰炸,飞得特别低,炸死了好多人,我们躲在沟里才得以幸存。我们在陆军医院时一般是一天三顿,早上吃稀饭、馒头,中午吃干饭,会配有荤菜。在部队中,吃饭看情况。有时候战事紧张,七八天吃不上饭也是很正常的。我们的伙食是由后方的人送,有时送不过来,我们就吃干粮、大饼、馒头等。

当时有华侨和红十字会的人帮助我们。来了很多救护车,上边可以放担架,可以放重伤员。药的种类也有变化。在战争开始的时候,我们的药品主要是美国供应的消炎粉,是白色的,一包一包的。1937年抗战之前用的比较少,抗战爆发后普遍用了这个药。青霉素,也就是盘尼西林也有,一般不用,真正用的时候很少。还有小瓶的云南白药,消炎粉数量多于云南白药。还有急救包,里边东西很多,有纱布、绑带、棉花等,也有消炎的东西,可以临时处理一下伤员。

我们一般在晚上输送伤员。先把伤员都摆在公路边上、草地上等,晚上把他们送上车。轻伤员一般几个人挤在一起坐车,重伤员用担架抬出去。我们当时好多救护车都是华侨捐赠的。后来救护车越来越少,就靠当地的保甲组织找来民夫运送伤员。有时候路程较远,民夫都自己带点饭菜,主要是咸菜,用树杈当筷子。派送伤兵的过程中,伤兵的饭菜没人管,所以伤兵的死亡率很高。我们一般给他们简单处理之后就送往后方医院送。当时在医院死亡的伤兵名单是有的,医院会保存这个名单,还会把死亡伤兵的照片寄给上级。死亡档案里边会有姓名、部队,还会照相,凭借这个资料去领埋葬费,一般是6—7元,包括棺材。有专门的人负责埋士兵,棺材并没有重复利用的。

当时上高会战打得很激烈,我们每天收容的伤兵不少,每天也收尸不少。上边就派来一个野埋队,专门用一种油毡套,把尸体往里边装,把绳子拉上,把尸体埋了。那种情况下就没有具体的死亡名单,只会报这里死了几个人。如果战死了,掩埋队会直接掩埋,碰到日本人的尸体也会掩埋。死亡人数多时,野埋队也会招民夫帮忙。民夫去挖坑,坑的大小没有规定,只要把人埋进去就行。

3 入学军医,衡阳脱险

我到江西的时候,只能跟着部队走,一直没和家里联系,也没有办法写信。

一直到抗战胜利之后，我才和家人取得了联系。当时我是在西安寄的信，一两个礼拜后能收到回信。我在江西时是中尉，我们的领章和步兵的领章颜色不同，我们是绿色的，陆军是红色的。上高会战时，张灵甫受伤，我并不知道这个事，我一直跟着军部，并不在师里面。

上高会战结束之后，我们就在当地整训。整训之后我们接到上级通知，保送一部分人到江西军医学校宝庆分校学习，我当时就被分到这个军医学校。我在学校碰到很多浙江同乡。不到一年时间，我就从军医学校毕业了。我们去军医学校全部是保送过去的，是在湖南的宝庆分校。当时分校的负责人姓张，年龄挺大，是个内科主任，上校军衔，每次都是他给我们上课。我们刚到军医学校的时候还要参加军训，主要是每天早上跑操。我们主要学内外科，没有学习药品之类的科目。学习的东西并不深，还学习一些小手术。每天上课时间不长，课程比较多。我们学校附近有一个宝庆后方医院，晚上我们到后方医院实习。考试不频繁，一般一门课结束之后才会考试。军医学校里边有饭桌，一般一日三餐，每人一份饭。

毕业之后，我们都是自己找工作，上边不负责统一分配。我当时是以部队军官的身份过去的，也有一些人是从地方考上去的。当时我们是分开编班的，他们一个班，我们一个班，关系还好，一般考进去的也都是年轻人。相比较而言，我们从战场上下来的军官，关系更加亲密，可以聊的东西更多一些。

我上军医学校之前就是军官，当时校官是上边委任，尉官是司令部委任的。我是顾祝同委任的，他是我的姻亲，也是陆军总司令[1]。我升为军官的时候，上边也发了委任状。抗战结束之前，有一个第10军发的军印。毕业之后，我想回江西，我的同学让我去湖南长沙。

我随后就到了长沙，经同学介绍被分配到长沙第10军第三野战医院。当

---

[1] 顾祝同当时是第三战区司令长官，抗战结束之后方才担任陆军总司令，老人把他前后职务记混了。

时长沙第三次会战已经接近尾声了,我们部队在长沙整训。这时,李玉堂不当军长了,方先觉因三次会战的功劳升为了代理军长[1],我们在长沙整训了不到一年的时间。当时第 10 军被称为"泰山军",是重庆国民政府授勋给第 10 军的称号。因为日军三次包围长沙之后,湖南当地人对第 10 军非常敬仰,都称第 10 军为泰山军。整顿结束之后,第 10 军转移到湘桂铁路[2]。

第 10 军有 3 个师,其中一个师驻在衡山,一个师在衡阳外围[3],都是沿着铁路线驻军。第 3 师的师长我认识,叫周庆祥,他在长沙结婚了。我们军部在长沙的时候,他就在长沙当师长。第 10 师师长是孙明瑾。我们在第 10 军时,每个月有五六十元的工资,能买很多东西,一个人勉勉强强够花了。平时战事不紧急的时候,我也没有出去逛过街,发的工资一般就用于个人的生活,比如洗澡、理发,有时也会看电影、听戏。当时也有慰问的人来,但一年几次已经记不得了。我们军医一般每年 2 套军服,夏装和冬装,还有衬衫。夏装也只有 1 套。当时自己买鞋子,刚开始我穿草鞋,一直磨脚。他们看我年龄小,对我也特别好,就给了我两双用布条编的草鞋,穿上就不磨脚。当时我不会打草鞋,后来穿力士鞋[4],几毛钱一双,但是走在路上也磨坏了好几双,都是前边开口了。在长沙的时候,我和方先觉接触比较多,每个周一做纪念周[5]时都能见到。我记得方先觉个子高高的,表面看起来比较严肃。我和他交流比较多,他对人蛮好的。

当时我们医院在长沙新开铺,军部在长沙妙高峰。第二野战医院也在妙高峰,我们经常往来。我一个同学赵中华是浙江宁波人,他在炮兵团当少尉军医。

〔1〕 1943 年 4 月实任。
〔2〕 从湖南到广西桂林的铁路。
〔3〕 另一个师为第 190 师,此时列为后调师,预备脱离第 10 军建制。
〔4〕 一种帆布胶底运动鞋。
〔5〕 即总理纪念周,指每周一举行的纪念中山先生的仪式。

第三次长沙会战结束之后，他就不想干了，因为每个月发的钱都不够花。我一个亲戚在江西吉安开药房做生意，亲戚想让我到江西去，赵中华也想和我一起去，还想把老婆带到我亲戚那里。当时土匪比较多，没有交通工具，铁路也全部破坏了，走路不安全，于是我们3个人走了半个月到了江西。他到了江西之后就开始做西药生意，后来跑到上海去，翻过几道防线，进了一批药来赚钱。南京解放之后，他想跑到上海，但部队已经把那里围起来了。他从上海跑到苏州，部队把他扣起来了。当时我在禄口西郊找到他们连长，把他放了。局势稳定后，他又跑到南京。"三反""五反"时，他被整得很惨。当时我给他做了证明，后来他在区卫生所当医生。之后他开了一家饭店，在新街口，叫三六九饭店，再后来在三牌楼买了房子，还在上海又买了一套房。

日军从长沙一直攻到衡阳，我们部队也慢慢开到了衡阳，一直在衡阳外围打。我们大概在1943年撤到长沙，常德会战的时候我们在长沙，但是我们没有参加。衡阳保卫战开始的时候，我们部队就撤到了衡阳城里边。在衡阳打仗时，我们待了40多天，供给能供应上，蔬菜很少，有一些鱼肉罐头等。当时的药品比较少，除了外科急救的药品，像消炎粉之类的比较多，其他药品没有，就只能用盐水洗洗。当时送来治疗的伤兵级别最高的是士官一级，没有团长，营长也很少。当时送来的军官和士兵是一样的待遇，没有特殊待遇。

战争持续40多天后，突然有一天枪声没有了。主任告诉我，日本人已经进城了。我们准备往后撤，老百姓也跟着一起跑。因为人太多了，大家不知道要往哪里跑，处长带着我们沿着铁路线走，飞机一直在我们头顶轰炸。铁路线的目标太大了，大家决定走小路。快到秋天的时候，我们撤到了湖南东安。我们军医处一直跟在军部的后边。在东安暂时休整时，还给我们发了服装和鞋子，让我们剃头、洗澡、休息。我们撤退的时候没有碰到日本人。当时交战的时候，衡阳城已经没有百姓了。在撤退的路上，我们碰到了许多难民。当时处长带着我们跑,许多看仓库的和当兵的都跟我们走了,有些伤员没办法带走,只能扔在那里。我们当时的医院处长是董日松,院长是郑焕华。当时出城的时候都是只顾上自己跑,我和一个姓董的同事一起跑。撤退的路上,老百姓给我们提供帮助。我们吃饭有时付钱,有时不用花钱。撤退的时候难民也比较多,日本人也会轰炸我们。我们是几百人一起走的,不再沿着铁路走了。衡阳外围后方有很多的伤兵医院,我们沿着湘桂铁路将伤兵送到了伤兵医院。

随后,战争打到了衡阳城里,第10军军部也由外围撤到衡阳城里,我们伤兵医院设在一个公路边上。当时战争惨烈,日军用大量的飞机、炮弹,造成我们伤亡惨重。我们伤兵医院药品比较少,许多伤兵都用盐水清洗伤口,医药品供不应求,缺少很多药材,很多重伤员都没办法治疗。

衡阳的第10军跑出来不少人,一部分人没有跟着铁路线跑,而是往重庆方向走,跑到了贵阳。我们在东安休息之后,处长就带着我们继续往后撤,一直往桂林方向跑。很多装备如弹药、被褥等没办法运走,就都不要了。我们空手跟着部队后边走,一天走60多里,一直走到了桂林。到桂林后,还没来得及休整,桂林就沦陷了。我们继续跑,跑到柳州,最后一直跑到了金城江。到了金城江之后,因为没有铁路了,我们在那里休整。休整之后一路走到了贵阳。到贵阳休整了两天之后,开始往重庆走,一直到重庆之后才停下来。第10军被收容了,我们留在了重庆土桥。

4 抗战胜利后在卫生部门任职

在重庆的几个月里,第10军跑到重庆来的人越来越多。我们每天都等在那里,每个月还有钱领,没有事情干。最后,国民政府派赵锡田[1]把第 10 军的番号重新成立起来,我们这些人就全部被赵锡田收走了。他用几百辆汽车把我们从重庆土桥运到了陕西汉中。当时,我们经常见到他,他会给我们训话。他的舅舅是顾祝同。当时陕西的地方部队还有几个团,都并入第 10 军。我们在汉中整顿训练,还配备了武器。因为第 10 军人员不够,就又招来一批新兵。新兵大部分是从四川过来的。1945 年春季,我们接待新兵,训练新兵,补充武器弹药。我们就在那里整顿新兵,一直到抗战胜利。抗战胜利之后,我们接到命令,由汉中全部转移到西安,等候整编。因为不用和日本人开战,所以上级就把我们部队往别的部队输送。我在那里等了几个月,都没有消息,也不知道会被派到哪个部队。这时听说方先觉在徐州第 88 军当军长,我们当时医院的院长就准备去徐州。他让我先在西安等消息,他先去徐州,如果工作机会比较好,就打电话让我过去。我们院长到徐州找到了方先觉,方先觉让他当军需处处长。院长打电话给我,我也来到了徐州,被提升为少校军医。我在徐州待了不到一年,组织关系是在第 88 军。后来第 88 军在山东被中共打掉一个师,我也听说过,那时候我已经不干了,已经回南京了。

当时国共开始战事,局势不怎么好。方先觉离开了第 88 军,一个姓张的接替了军长[2]。我们也打算离开徐州,回到南京。当时我一个军医学校的同学在国防部第四厅当卫生处卫生科科长,主要是管后勤。我从徐州到南京看他,他劝我不要回徐州。那时候国防部就要搬家了,国防部搬走之后,由京沪杭警备总司令部负责,司令部设在孝陵卫。司令部和国防部是对口的,我同学就让我去司令部第四处卫生科工作。我同意了,当时我的家属也在南京,我就在第四处做少校卫生科长,科里只有我一个人,我既是科长又是科员。在南京孝陵

---

[1] 赵锡田(1907—?),江苏涟水人,黄埔军校第 4 期步科毕业,国民革命军陆军中将。
[2] 方先觉卸任 88 军军长后,马师恭接任,老人记忆有误。

卫的时候,我们的办公室都是平房。当时天天有公事要处理,很多医院都在收容伤兵。因为只有我一个人,所以业务都是我自己一个人办理,主要是文字工作。我主要负责将那些伤兵分配到各个医院,还负责药物管理和调配。当时我们科室下边还有补给区。他们造册拿给我,我审批之后就交给他们。当时我好多第74军的军医同学都在补给区。公文寄来之后,很快就办好了,流程很短的,我批过之后,还要找局长批,都批完之后就可以去补给区。我当时办公是在孝陵卫的警备司令部,到现在办公楼还在。汤恩伯当时也跟我们一起办公。1948年年底,我们警备司令部接到命令,由几十辆汽车接送,全部从孝陵卫搬到上海。在淞沪警备司令部,办公楼有五六层高。我们住在淞沪警备司令部的二楼、三楼、四楼。那时候淞沪警备司令部的处长姓聂,他不太管事。管事的是副处长,他是一个少将,四川人,能力很强。上海战役开始后,局势比较混乱,部队准备撤退。他们从吴淞撤到福州,再到厦门,最后到台湾。在撤往台湾时,我们把很多东西都销毁了,然后坐车离开。当时我的家属都在南京,南京的同学到上海找到我,说家里人担心我,不让我撤退到台湾,所以撤退时我就留在了上海。等上海解放之后,我回到了南京。

找工作时,我碰到了一个以前在南京工作时的同事,他让我跟他一起去芜湖。他当时在芜湖皖南行署卫生局当防疫科科长,他们那里急需人。我就跟着他去了芜湖,条件不错,每月工资是以大米计算的,一个月50斤大米。1950年我在皖南行署防疫大队时,中央成立了一个老根据地访问团皖南分团,当时书记是马天水。皖南访问团组织了医疗团和文工团等。地方上的武装部派人保护这个访问团。我被派到皖南分团,当时汽车很少,我们主要是徒步走路,肩挑背负。大概用了几个月时间,我们跑遍了皖南的老根据地。每到一个地方,我们都先给老百姓看病。当时农村比较缺乏药材,我们就发给他们药材。文工团给他们演出,唱唱歌、跳跳舞等。

　　我在皖南行署卫生医疗防疫大队时，一个大队有三个中队，我当中队长。后来皖南人民行署和皖北人民行署合并，成立新的安徽省，省会驻合肥。我们皖南行署卫生局卫生医疗大队也和皖北行署卫生医疗大队合并了，我们要从芜湖迁到合肥，但合肥离我家更远了。我到合肥卫生厅后争取调回芜湖。合肥卫生厅就介绍我回芜湖卫生局，把我分配到芜湖卫生防疫站。我在那里一直干到1958年，又被调到芜湖镜湖区当卫生防疫站站长。55岁时，我从区防疫站回到芜湖市卫生防疫站工作，一直干到退休。中间也经过风风雨雨，特别是在"反右"和"文化大革命"中一步步走过来非常不容易。我老婆是安徽人，她们家后来在南京经商，我们在南京结的婚，她家也搬到了南京。

　　上面讲过，回南京之后，是我的一个同学介绍我去皖南行署工作的，而且我到皖南行署的时候也进行了政审，把我的全部资料都上交了。后来发抗战胜利70周年纪念章，我没有得到这个纪念章。几经周折，纪念章终于办理成功，领纪念章时还举行了仪式。

经历硬仗的
战士

叶开发

"打游击我们苦啊，打游击我们没有地方睡，衣服也不脱。"

★ 口 述 人 : 叶开发

★ 采 访 人 : 叶铭　薛刚　杨汉驰　宋芸　陈慧玲　陈威

★ 采访时间 : 2018 年 2 月 5 日

★ 采访地点 : 江苏省泰州市林机新村

★ 整 理 人 : 刘倩

- -

【老兵档案】

　　叶开发,1929 年出生,江苏泰兴人。抗战爆发后,1943 年参加新四军如皋江曲海游击队,1945 年 7 月入党。抗战胜利后,1946 年编入华中野战军第 6 纵队第 18 旅任排长,解放战争期间参加过涟水、莱芜、孟良崮、济南等重要战役。1950 年随第 24 军参加抗美援朝战争,1953 年回国后转业在泰兴公安局工作。

- -

1 报名参军去抗日

　　我叫叶开发,13 岁的时候,还不知道打鬼子。家里五口人。一个妹妹,一个弟弟,我,父母亲,五口人,全种的人家的田,种的地主的田,自己没有地。我们那时候当兵,要想知道真正的岁数,查不到,要想知道真正的名字,也查不到。为什么查不到? 例如我的叔叔,敌人到处抓他,他叫严保仁,他把姓改掉了,改成了薛保仁。保长说我们这里没有这个人哦。在日本投降之前,我在游击队,投降之后,1946 年我在华中 18 旅,1947 年改称华东 18 师。抗战时期,我们不跟从县大队,我们各打各的,五人或三人一组,我们的领导人是朱志柏,被称为朱志柏游击队。我们的枪都是跟日本鬼子"借"来的,后面用来打蒋介石。当时地方上还有很多别的抗日部队,一般你是你的番号,我是我的番号,为了防止暴露,一般不会报番号,都报名字,这些抗日的队伍,后来扩充到十几人、几十人直到几百人。朱志柏,前不久我还在泰山公园里看到过一次他的相片,他被敌人害死了。敌人放特务来假投降,我们总共有三个人,一个是朱志柏,一个是小虎头,另一个是我,小虎头也死了。打鬼子要有方法的,慢慢磨他们,扰乱他们。你没有多大的力量去打大仗,我们这边力量稍微差一点,怎么打呢?鬼子在那里站岗,白天看清楚,他站在哪个位置上,到晚上就偷偷摸摸,去消灭他,今天消灭到一个就是一个。因为我们只有一杆枪,朱志柏他家老子(注:父亲)买的枪是保家的,老子被杀掉了,家也被烧光了,他没有办法了,没有办法他就打鬼子。后来他被人暗杀了,之后我们就到了部队,到的部队是华东 18 旅 52 路[1]。我们当时参军,是自动自发的,没有地方去,自发的。1945 年部队宣布日本鬼子投降,我们就回家了。我们当时没有军装,老百姓穿什么衣服,我们穿什么衣服,穿军装不是送给鬼子抓么,要穿坏衣服还不能穿好的,鞋子要前面有个洞,后面有个洞。我们吃饭都吃老百姓的,走到哪里就吃哪里老百姓的,那时老百姓困难呢,所以是人民群众支持着我们。老百姓管了我们的饭,我们就告诉保长不再派这些人家的公粮,不管保长是什么政治态度,都不敢跟我们对着干。

　　我们打鬼子,一个是捣蛋骚扰他,一个是消灭他们,硬打你打不过他,我在这个队也消灭掉二十几个鬼子。第一次对付鬼子,主要是捣乱,叫他们不安心。那时江都是个镇,它四面都挖的是河,不好进也不好出,有吊桥,进出把吊桥升起来,放下去。人出去就放下来,有炮楼在旁边,人回来以后就把吊桥一收,拉起来。他们不是睡觉了么,到大约 11 点钟,弄个手榴弹,我们弄两个人,那个南门外面北门外面,弄手榴弹一扔,东门再弄个手榴弹拉一下,这样他们一夜都睡

---

[1] 准确番号为:华中野战军 6 纵 18 旅 52 团。

不了觉了。城楼上都有围墙,就听见"咚咚咚",他们的机枪一直在响,他们一夜消耗多少子弹啊。他们也怕呀,怕我们有大部队攻打他。打游击我们苦啊,打游击我们没有地方睡的啊,睡在哪个地方,衣服不脱,而且那个衣服不是上面发的,都是自己的衣服。吃饭嘛,老百姓吃粥我们吃粥。反正抗日战争和解放战争都苦,睡觉就睡在河边的草下。要么,夜里呢,老百姓每家都有草堆,等人家老百姓都睡了觉,把草堆捅个洞钻进去,天没有亮又走掉了。没有吃没有睡,打鬼子苦啊。你吃又没得吃,你睡又没得睡,那时候我们睡哪里,刚才讲的,睡在人家河边上草里面,草长得靠河的那里面。吃不下来,也要吃这个苦。后来到1945年,抗战结束了。我是在1945年7月入党的,介绍人已经死了,他叫陈子珍。陈子珍是我们游击队的副队长,游击队当时没有政委或指导员,他就是我们的领导。

2 解放战争打硬仗

解放战争时期,南征就变成了北战。战争原来在江苏的,后来我们转移到了山东。两次涟水战斗后,陈毅就把战争改变了。为什么要改变?打仗都在农村里,城市是敌人占领,我们都是以农村为主,所以说城市是敌人的,我们就按照毛主席的战略方针"以农村包围城市"来打。到1946年以后战争就改变了,战争怎么改法,就是原来战争在南边的,是江苏这一带的,后来就改了,到北方去了,因此叫南征北战。

打苏中七战七捷,我们都参加了。这是得到中央军委肯定的胜仗,现在有苏中七战七捷纪念馆,详细地记载了这些战斗的情况。在苏中取得胜利后,华中新四军的部队就全部北撤,到了涟水就遇上了国民党的74师[1]。第一次打涟水的时候,首先在涟水[1],家里人不好说外话,我们连是加强连,四个排,打了三天三夜,我们就伤了一大半。我们打了没剩下几个人,连我剩了三个人,到第二天早上,就来了通信员,说你们要不要部队增援,我们说快点下去,我们就剩了三个人没有负伤。同第 74 师我们打过四次,他们也消耗不少。打到最后没有收获,因为主力军遇到主力军,双方都有损失。到最后一打,我们受了伤。那个扬州到淮阴不是有条运河吗?现在这条河还在,被对方捅掉了,我们部队就撤了,撤退的时候,仓库发手榴弹到个人,每个人四个手榴弹变成八个。人就这么大的力气啊,还有背包,还有枪支,子弹是 300 发的,后来没有地方发子弹,怎么办呢?就叫人换着抬,一箱子 1 000 发,也不能丢掉,打仗要用的。

后来我们就专门打这个整编第 74 师,敌我双方都有很大伤亡。陈毅、粟裕后来下决心要消灭 74 师,下决心调 1 纵、4 纵、6 纵等全部主力来消灭它,成就了军史上有名的孟良崮战役。打孟良崮之前,先打了吐丝口和莱芜,吐丝口离莱芜 20 多里,是个庄子,有 3 000 多户。我们一开始打的是莱芜,打两个仗,两个地方。国民党就派第 73 军、第 46 军增援吐丝口。国民党 11 点钟到这个地方,我们 12 点钟到这个地方。这样子我们先打吐丝口,打到夜里将近 2 点钟,我们就撤,我们是第 6 纵,又来了个第 7 纵换防。走了大概有两个小时,我们不知道走到哪里去了。吐丝口已经打到了西北拐上,不打了,让我们暂时休整一下。后来国民党到了莱芜来增援,正好也倒霉,要经过沙滩,沙滩什么东西都没有啊,队伍并排上前,在沙滩里又没有阻挡。第 73、46 军也蛮厉害的。但是我们 6 纵也能打,敌人不接近我们两百公尺决不开火,要把这两个军坚决堵住,不让他们增援吐丝口,我们在沙滩上与敌人打近战,拼刺刀,战况很惨烈,吐丝口的 7 纵也

<hr>

[1] 涟水保卫战:解放战争时期,新四军华中野战军在江苏省涟水地区对国民党军进行的防御作战。国民党整编 74 师与 192 旅两次进攻华中野战军 10 纵队以及 2 师 5 旅防守的涟水城,华中野战军在战斗中伤亡 6 000 余人,第 10 纵队司令员谢祥军牺牲,共歼敌 9 000 余人,挫败了国民党军对涟水的进攻。

向敌人猛攻,敌我双方鏖战了两个小时,敌人败下去了,全部缴枪投降,这一仗我们就抓了几万俘虏兵。

后来去打张灵甫,我们有一个星期都没有坐下来好好地吃一顿饭,不是没有的吃,是没有时间吃饭。我们每个人脚上,脚趾之间都有泡。上面命令什么时候要赶到那个地方,爬也要爬过去。我们有五天五夜都没有吃,没得吃,人都走得眼泪滴滴的,都没有眼泪往下淌。伤脑筋啊,还是拼命打啊,不打怎么办呢,枪一响就都有了劲,我们就由第1纵走这边,我们走西北上来的,打了三天三夜,也没路走了。在孟良崮外围有村,不知道打了几天,张良甫最后就退到了孟良崮。他没有路走了,四面都包起来了,外面防止外围敌人增援的,把增援的拦下来。第74师的战斗力比较好,老兵比较多,老兵抓过来之后还不服气,说我们没本事。关于张灵甫,我还看见他打枪的,用的小手枪。

我们打孟良崮战役的时候,是在西北方向,孟良崮是张灵甫最后两个山头阵地中最高的。打到第三天早上,一个山失守了。这个山失守,人都集中在上面。山的四面都是我们的人,你往哪里跑啊,两个山头基本持平12点钟开始总攻。什么叫总攻啊?就是我们人已经到这儿了,统一规定时间,12点钟,齐攻,叫总攻。我们打涟水,第53团不是失守了么,也被他抓走了几个。我们这个排打孟良崮还就讨了巧,我们没有什么伤亡,是什么原因呢?我们在山脚下,也有五里路吧,老百姓出来三个人,我们刚到这个地方,找他们带路,这叫向导,他三个人,后来又找了两个人来了,他们本地人知道路线。而且我们不是敌人,是敌人他们就不会帮忙啦。他说他们承担带路,自己介绍是村长,这个是民兵大队长,我们对他也不熟悉。他只有一个要求,三个人每一个人要把短枪,那时候短枪值钱啊。营长说,通信员把枪给他,不要,他说你们打敌人,给他也打敌人,要缴来的他才要。他带路,我们连一个没伤,他就这样带那样带,你就跟他走,我们也看住他,别带到敌人窝里。四面都是我们的人,我们在山这一边。我们19

个重机就对着那个山窝子打，敌人往山上爬，爬高山，也厉害啊，不能说敌人不厉害啊，人死掉，后面的人跟上。早上大概八九点钟，天亮的早，那时候天不冷。就这样子，我们部队伤亡小，抓的人还多，他打我们不好打，没有路走了。

我们有多少天没有吃饭，这时飞机扔了个不知道什么东西下来了，飞机是国民党的飞机，我们没有飞机，扔了个麻袋下来了，把我们也吓一跳。注意，别里面有炸弹！砰，麻袋裂开了，全是饼干，扔给国民党的。因为我们基本靠一起去了，他扔到那个山里，往下面一飘就到我们这边，哪能扔这么准啊！下面国民党抢着打着，他不怕死啊，多少天没有吃了。我们收到后，抓饼干一吃，咽不下去，干的。正好有个小水塘，塘里还有小虫，一跳一跳的小虫，钢盔一拿，一盛水就喝了，半塘的水就你喝他喝地给喝掉了，喝好了没有十分钟，开始冲锋，总攻。到第三天下午，四点多钟，把敌人全部往下押。国民党投降了，张灵甫没有投降，他当时 38 岁，自尽的，手枪打死的，不是那个电影上说的是我们打死的。我亲眼看见，他在山东，自己自尽的。简单来说，从抗战到解放战争，这是简单的经过。仗是打得多，苏中七战七胜，打如皋、盐城，当兵就要打仗，坐着被供奉在那里是不可能的。

3 生活艰苦去克服

各种苦的形式不一样，那时候苦的环境，也各有不同。解放战争不打仗的时候，大家都睡在一起。一床被子，总共六七斤，像现在空调被这么薄。我们打鬼子是没的吃没的睡，到解放战争呢，又没的睡，到处跑。解放战争中的行军我一生也忘不了。七战七捷中间的行军，要把敌人甩开，迅速穿插，才能夺取战机。每天就是跑路，连续行军五六天是平常事，首长也不告诉我们要跑多远，只说今天不远啊，就跑五个庄子，我们就一边跑一边数庄子，从泰州到姜堰有两个庄子，可是两个庄子最少相隔 150 里啊。有时候弹药仓库也跟着转移，让战士们分头背，身上背八颗手榴弹，300 发子弹，还有背包，步枪，就这样还背不完，再抬着 1 000 发一箱的子弹箱行军，再苦再累也要带上保证战斗胜利的弹药。敌人跟在后面追，追不到，他跑不过我们，这个脚趾间都有泡，脚掌心都起泡啊。到了山东，与机械化装备的敌人比速度，行军更快更苦，一到宿营地，饭吃不成都要把脚烫一下。北方都是那种砂盆，我们南方都是木盆。砂盆把那个水烧透了，烧得嘟嘟的。怎么烧法？还能在人家锅上烧？每一家部队，哪里有这么多锅啊，我们是大部队啊。弄三个石头，弄成三角放在那里烧，就是瓦盆也照烧。烧水，烧透以后，坐下来泡脚，等脚上的这个泡都软了，马上就有卫生员，一个连一个卫生员，来打泡的。打泡怎么打法？马尾巴用针一穿，穿过脚上的泡，再剪断马尾，但马尾两头要各留出两厘米的长度，让泡里的水渗出来，第二天再行军，旧泡下面又会磨出新泡，这就叫泡挑泡。可是没人喊疼叫苦，因为这就是我们战士的日常生活。

　　解放战争中我们的兵源有许多是国民党俘虏反正的。对于俘虏的教育也是我们必须做好的工作。打完孟良崮战役，我们对大批俘虏用新式整军中"诉苦三查"的办法来启发帮助他们，我们的带头人带头诉苦。家里也苦啊，在地主老财打工吃什么苦，这样把他们（俘虏兵）启发。也有启发不通的，但是我们并不放弃工作，上午不通下午讲，今天不通明天讲，俘虏也是来自农民，我们告诉他们，家乡土改了，穷日子到头了，你当了解放军，家人就是军属，既可以分地也能得到政府的帮助。

　　思想教育要倾向共产党，兵法上讲攻心为上，事实上做好了俘虏教育工作，就是削弱了敌人力量，加快了革命进程，像解放济南。1948 年 12 月份[1]，王耀

---

〔1〕 济南战役是 1948 年 9 月打响的，老人记忆有误。

武是山东总指挥。96 军的军长吴化文[1]负责济南西部,包括飞机场,那会儿他提议五个条件,他的部队不能动,你也不能再插部队进去,他的人一个也不能动,你也一个人都不能进去。照答应,他这提议葬送了他,整个济南西南的一半全部是大门打开了,原来计划打一个月零八天,后来只打了八天,就拿下了济南。

4　抗美援朝回家乡

全国解放后,我们是第 24 军。我是 1950 年 10 月份入朝[2],1953 年从朝鲜回来的。10 月份就准备去,我们在徐州东面教导团调过去的,就选了四百个。我们是以第 18 师[3]入朝的,还是穿黄衣服,原来我们穿的灰色,解放战争到山东就变成黄衣服了,鸭蛋黄。我们入朝参战称志愿军,不叫解放军,那时部队全国编番号,我们是第 24 军第 72 师。我们是发了棉衣过去的,棉衣就是黄衣服,扣子一扣,没有分别。我们的枪改成蒋介石部队用的枪了,我用快慢机,当兵用的枪也不统一,有日本造大盖子,但是美国造未曾有,美国造不好用。有德国造,德国造那个枪,枪身上有朵花,叫德国造,日本造是盖子,我们都喊它大盖子,枪高一点,轻一点,这个是七斤半,美国造和俄罗斯的是八斤。我们讨了巧,我们在兵团里,排长一级的,是干部选去的,他们去是坐的拖煤炭的车子,我们去坐的客车。我们去朝鲜之后,从鸭绿江过去,叫个什么地方记不清了,住在

---

[1] 吴化文(1904－1962),字绍周,祖籍山东掖县,清宣统三年(1911 年)随父迁入蒙城县移村集。他先后追随冯玉祥、蒋介石、汪精卫,最后加入解放军,解放南京城,打下南京总统府。

[2] 24 军及 24 军 72 师均为 1952 年 9 月入朝作战。此前 1951 年 3 月 24 军从全军抽调老战斗骨干 2600 多名组成一个团,志愿入朝作战。叶开发同志可能参加了这个团。

[3] 此时番号已经改为 24 军 72 师。

一个山洞里,后来我们反攻,不能动了。火车是夜里来夜里去,白天一般不怎么去,有飞机干扰,夜里送部队过去,回头就带伤员回来,不是上百万的部队么,那不是小数字的啊。我在朝鲜待了三年,没有提升,一直就是排级。我们在朝鲜的任务是顶替,部队伤亡大,干部少了没有了,就插队,顶替。我们在的教导队,第18师上来是张师长[1],后来是姚师长。[2]

我1953年从朝鲜回来之后,就去上学,上到高中毕业。原来供给制,后来变成薪金制。供给制和薪金制是有区别的,我们两个班是93个人,是培养全省各乡的会计。在那个暑假期间放假回家的,邮政局送了个信来了,请你回校等待分配,去了就分了,全分到政法口了。后来我被分在泰兴公安局。在公安局苦啊,下乡都是自己拿钱啊,二轮车,农民弄个板子往车上一绑,就下乡了。后来坚决不干了,打了七次报告,我也下工厂。

我们夫妇是亲戚介绍认识的,她比我小8岁,当时她不愿意,嫌我岁数大。那时候穷,没有办酒席。我在朝鲜战场上,没有立功,在解放战争立过三次一等功,二等功三等功太多了。二等功不止三个,我负过三次伤,被鬼子弄了一枪,打了个穿心过。

---

〔1〕 应为张闯初,华东野战军第6纵队第18师首任师政委。
〔2〕 应为饶守坤,华东野战军第6纵队18师首任师长。

收税不畏奸商

田浩东

"收税时，我时刻带着税票和盒枪，我从未丢失过税票或者手中的枪。"

★ 口 述 人：田浩东

★ 采 访 人：王金鑫　陈于可慧　卢珊　彭华伟　徐彤彤

★ 采访时间：2016 年 7 月 12 日

★ 采访地点：江苏省盐城市滨海县东坎镇静花园小区

★ 整 理 人：王金鑫

【老兵档案】

　　田浩东，1929 年 5 月 4 日出生，江苏省阜宁县人。1945 年 5 月参加革命工作，1955 年加入中国共产党。曾任儿童团团长，阜宁县益林税务局工作组组长，滨海县工程科科员、统计科科长，计划委员会秘书、副主任，农业服务站副主任，水电局副局长，融资公司副局长，滨海县农业局调研员、局长等职。1998 年离休，处级离休待遇。

1　偷偷参加新四军

　　我的父母都是农民，靠为他人种土豆为生。家中兄弟姐妹共八人，我排行老四。虽然家中人口众多，但是我的父母将我们兄妹八人都送去了学习文化。除了我的三姐识字不多外，我的四个妹妹都是初中或高中师范毕业，起初在学校做老师，后来转至行政部门，在审计局工作。我的三姐夫在盐城地方乡镇做财政工作，五妹夫则是离休干部，六妹夫曾在阜宁县税务局工作，八妹夫则是盐城市人大副主任。

　　我就是这样,于 1929 年 5 月 4 日,出生在这个贫穷而又不平凡的书香家庭。1935 年,七岁那年,我开始上学,后来新四军来我们这里后,在学校里我担任了儿童团团长,帮助宣传中国共产党的土地改革和斗地主、富农的主张。在宣传的过程中,我深入了解了中国共产党。同时,新四军也安排教官对我们这些学生进行训练,在学校里,我学会了开枪射击。

　　完小毕业后,虽然我考上了射阳中学,但由于家庭经济困难,我没有去上初中。随后,我萌生了参加革命的想法。当时我的两个哥哥都已经参加革命为党工作了,家中只剩下我一个男孩。所以,我的父母和哥哥都不同意年小的我参加革命。于是,在 1945 年 5 月,我便偷偷地跟随新四军去同日本鬼子打游击。当时,日本鬼子驻扎在阜宁城中。参加革命以后,起初我被安排在新四军 3 师领导的财税部门,参与财税工作,上级发给了我一身军装和一把盒子枪。

2　税票就是钱,枪就是命

　　后来,益林[1]战斗结束后,我负责清理战场。在战场上,我又缴获了一把马枪,我就有了两把枪,当时,子弹是由政府按时发放给我们。平时,我专门负责出口税票,报税时负责收钱。按照规定,允许商人出口一船豆饼,那么对方必须按一百片豆饼,从上海带回相应数额的子弹和枪的原则行事。平时,我便带着盒枪,外面穿着便衣去收税。收税时,我时刻带着税票和盒枪,我清楚地认识到税票就是钱,丢了,丢的就是钱;枪就是命,枪丢了,命就难保证了。因此,我从未丢失过税票或者手中的枪。由于穿着便衣,所以即使我曾与日本鬼子隔河而视,但是从没有被敌人发现。

----

〔1〕　今盐城市阜宁县益林镇。

在收税的工作中,虽然我一般不与商人发生冲突,但是还是有过冲突。当时,我正在阜宁太平桥[1]收关税。滨海心天桥旁的一户江姓商人,运送一船盐行驶至我负责的关卡,在报税的时候他少报了三十吨的盐。船在东坎[2]签收的时候有记录,姓江的商人的偷税行为被我发现,然而对方并不承认。但是我在税单上签的还是原来的数目,并让姓江的商人交税,结果对方拒绝。

于是,我将关卡关闭,不放江姓的不法商人走,并让江姓商人将盐过磅称重。结果,对方在称重的时候,畏畏缩缩,最终对方承认偷税行为,补缴了缺少的税款。还有的情况便是关卡刚开,对方便驾船逃跑,于是,我立即开枪制止,开枪退壳的时候,子弹壳划伤了我的手,伤痕现在还留在手上。我不仅收税,还查抄大烟土。有一次,益林的一家烟行被人检举,当时我随领导前去搜查,结果搜了半天都没有搜到,于是领导便让年小的我去搜烟行家的妇女身上,才从对方的身上找到了大烟土。

3 与敌人的交锋

1945年抗战胜利以后,当初逃跑的国民党军跑回了盐阜地区,我和同事都是等敌人从城中一离开,便进城去收税,就这样和敌人打起了游击。此后,国民党在东沟[3]建立据点,新四军便准备攻打东沟,于是安排我们这些地方和政府机关人员在东沟的尼姑庵阻击敌人。当时,尼姑庵那里到处都是坟墓,结果对方火力太猛,都是机枪扫射和炮击,我们都不敢抬头。于是,领队的人便命令立

---

[1] 今阜宁县公兴镇太平村境内。
[2] 今滨海县东坎镇。
[3] 今阜宁县东沟镇。

即撤退，就这样我们紧急撤退了。

1946 年，我调任益林税务局工作组组长，住在阜宁的益林、东沟地区。1947 年，我正随同事在阜宁益林南边的拍一桥渡船口，河边的阜宁杨集子[1]附近，结果国民党军前来"扫荡"。当时，税务机关干部一起住在益林角巷乡[2]，结果被敌人包围了，敌人包围了半支口，半支口的南边是马家荡[3]，我们无法到达东墩[4]。于是，只能奔东边，东边是南安河、潮河，有一个渡船口，税务机关的干部中跑的快的人便先到达了渡船口上了渡船，而我们这些跑得慢的人，没有赶上渡船。

当船行驶到河中央的时候，由于人多，结果船翻了，河中落水的人惊慌失措，一个拉着一个，有的人游回河岸，结果被赶到的敌人用刺刀杀害。敌人用机枪朝河中扫射，刘黎雪和雷清高两人连枪也不记得拿，最终在河中淹死。而我和财税所所长胡华昌一起爬上一艘后来的草船后，立即撑篙划船，来到了河对岸，快速地爬上了岸边的芦苇丛中，因此，机枪没有打到我和胡华昌。

4 新中国成立后的生活

1950 年，我认识了和自己在一起工作的妻子，1952 年我们两人结了婚。但是，当时我的妻子在阜宁县工作，分居两地，直到 1956 年，我们才调在滨海县工作。此间，我们一直写信联系，我们共育有两儿两女。1955 年，当时我正在滨海县工程科当科员，经科长钱长磊和顾鼎城介绍，我加入了中国共产党。

---

〔1〕 今阜宁县杨集镇。
〔2〕 今阜宁县益林镇角巷村。
〔3〕 今阜宁县益林镇马家荡村。
〔4〕 今阜宁县 329 省道旁。

此后，我历任统计科科长，计划委员会秘书和副主任，农业服务站副主任，水电局副局长，融资公司副局长，农业局调研员、局长等职，直至1998年离休。现在，我赋闲在家，儿女也事业有成。长子田俊原任东坎镇镇长，现正任滨海交通局副局长。次子田俊亚曾在供电局工作，但已于2008年去世。我的孙子和他妻子在镇江市句容市做老师。已经退休的长女田俊雅曾在盐城融资公司工作，我的外孙现在在美国。我的小女儿田薇舞则在滨海融资局做总账会计，女婿任财政局副局长。

相信和依靠群众

史长美

"我们要相信群众，依靠群众，群众才是真正的英雄。"

★ 口 述 人：史长美

★ 采 访 人：王骅书　王金鑫　陈雯　卢珊　杨康　薄凡

★ 采访时间：2015 年 7 月 30 日；2017 年 8 月 20 日

★ 采访地点：江苏省盐城市市区

★ 整 理 人：王金鑫

【老兵档案】

　　史长美，1928 年出生，江苏省东台市人。空军飞行员马杰烈士之母。1944 年 8 月参加革命工作，同时加入中国共产党。曾任村妇联委员、乡妇联主任、东台县盐垦区副区长、大丰县计划生育委员会主任、盐城市党代会代表、盐城市人代会代表等职。

1　历经血与泪，女长工成长为村干部

　　我家当时住在李堡[1]的杨丹村，家里三代当长工。姐姐在地主家里做长工，后来得了天花，因重病不治过世了。母亲在姐姐去世后深受打击，不久也病逝了，那一年我八岁。那时候地主不把长工当人看，有次我太累了靠在门口休息，地主看到后就放狗咬我，到现在我看到狗心里都有点害怕。因为从小家里穷，所以上不起学，没有读过书，还是参加了革命以后，在扬州的公共干部学校读了三年书。

----

[1]　今南通海安市李堡镇。

旧社会的黑暗坚定了我致力改变的决心,所以我很小就参加工作,为新四军服务。到1944年8月份,我就担任了村妇联委员,正式参加了革命工作,也是在8月份我就入了党,当时我才16岁。解放以前,我一直在农村,做群众工作,发展生产和拥军,动员参军,组织妇女抗日。那时候我家住在李堡,李堡当时还住着日本鬼子,敌人的碉堡离我家只有十里路。1943年过春节的时候,部队要攻打李堡,住在我们那的半边街,因为那个地方是一条路,半边有街,半边没有街,所以叫半边街。当天晚上,部队需要一批军鞋,时间很紧张。我们那个村的村长叫邱甫记,我们商量以后就组织两批人分头工作,一批人做军鞋,另一批人负责磨军粮。

当时我们杨丹村有100户左右的人家,六个组长决定让老年人和中年人去磨军粮。磨粮的磨盘有大有小,大的磨盘磨100斤,小的磨子磨50斤到60斤。至于做军鞋,我们是一个村有六组,一个组四个人,24个人负责一夜做24双布鞋。当时我们村的村长就进行分工,我是村里组织服装的代表,由我负责鞋子,把这六个组的妇女组织起来,一个组是四个人,四个人就是四双鞋子,四六二十四,一共24双鞋子。

怎么办呢? 鞋帮子要贴起来,或者说是粘起来,单的走不起来,有的人家有铜炉子,就把铜炉子架来,在铜炉子里面装上木头烧,粘好鞋帮子后,就把鞋子放在炉子上面烘。有的人就用布顶鞋底,还有的人就准备塞鞋底,四个人分工,一夜不睡觉将军鞋做好。第二天,我们七点钟出发,八点钟准时送到了后勤部,后来村子还受到后勤部的表扬,因为我们是第一家送去的。

2 冰天洗血衣,小姑娘获赠小手枪

两天以后,我们地方就把粮磨好,交给我们那里的大地主,地主家里有瓦

房、平房若干房子，在那里去装我们的粮食。敌人的碉堡离我们有十里路，出发两天以后，因为过年，趁着敌人吃啊、喝啊、不专心的时候，我们的新四军开始攻李堡打日本鬼子，当时是夜里开始去打的。到了第二天早上，由于敌人的碉堡太高，战士们爬上去又掉下了河，那时候天冷，有的人就冻死了，有的是被敌人打死的，还有一部分是伤员。

当时，伤员和牺牲的同志，由地方上组织起来处理。我们第二个晚上就负责解决伤员，解决伤员什么问题呢？第一个就是血衣，伤员们的衣服上全是血，把他们的衣服换下来以后，我们在河里打下地洞来，把衣服放在洞里来回摆，把血弄掉一部分，还有就是用铁锅烧温水，再把衣服放在里面洗。

那天，天冷的不得了，湖上结着厚厚的冰，当时我还是小孩子，但是，我主动帮新四军洗血衣，手上冻得冒血点子。部队里的人看到后很感动，说："小姑娘啊，你好样的，你看看你手上全是血点子啊，都冻肿了，你是不怕苦的啊，我把小枪给你防身，你以后要好好工作，要是遇到敌人，你不要怕，你是不错的……"，还教我怎么用，我非常感激。那把手枪我一直贴身放着，一直伴随我1962年调到大丰县[1]工作，组织上不准私自带枪了，才把枪上交了公安局，这一情景，几十年来一直重现在我的脑海中。

3 动员二哥去参军，组织妇女来抗日

1943年春天，当年村子里要完成两个人参军的任务，我就动员我二哥说："在村里没好日子过，爸爸在地主家做长工，我在地主家做短工，日本鬼子离这十来里路。去当新四军，能保护自己，也能保护家，不去当兵，假如让敌人抓过

---

[1] 今盐城市大丰区。

去也是死。"我就做我二哥哥的工作，让他去当兵。当时，村里有人参军是不能公开的。公开了，敌人要是晓得了家里有人要当兵，就会来抓你的家人。

但是，我还是动员我二哥去参加新四军。1943年村里两个人参军的任务我们完成了四个，有的村里一个也没完成，人家全害怕，不敢去参军，因为日本鬼子靠着这里，经常下来"扫荡"，他们怕家破人亡。但我跟我二哥说："去当兵只有好处，不去当兵也是死，一样没出路。"后来，我二哥参加战斗，负了重伤，他今年94岁。

抗战那时候，我们在村里还有一项重要的工作就是组织妇女抗日。当时，日本鬼子枪一响，就要下来"扫荡"，一"扫荡"他就要抓人，还要强奸妇女。我们把女同志组织起来以后，让她们在脸上涂锅子底下的黑灰，开始女同志不肯在脸上涂黑灰，后来一个姓沈的老奶奶，65岁了，她脸上没涂黑灰，就被敌人强奸了。之后，妇女都往脸上涂黑灰，头上扎黑手巾。敌人枪一响，就晓得要下来"扫荡"了，就要抓人，于是我们就把她们安排好，靠在河边，趴在河边，躲起来，敌人看到你脸上乌黑，他就没心思强奸了，后来我们就号召所有的妇女都这样做。只要敌人下来"扫荡"，枪一响，大家脸上就涂黑灰，然后下田，这样就叫组织妇女抗击日本鬼子强奸妇女。

有一件事现在想起来就很心酸。当时，我们村西边有个姓沈的妇女，叫沈十彩，她是个寡妇，有两个小孩。到岁末的时候，下雷暴雨了，她带着两个孩子就去下海抓小蟹，哪晓得日本鬼子也下海了，一发现日本鬼子，她们就往回溜，一溜两个孩子全被打死了。回来以后，母亲就疯了，到处扛着锄头，说去打日本鬼子，那时候我们没有一个人不哭的，她是寡妇，孩子又被

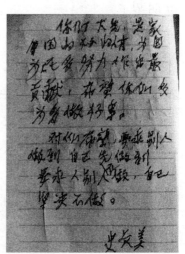

打死了,又疯了,家破人亡。

有一次,我也差点遇险。那天,敌人下来"扫荡",本来都组织好了,哪晓得敌人都到我旁边了。我就往河里一退,抓住树干,树旁边有草,我就站在河里,把嘴对着外面。哪晓得没抓得住草,往河里一倒,我又不会游水,我那时候很小才十三四岁,喝了好多水。后来敌人走掉了,我爬起来,吐了好多水,要是在水里时间再长的话,我就淹死了。

4 回忆伤心往事,每一次讲述都是一次教育

抗战胜利以后,我于 1946 年担任了乡妇联主任,1949 年任东台县盐垦区副区长。1979 年 4 月,调任大丰县计划生育委员会主任,后来又被选为盐城市党代会和人代会代表。参加工作以来,也多次受到了上级表扬。1970 年,我的大女儿马杰[1]成为了一名飞行员,1980 年飞雪岭时发生了事故,机毁人亡,如今葬在烈士陵园。马杰特别优秀,她是为了国家牺牲的,我觉得骄傲,她要是还活着,今年也 66 岁了。

我这一生,是受到党的培养,才入党和教育成人,都是党的关心和爱护,我才活到现在。我觉得,过去又不怕苦,也不怕死,没有读过书,家里穷,全是党培养我读书,学习,成人。我生在农村,长在农村,是党培养了我。我一直在农村工作,这一生都按照党的要求,按照党的纪律,按照党现在提出来的要求办事。

我现在仍每天坚持看《求是》杂志做笔记,我永远感念党的恩情,我对现在

---

[1] 马杰(1952—1980),中国空军第四位女烈士,1952 年 4 月出生,江苏大丰人。曾任海军医院榆林基地 425 医院药房保管员、空军 017 部队预科大队学员、北京航空兵运输团一大队飞行员等职。1980 年 3 月 14 日,在执行飞行任务时飞机失事,不幸牺牲。

的一切都非常满足。现在我每天最重要的事就是看《求是》杂志,然后记笔记,我怕自己年纪大了,觉悟就跟不上。是党教会了我识字,并给了我新的生活,我一直记在心里。我的老伴马春芳不久前刚刚去世,他生前是大丰的县长,一直坚持交特殊党费,我希望自己可以和老伴一样交特殊党费,对得起党,对得起人民,对得起国家。我们要相信群众,依靠群众,群众才是真正的英雄。在抗日战争时期,解放战争时期,我们老百姓牺牲了成百上千万,不要忘记英雄,不要忘记党,不要忘记先进模范,想到今天甜的同时,不能忘了过去的苦。

以一己之力建起党支部

印 行

"我就开始进行组织，扩大势力、组织民兵、成立民兵队，成立妇女会。"

★ 口述人：印行
★ 采访人：张连红　张若愚　来碧荣　胥宝　陈赟　杨瑄
★ 采访时间：2018 年 2 月 5 日
★ 采访地点：江苏省泰州市人民医院
★ 整理人：章琴丽　张若愚

【老兵档案】

　　印行，原名印人和，男，1923 年阴历 9 月 16 日生，泰兴县溪桥乡陈桥人，年少时在黄桥中学宣传会任宣传部长，1941 年 1 月 1 日参加新四军苏中第 3 分区如西[1]游击队。解放战争时期进入第 11 纵队野战医院任指导员。新中国成立后赴东北，在黑龙江省东宁县城等地任政委等职，1965 年因身体原因离休。

1　年少时埋下革命的火种

　　我家住在泰兴市黄桥区溪桥乡陈桥，今年 96 岁。小时候家里有父母，兄弟三个，还有一个妹妹，我是老大。小时候我家里穷，父母要把我送上学，没有文化不行。我的名字在家里上学时叫印人和，之后名字改成印行。我大概十多岁的时候，在泰兴上的小学，之后进了黄桥中学。1939 年鬼子来进攻时我进了学抗会，那时我还不是党员，但是入党积极分子，为共产党员做青年工作的人，就

---

〔1〕　如西，旧县名。苏中抗日根据地设置的县。1940 年由江苏省如皋县白蒲、丁堰、柴湾及运盐河以西地区析置。治如皋城(今如皋市)。1945 年改置如皋县，原如皋县改如东县。

是听他们的,组织学抗会也是他们做。后来我在宣传会里当宣传部长,其实是挂个名。那个时候学校里灰色的斗争很厉害,学抗会的人告诉我里面有三青团[1]、有汪精卫势力,还有我们共青团。三青团就是宣传三民主义,拉拢人,我是宣传共产主义,我们斗争厉害,三青团的人家里大多有钱,我们基本上都是穷人。那个时候汪精卫的人坏透了,叫学生到江南去上学,说吃饭住宿不要钱,他们照顾,一毕业就分配工作等,想要进行争取政权权力的斗争。我们就秘密宣传,主要是当面说和写东西:"新四军、共产党是为了人民,如果你们到江南去,就回不来了,就会葬身于日本人手上,汪精卫在为敌人服务。"结果只有少数人去。上了黄桥中学之后,父母不知道我参加革命,以后被调出来之后他们才知道。

▌2 参军后在地方发展革命力量

1941 年 1 月 1 日,我就参军了,到新四军如西第 3 分区游击队,主要是在皖区如西抗战。在入伍之前,我那时在黄桥中学组织斗争,后组织上把我调出来入伍。这时父母才知道,那时候我十多岁,我出来时乡里找我,家里告诉他们我到外面当学徒去了。可是我出来之后,伪军就来了,经常来我家找麻烦。1941 年开始的时候,伪军、国民党把我的父母抓了,吊着打。伪军还把我家这个好房子烧了两次,基本上全烧光了。这些都是我后来要渡江时从家门口走过才知道的。到快解放的时候,我被两个伪军抓起来关了三个月,有的人被枪毙了,但我

---

〔1〕 三青团,全称三民主义青年团,1938 年 4 月在国民党临时全国代表大会上通过设立,7 月 9 日在武昌正式成立。成立之初在全国各地进行抗日救亡运动,在抗战进入相持阶段后三青团逐渐转变为国民党防共、限共、反共、清共的政治工具。

就被放了出来，那个时候我在封锁线附近很出名。

1941年3月，经过县委汪清晨介绍，对我进行发展，我就入党了。那个时候组织上问为什么要入党，我只知道新四军共产党为我们翻身，让我们不受压迫，很不容易的。党员不像现在公开，那时很秘密，1949年新中国成立之后才公开。

入伍以后我一个人带着介绍信从泰兴到如西，要经过封锁线，路上有两个交通站。封锁线就是河流和公路，如果有敌人在那里巡逻，就不能过去，只能等，耽误时间。我晚上走得多，白天睡觉。花了一个月才到部队。到部队后刚开始搞资料，过了一年多，到1942年下半年，三分区地委的组织部长找我谈话，要让我回原籍去开展工作。那个地方很危险，我们党政人员、军政人员封锁线通不过。我的老家就是泰兴，那个地方叫溪桥乡陈桥，那里没有共产党员，让我开辟和发展共产党员和党组织，然后成立党支部。开始我要隐蔽起来，因为封锁线通不过，所以回老家之后，还要组织关系，要和县委书记接上头。

于是，我就秘密地回去了，在陈桥、东台，晚上不住在家里要出去行动。开始不公开身份，区里游击队进来了以后就公开了身份，我是乡指导员、农工会长，发展共产党员，我就成为第一任中共泰兴县委共产党支部书记。那个时候乡长是国民党员，他就是伪军的乡长，我当然也要打游击，搞武装。发展共产党员要找贫苦的、当长工的，然后结交朋友。开始几个月各个村子跑一跑，结交一下，以后就是一个一个找来谈话，交流，介绍入党很艰难，最后发展了好几个庄子，24名党员。成立党支部，还要经区委批准，如果不相信党员的话，再考察他们，这些都是我一个人干的，发展党员的数量当时排在全区第二。这里面有的当了党委书记、有的当了逃兵。国民党大举进攻的时候，有的党员就害怕，跑回家当了逃兵，一共两个。逃跑以后就不管了，已经脱离组织关系。

之后我就开始进行组织、扩大势力、组织民兵、成立民兵队，成立妇女会。

妇女会主要是发动妇女做事，实际上没有多少人。就这样搞起来，民兵骨干也有了。那个时候就是这个封锁线被民兵控制了，封锁线就在我们家乡的后面，有一条公路，公路后面有一条大河，民兵和党政军队到城郊，就是在我们这个地方歇脚休息，于是就把这个设为各路封锁线，环境十分艰苦。以后就是扩军，动员20多个青年当新四军，那时候对于全区来说，在新区开辟共产党员的工作上，我是第二。后来乡政府要改成"三三制"[1]，三分国民党，三分共产党，三分民主人士，组织乡政府。但乡政府大多数由国民党控制，共产党员少，我们没有基础把他们吸收过来。那时我还是乡指导员，主要是发展我们的势力。

3 三次死里逃生

第一次脱险是1942年秋天，是我第一次遭遇危险。我在如西电台的时候，黄桥和南通的敌人"扫荡"，这个情报翻译的不好，敌人到门口的时候，才发现他们，赶快把天线和机器藏起来。如西有个好处，老百姓的草堆很高，秋天高粱玉米长得也高，我们可以钻进去藏起来。这时敌人进来了，我们就屏住呼吸躲了过去，那天如果慢一点或暴露细小的线索，就给敌人抓去了。

第二次脱险大概是1942年底。有一次我在家里吃午饭，我家周围不远有我们民兵在巡逻。他们告诉我，有两个穿黄色衣服的人在向你这边跑过来，我就很警惕了，就赶快向西跑，刚刚到安全的地方，那两个伪军就到我家去搜查，

---

〔1〕 三三制是中国抗日战争时期在根据地建立的抗日民主政权在人员组成上采取的制度。是中国共产党的抗日民族统一战线政策的具体体现。对于孤立顽固势力，发展进步势力，争取中间势力，打败日本侵略者发挥了重要作用。根据三三制的规定，在政权机构和民意机关的人员名额分配上，代表工人阶级和贫农的共产党员、代表和联系广大小资产阶级的非党左派进步分子和代表中等资产阶级、开明绅士的中间分子各占三分之一。

事后知道那两个伪军就是来抓我的，我已被盯上，那一次也很危险。

后来组织把我调出来，调到县里独立团，当高级职务军需员，管理军需，就是供应粮草，穿衣服、吃饭的地方。到 1945 年抗战胜利以后，我们名义上是胜利的，其实是最紧张的时候，要防备国民党对根据地大举进攻。那时我就调到区里当一个正式干事，主要任务是扩军。到 1946 年，敌人大举进攻的时候，组织上为了保存骨干，组织骨干大队，大概上百人，又把我调去组织骨干去打仗，队长是县长陈同生。

第三次脱险发生在 1946 年，国民党已全面进攻我解放区了，我带着三四个伤员转移，盐城方向的敌人来"扫荡"，我们转移到海边上，住在临时搭的帐篷里，背靠背地坐着休息，做饭也没有淡水。有一次我们住在海边帐篷里面，而且人背靠背，烧饭没有开水，所以我们就用海水烧，苦得很，不好吃，但不吃又没办法。以后就站在海堤上对着风吃，对着风吃它不咸，把肚子管饱就行。有一次刚吃过饭，就发现几十个国民党兵向我们包抄过来，情况万分危急，我们决定从海滩上走，由北向南迅速转移，也就是我们刚刚冲过去，海滩就被敌人占领了，再迟一步就会被包围。事后那里的老百姓都说我们受到了神仙关照，其实是那天遇上退潮，要是涨潮就是神仙也救不了我们，那个情形真的相当危险。大概有七八个女同志没跑掉被抓住，敌人用铁丝把她们手捆起来，后来就被活埋了。

▌4 内战与新中国成立后

到 1947 年，我们反击国民党阶段性成功了，我就向盐城转移调到十一纵队，在野战医院当指导员，以后调到后方医院当组织部长。再以后就渡江，解放上海后，1949 年进军福建，我在 23 医院当指导员。1950 年 3 月抗美援朝，这时候组织几个医院到东北去,因为抗美援朝有伤兵。于是将福建的 23 医院与 24 医院组织成立了 45 医院,我当组织部长,在辽宁锦西西边,乡政府都让出来当医院用。到东北之后,伤兵很多,五个大队,一个大队要接一千多人。伤兵大多住在老百姓家,需要床位老百姓就会让出来。后来又把我调到医院后勤办事处当秘书,这个办事处是负责抗美援朝的,主要由我们管理。以后我又从管理医院的军区党委三办到了四办政治部当了一年半党委秘书,五十年代在东北军区政治部军工科,当了六七年的助理员。东北军区以后又改成沈阳军区,变成了大军区。

1959 年以后,我想下去锻炼,去了黑龙江省东宁县人民武装部当政委,又调到克东县当部长,后来到富拉尔基当部长。因为我有胃病,都不能吃饭,1965 年就离休了。那时离休得是 1942 年以前参加革命、参加抗日战争的团以上干部才行,但是我身体不行只好离休。

离休的时候我在黑龙江齐齐哈尔那里,黑龙江省军区政委原来是我的秘书长,去看我,我说要到南方去。他说:“好啊,你可有条件?”那个时候离休需要团以上干部,你没条件,谁认得你呢? 没有办法,他就和南京军区联系,南京军区就同意了。九月份我就南下了,我写信给南京军区,到南京来,在南京住了两个月就搬到了泰州。

被俘后死里逃生的黄埔老兵

朱学明

"我们要保持黄埔精神，到部队里去教育士兵，要坚定抗战意志，要树立抗战必胜的信心，在战争当中要身先士卒。"

★ 口述人：朱学明

★ 采访人：张若愚　谢吟龙　来碧荣　王华亮　赵玖艳　赵瑜　贾晶

　　　　　 袁杰　吴俊

★ 采访时间：2018 年 2 月 1 日

★ 采访地点：江苏省常州市湖塘阳湖世纪苑

★ 整理人：谢敏　张若愚

【老兵档案】

　　朱学明，男，1923 年 9 月 23 日生，江苏盐城人，1940 年 8 月进入黄埔军校驻苏干训班第 18 期步科第 6 总队学习。1941 年年底毕业，分配至鲁苏战区苏北游击指挥部第 1 纵队第 7 支队第 3 大队第 8 中队，任教导员。抗战时期经历俞九舍战役等，解放战争时期在淮阴团管区任新兵中队长，后离开部队回家。

1　年少时在家上学

　　我叫朱学明，今年 96 岁，原籍是在江苏盐城西门太平桥河南朱家庄。我有一个姐姐、四个兄弟，我是老二。父亲叫朱寿喜，母亲叫万经珠。父亲是开杂粮行的，城市里磨麻油、做豆制品需要杂粮，这个杂粮从农村运过来供应，他是中介。我的小学、中学时代都是在以前的家乡度过的。当时我的家乡正处于被帝国主义列强侵犯的时期，已经处于不安定的状态。

　　我 7 岁开始上私塾，读《大学》《论语》《中庸》《孟子》。12 岁进入集仙堂小学上高小。在小学里学的就是语文、数学、常识，到后来就是历史、地理。我们的校长叫朱胰滋,教导主任是吴祚佑。在小学里我学会写作文,因为在私塾读了多年,文学基础还是有的。我们学校的老师都帮我投稿。我写过一篇叫《给前方抗战将士的一封信》的作文,我的老师吴祚佑就帮我寄到盐城当地的《建国日报》上登过。我还记得我们小学毕业时唱的毕业歌是这样的:"同学们大家起来/担负起天下的兴亡/听吧/满耳是大众的嗟伤/看吧/一年年国土的沦丧/我们是要选择战还是降/我们要做主人去拼死在疆场/我们不愿做奴隶而青云直上/我们今天是桃李芬芳/明天是社会的栋梁/我们今天弦歌在一堂/明天要掀起民族自救的巨浪/同学们/同学们/快拿出力量/担负起天下的兴亡。"

毕业以后不久,我进入省立盐城中学。那时我16岁,抗战已经开始了。校长是余问樵,教导主任是姜重言,他是美国留学生。在中学时代,我们就直接受到侵略战争的影响,帝国主义的陆军没来,空军已经对我们侵犯,所以我们在省立盐城中学读书的时候已经不安宁了。我们在教室里不停地听到声音,日本帝国主义的飞机经常到我们这里来空袭。中学那个时候有警报,我们上课下课的信号都是用军号。紧急军号一响,我们就进防空洞,解除警报也是吹军号、听号声。难以忘记的就是有一次空袭警报来了,日本飞机就"轰轰"地来了。当时我们到吃饭的时候还未回到家里面。因为我们学校已经构筑了防空洞,平时在学校里听到空袭的时候,我们就到防空洞躲避轰炸。那天中午我们要回家吃饭的时候,飞机已经来了,我还在路上奔走,飞机已经到头顶了。鬼子的轰炸飞机是俯冲轰炸,你听到一阵怪声后紧接着就是炸弹爆炸,那时看不清飞机上的驾驶员。当时我正在跑,路上碰到阿姨,她让我赶快躲起来,把我一把拉到巷子里,躲避轰炸。躲避的时候,飞机已经上来了,上面已经开始机关枪扫射,"嘣",一个炸弹掉下来,我再定神一看,我后面一个小同学,他没来得及躲到巷洞里来,已经躺在血泊当中。当时我的心情异常悲愤激动。在这种情况下,很难读书,所以从那次以后学校也不能正常上课,我们也就失学了。在我失学以后,这个学校还是存在的,之后迁到农村的西乡楼王庄,改成战时第三临时中学。

那个时候我很崇拜国父孙中山先生,孙中山先生从小学医治病救人,后来走上革命道路。学校里的总理纪念周很有意思,我们每周星期一要开纪念总理周会,总理纪念歌我还记得很清楚:"我们总理/首创革命/革命血如花/一世的奔走/半生的奋斗/为国家牺牲奋斗/总理精神永垂不朽/革命尚未成功/同志仍需努力。"还要背总理遗嘱:"余致力国民革命,凡四十年,其目的在求中国自由平等。及联合世界上以平等待我之民族,共同奋斗。现在革命尚未成功,必须依照余所著《建国方略》《建国大纲》《三民主义》及《第一次全国代表大会宣言》共同奋斗,继续努力。是所至嘱。"参加这些总理纪念周、纪念会时我很激动,我这一生最崇拜和敬仰的就是孙中山先生,他不愧是我们的国父。后来因为日本的空袭,加上那一次死里逃生,我就决定投笔从戎,后来学校也停办了。

2 投笔从戎进入黄埔军校

失学以后,我跟着父母逃难下乡,到南乡十几里的大村庄。一方面自己自学,一方面住在农民家里,跟他们进行农业劳动,插秧、割稻。这前后有一年的时间。期间,我们城里的一个邻居王鑫,已经到军校去了,他告诉我哥哥一个消息:中央军校驻苏干训班在我们盐城招收入伍生,在当时就是黄埔军校的一个派出的机构称为驻苏干部训练班,那个时候东台还没有沦陷,就在那里招生。我听到这个消息感到相当兴奋,当时我的父亲母亲对我都不放心,但是我跟我的姐姐、我的大哥说,读书也读不下去,皮之不存,毛将焉附,国家将亡,何以家为? 当时就投考了中央军校的干部训练班。1940 年 8 月,王鑫和一个军校学生回到盐城,他就带着我去报名。首先是体检,看身高、五官,五官端正,身高要求 160 厘米以上就可以，只限男生。我在东台县中那边参加了考试，考了一篇作文，题目是"投考军校的动机"，也考了数学。当时那次就有一千多人参加考试。考完之后我很紧张，深怕不被录取，成绩发榜后一看到榜上有我的名字，兴奋得不得了。考取后家里高兴，特别把我的笔什么东西都一起寄到东台来。

进入黄埔军校以后，学校的首长告诉我们，黄埔军校的大门口有一副对联，这个对联上联是"升官发财请往他处"，下联是"贪生畏死勿入斯门"。我们的口号喊得很响："不要钱，不要命，爱国家，爱百姓。"我还记得黄埔军校的校歌："怒潮澎湃 / 党旗飞舞 / 这是革命的黄埔 / 主义须贯彻 / 纪律莫放松 / 预备作奋斗的先锋 / 打条血路 / 引导被压迫民众 / 携着手 / 向前进 / 路不远 / 莫要惊 / 亲爱精诚 / 继续永守 / 发扬吾校精神 / 发扬吾校精神。"当时，我们的校歌给我们深刻的教育。

学校让我们以速成的形式来完成学业，本来我们在学校的学习要三年的时间。第一年一般是入伍生的教育，学习作为一个军人的基本知识。再有半年是要学智慧，要学怎么当军官。所以在这个初级阶段，本来是三年学的是基本的步兵教育，后期有四大教程。入学以后发了黄色的布军装，领章上面写的"军校学生"，没有臂章，帽子跟现在的不同，有点像新四军的，徽章则是国民党党徽是青天白日。军装只有两套——一套单衣一套棉衣。那个时候条件还是比较艰苦，鞋子没发。没有住宿的营房，都是借用比较宽大的庙宇，比如东台的三昧寺。晚上都是打地铺，比较简朴，地铺里面堆的稻草。我们行李比较简单，每个人有一条军毯，下面是稻草，两个人睡在一起，一个人用军毯铺在稻草上面，还有一条军毯两个人盖。吃饭有规定的时间，五分钟后哨子一吹，你吃饱也好吃不饱也好，碗都要丢下来。有催吃饭的，饭烧好了用饭笼抬出来，开始吃饭之前要唱一首歌，然后开动，五分钟时间。要蹲下来吃，条件比较艰苦，没有什么做好的台子，中间放着一盆青菜豆腐汤，大家舀着吃。一天两顿饭，三天吃六顿。训练上每天是"三操两讲"——早操、上午操、下午操，上午去讲堂上一课，下午上一课。文化课多种多样,那个时候比较多的就是三民主义、人生哲学,语、数、外就上不了。军事训练在入伍阶段是步兵操典,实弹靶场射击,一共有 12 环〔1〕,要打到 7 环,我一般能打到七八环,难得打到 12 环。用的步枪,刚开始是德国造的老套筒,也打过汉阳造,最后打到中正式。〔2〕一般没有行动的时候,确定哪天休息就哪天搞卫生洗衣服。那个时候战时不规定礼拜天休息。军校教育长和班主任都是顾锡九。逢重大节日时,班主任会直接讲话和开会,平常一般训练以大队为单位活动的多,当时我们所属的三大队大队长叫房步尧。在军校时遭遇过空袭。那个时候已经大半年的时间都在行动当中,所以敌人找不到目标在哪里,空袭不是很频繁。因为当时在战时,就是一种速成教育,结果不到一年半的时间,我就提前以速成教育毕业,1941 年年底毕业。毕业典礼比较简单,那个时候要被分到部队里去,就是我们的主任给我们开大会讲一讲,我们要保持黄埔精神,到部队里去教育士兵,要坚定抗战意志,要树立抗战必胜的信心,在战争当中要身先士卒,这些都交代给我们。在毕业的时候,我们的毕业证就直授黄埔军校第 18 期步科第 6 总队。

3 进入鲁苏战区游击指挥部

从军校毕业后,应当时战局的需要分配到部队里参加抗战。参加的部队就近在苏北,在泰东兴(泰州、东台、兴化)这个地区。当时已经处于敌后状态了,城市都被鬼子占领了,我们就在这个地区的广大农村进行游击战。当时我所在

〔1〕 黄埔军校中用于训练的射击靶子有 12 环,每环用数字表示,数字越大越接近靶心。
〔2〕 汉阳造是湖北汉阳兵工厂制造的德国式步枪的俗称。中正式全称是中正式步骑枪,是德国毛瑟枪制式,最早由河南巩县兵工厂于 1935 年制造,因蒋中正而得名。

部队的番号是鲁苏战区苏北游击指挥部，下面有两个纵队——第1纵和第2纵。部队指挥官是陈泰运[1]，我和他也只是认识，见面不太多，开大会的时候指挥官出来不多。我们的活动都是以纵队为单位，我在第1纵队，纵队司令叫李其实，经常和我们见面。我在第7支队第3大队第8中队担任指导员，中队相当于一个连。我有支手枪，就是普通的手枪，那个时候最好的就是快慢机，我们还拿不到快慢机。中队里有一挺轻机枪，只有大队才有一挺重机枪。一个士兵一支步枪，多数为汉阳造，补充一部分中正式。还有一把大刀。每个人有一个背包，大刀就插在背包里，劈刀有一套动作。

作为一个军人，在部队上操的时候就要一边迈进一边唱一首歌，叫《中国军人歌》："前进/中国的军人/拼战/中国的军人/中国好像暴风雨中的破船/我们要一以当十百以当千/我们没有退后只有向前/向前/救国的责任落在我们两肩/落在我们的两肩/嘿！"当时，我们在操练的时候就要唱，受到激励，表现了我们作为一个中国军人的气概。当时有一首很值得弘扬的抗战歌曲，就叫《大刀进行曲》："大刀向鬼子们的头上砍去/全国武装弟兄们/抗战的一天来到了/抗战的一天来到了/前面有东北的义勇军/后面有全国的老百姓/咱们中国军队勇敢前进/看准了敌人把他消灭/把他消灭/大刀向鬼子们的头上砍去/杀/杀/杀。"这个是我们在战斗冲锋的时候唱的，我们在这个游击区跟鬼子战斗的时候，我就领导士兵唱这首歌，升起士气。

当时我们和新四军的关系不是太融洽。新四军当时在苏北地区是陈毅部队，陈毅部队下面有一个黄克诚，黄克诚下面还有个叫管文蔚[2]，他们当时很想把我们这个苏北指挥部并入他们的部队。那个时候陈泰运要坚持他们的抗

---

[1] 陈泰运(1898—1951)，黄埔军校第1期毕业。别字化淳，贵州贵定人。任长江下游挺进军总指挥部总指挥，淮南行署主任，两淮税警总团团长。成立鲁苏战区苏北游击指挥部后，其第3纵队与新四军展开合作，简称"联抗部队"。

[2] 此处有误，黄克诚时任新四军第3师师长，管文蔚隶属新四军第1师，两人没有直接上下级关系。

战立场，接受当时国民党中央的意志，还是要反共的。当时，在苏北这个地方新四军称我们的部队叫"顽军"。所以小摩擦还是有的，我们还被新四军围困过。那时我们在苏北俞九舍的东乡靠近桥塘的一个大庙附近，在外面集中容易被鬼子发现，所以晚上我们就躲进大庙里面休息，新四军一个地方部队来围困大庙，把我们这个支部队围困了两天，但后来也没有正式交锋。

4　俞九舍战役中死里逃生

在游击区跟鬼子占领的交通线是犬牙交错，所以这种小型游击战是不计其数的，鬼子也经常"清乡"[1]"扫荡"。鬼子对我们的侵犯称为"清乡""扫荡"，我们的对抗就是反"扫荡"。当中规模较大而且在苏北地区比较出名的就是俞九舍战役[2]。战斗发生在1943年的元旦期间，从元旦开始持续了十多天的时间。这次战斗牺牲的将士已经树立了纪念碑，在苏北姜堰东北俞九舍。抗战胜利之后树过碑，在"文化大革命"时候被破坏掉了，现在重新建，是姜堰区娄庄镇村民建的。现在这个地方重新建立以后还要建立陵园，作为当地进行爱国主义教育的基地，这是对牺牲将士很大的敬意。

当时泰州、东台、兴化三个交通线上的伪军，联合分兵合击，采取大包围形式，到游击区来骚扰那都是"清乡""扫荡"。我们是以躲避为主，进行小规模的还击。当时我们是一个团的两个支队，我在反"扫荡"战役中是连指导员。当时

〔1〕 清乡，抗日战争时期日军为强化对占领区与半占领区的统治，进行消灭与驱逐革命武装与抗日力量的行动，具体包括修筑炮楼、碉堡等军事设施，建立封锁线、拉铁丝、拉电网，宣传"日中亲善""和平建国"，进行经济统制与物资封锁禁运等。
〔2〕 俞九舍战役，1943年1月，在江苏姜堰的俞九舍，苏北挺进军(税警总团)与日军展开的一场战役。此役共牺牲100多人，税警团司令李其实被抓，后溺水牺牲。

追击敌人时,我们利用了当地一个姓丁的大地主搭建的大砖坜,那是堆积粮食的地方,那个房子比较特殊,是个大瓦房。在战争开始的时候,其他的部队都是采取机动,打运动战。但是我们部队为了便于战斗,还设了指挥部。泰州、东台、兴化三县的鬼子集中起来有三万人,我们全部的部队只不过五千多,属于敌强我弱的状况,跟他拼无论如何是拼不过的,敌人的战术是分抃合击,要形成一个大包围圈,逐步紧缩。敌人要把我们指挥部和其他部队一起消灭,所以他要"清乡"。在这方面,我们牵制敌人,占领城市交通线,是敌人的眼中钉,一心想清除我们。但是我们就一定要生存下来,所以当时我们指挥部这样决策:留一个团盯住他、咬住他。这个任务就下达到我所在的团了。当时的命令就是在俞九舍就地构筑工事阻止敌人前进,由我们盯住,其他的机动部队就可以转移,指挥部也转移了。咬住敌人的命令就是由我所在的队伍执行,两个大队,一个二大队一个三大队。在这次战斗中,我虽然是连指导员,但是在当时来讲,也刚刚从军校里出来,我那时才 21 岁,相当年轻,说句形象的话,"初生牛犊不怕虎",根本不知道怕。当时在前线有两道防线:在砖坜的外围先是做临时交通线,第二道防线就是在房子的墙上钻的墙洞,就是射击孔。在俞九舍这个地方打仗,四面都是河,北面有个桥通向一个庄子,鬼子的部队都是通过北边这个桥打进来,所以当时我们阻击的地方主要是北边这座桥。我们在外围没有什么武器,最好的武器就是马克沁重机枪。当时我就靠这挺重机枪向北边进行阻击性的射击。鬼子兵来了,向这边冲锋,多次冲锋都被我们打退了。我记得,那时候身上是背着大刀,唱"大刀向鬼子们的头上砍去"。我是指导员,我就要在前面,带着我们连队冲出房子。我就唱着歌,士兵跟在后面向前冲。

当年最靠近我的是一个小兵,叫王德成,这个小家伙也跟着唱。战斗经验告诉我们,要防止敌人发现目标就要低下腰来,所以我说:"小鬼,要注意隐蔽。"我在回头叫这个孩子隐蔽的时候,那边鬼子机关枪已经打过来,小鬼已经躺在我背上了。我当时那个心痛的心情已经难以形容。"同志们,给我们的王德成报仇!"同志们一下冲出战壕,和鬼子打了一阵子,把鬼子打退下去了。后来,鬼子源源不断地过来,我们就退到二线,退到房子那边,在墙上的射击孔射击。鬼子打得越来越近,后面的兵源源不断地上来,就在我们进了房子里面进行二道防线战斗的时候,我们的连长负伤了。我让他赶紧下去把伤口包扎一下,部队我来负责。我就带着重机枪,去了房顶上。因为重机枪要一个高地,我到房顶上居高临下,有效射程两千米,正好可以把敌人增援的部队阻击在桥的那一边,一时过不来。这个时候已经从拂晓打到快中午了,鬼子们急了,就把他们的炮运过来,朝我这个机枪阵地打了几炮,有一炮一下子打中了房顶。我率领的重机枪兵、机枪班长"轰"一下,当时人就晕过去了。我感觉到天翻地覆,当时这个房顶上的瓦、墙、梁、柱都压到身上,人动弹不得。等到我醒来的时候,身体都埋在瓦砾当中,我知道我们的阵地可能已经被鬼子攻破了。就在自己有知觉了以后,翻一翻,重量好像减轻了,再看前面就是鬼子了,当时已经被鬼子俘虏了。

鬼子用绳索把我们的手绑在后面,当时我心里面想:反正落到你们手里,阵地也被占领,必死无疑。当时天色已晚,鬼子把我们带到园子那边,我一看那还有几个我们被俘虏的战友。鬼子排了个地方,把他们都绑好。这时候鬼子兵来了一个军官,挂着一把战刀,他过来把战刀一拔,说:"中国兵死啦死啦的,大大的坏。"我寻思着,到了这地步随你了,你刀一动喉咙割断就送命了。这时有个人把他一挡,说:"交给我们。"这个就是当时的伪军,后来我知道,他叫熊剑东[1],带着一个绥靖团,那时候叫作和平军。我们被运到东台,对我们进行感化教育,说我们抗战,我们的力量敌不过他们,美化他们当和平军的人,说大家

---

[1] 熊剑东,浙江昌化人。抗战爆发后任忠义救国军别动总队淞沪特遣支队司令,后任常、嘉、太、昆、青、松六县游击司令,在苏常任伪黄卫军总司令,1943 年 3 月任伪中央税警总团副总团长,旋兼任伪上海市保安处处长,12 月兼任上海市保安司令部参谋长,抗战胜利后任国民政府上海行动总指挥部副司令,1946 年 3 月任交通警察第 7 总队少将总队长,8 月 22 日在江苏丁堰受伤被俘后死亡。

都是中国人。我们当时"身在曹营心在汉",毕竟还是中国人,没有受到感化,心想作为一个抗战军人,不能当汉奸,而且我们又是黄埔军校的。当时被俘以后,我们部队里有做特务工作的,打到和平军内部做策反工作,策动他们回到抗战部队来。经过策动,后来终于把我们放回到部队继续参加抗战。

回到部队两年后,抗战胜利了。当时部队整兵,从我个人愿望来说,在抗战时我们做了牺牲,九死一生,尽到自己的责任,现在能够赢得和平,我们就可以根据国家建设的需要转业。我到当时军政部的军官总队。到了军官总队以后,已经是1946年了,情况发生变化。一方面日本虽然投降了,但根据同盟国总部的决定,要对日本进行管制,中国要派一个师,就是派占领军。当时中国派的师是从印缅战场上回来的,改称荣誉第2师,都是伤兵回到部队干,后来这个荣誉第2师准备派到日本去。我在军官总队,被选到荣誉第2师担任新兵连长。师长也是黄埔军校的,他是第7期的,叫戴坚。不幸的是,好景不长,国共之间发生内战,后来这个部队被留下投入内战。要出发的先遣团都已经准备好,日本名古屋的营房都已经看好,都准备出发了。到后来因为内战的关系,没有能够出国占领战败的日本。原本这是光荣任务,参加内战是不得人心的事情,所以当时我也不愿意参加,又随着这个部队回到军官总队,以后转业就到兵役机关,整兵训练,在淮阴团管区当新兵中队长,后来又当参谋,到最后离开部队的时候,在这个部队当纵队司令部少校参谋,这就是我在部队的经历。

忠诚的通信兵

朱得胜

"新四军在东坎开征兵动员大会时，立志当兵的我跳上了大会会台，当众表达自己当兵的决心。"

★ 口 述 人：朱得胜
★ 采 访 人：王骅书　徐振理　王金鑫　陈于可慧　卢珊　赵文静　徐彤彤
★ 采访时间：2016 年 7 月 13 日
★ 采访地点：江苏省盐城市滨海县滨海港镇双堆村
★ 整 理 人：王金鑫

【老兵档案】

朱得胜，1926 年出生，江苏省滨海县人。1945 年 8 月参加新四军，曾任新四军军部通信员、山东野战军司令部通信员、华东野战军司令部通信员、第三野战军司令部通信员、中国人民解放军炮兵司令部弹药库看守员等职。1954 年转业，回乡务农。

1 两次参加新四军

我是家中独子，从小家里贫寒，所以没上过学，不识字，也没有文化。1944 年 19 岁那年，我志愿参加新四军。当时，我戴着大红花，骑着毛驴，被送到了驻扎在小新港[1]的部队。但是，因身体原因，没有被部队接收。

第二年 8 月份，新四军在东坎开征兵动员大会时，立志当兵的我跳上了大会会台，当众表达自己当兵的决心。于是，我与同乡被编入了新兵连。而后，我

---
〔1〕 今滨海县滨海港镇小新港村。

们直奔在淮阴的新四军军部。

我在军部里当了通信员，负责送信。起初是背着三八大盖，骑马送信，后来则是腰跨盒子枪，骑着自行车去送信。过河的时候，先坐在洗澡盆中趟过河，然后，跑步去送信，那时送信最远要来回一个星期。

2　给罗炳辉将军送过信

平时在军部值班时，我负责送电报。当时，电报是放在皮包里，用锁锁着，一共有两把钥匙，只有两边的负责人才能打开，旁人是无法打开的。我在送信时，亲眼见过军长陈毅和参谋长周子昆[1]，还曾亲自给副军长罗炳辉送过信，那是一封手写的亲笔信。

没有任务时，我就在军部里学习。由负责通信的连长和排长教授我们隐藏或销毁信件的方法。当时，连长和排长告诉我们："如果信件不是很重要则就地藏起来，等事后再去取；如果信件很重要，敌人又快发现自己了，就放在枪管里打碎，最保险的是吃到肚子里。"

当时的生活非常艰苦，吃的都是和豆饼拌在一起的，有时吃三顿，有时则只有一顿。为了顾及老百姓，炊事班在采野菜时，采的都是长了种子的老野菜。但是，部队里却是官兵平等，部队首长同我们吃的是一样的伙食。到了行军打仗时，尤其是战斗部队，有饭送上去就吃，没有就饿着。

当时是由老百姓随军负责运送弹药。我们在行军时，每人扛着一捆电线。架线通电话由电话班负责，电报人员负责携带着发电机，大家一起随司令部转移，我们住在老百姓的家中。就这样，我一直待在华东司令部，直到 1949 年随

---

〔1〕此处有误，应为赖传珠。

大军一起过江。

渡江战役的时候，我是同司令部一起从六圩[1]坐小船渡江到镇江登陆。然后，至丹阳集中，为进攻上海做准备。进入上海以后，华东司令部驻扎在原国民党港口司令部里。我们刚进国民党港口司令部的时候，敌人烧的文件灰还在冒烟呢！

3 母亲双目失明

朝鲜战争爆发后，我转到福建南平炮兵司令部当通信员。部队进行大整编后，在南京的少数通信员已开始骑摩托送信了，但是我还不会骑。之后，我调到在徐州的炮兵司令部，负责给弹药库看守大门。当时，我的母亲已双目失明，于是，我申请将自己的母亲接至徐州，以便于照顾。但是，申请最终没有得到批准。

不久，部队排长便找我谈话，让我转业。我当即表示："一切行动听指挥，服从命令！"于是，我于1954年正式退伍转业。第二天，便打好背包离开部队，部队给我开具了证明。此后，我被安排在南京东流[2]的转业大队，学习如何带领农民从事农业生产。3个月后，我带着部队发放的381元转业费回到了家乡，这一年我29岁。

4 回乡种棉花

回到家乡后，我在家种起了棉花。但是，第一年夜里下大雨，棉花被淹死

---

〔1〕 今扬州市邗江区施桥镇六圩社区。
〔2〕 今南京市江宁区境内。

了。此后，我经自己的老姑奶奶介绍，认识了从溱潼〔1〕逃荒过来、会做衣服的王玉蔻。当时，玉蔻带着四个孩子，两儿两女，嫁给了我。我们夫妻二人相互照顾，共同度过了五十多年，我尽自己所能照顾和培养我的养子和养女。

2012年，她89岁的时候离我而去了。现在，我身体还算硬朗，但是身患五种疾病。虽然并不十分严重，但是需要经常去医院检查和取药。

---

〔1〕今泰州市姜堰区溱潼镇。

头部中枪的
敢死队员

邬汉忠

"我当时指挥转移目标，冲过故人防线。敌人没有扫射，我被冷枪打中头部负伤了。"

★ 口 述 人：邬汉忠

★ 采 访 人：齐春风　莫非　叶铭

★ 采访时间：2016 年 7 月 25 日

★ 采访地点：江苏省南京市鼓楼区中央北路向阳养老院

★ 整 理 人：叶铭　苗梦姣

【老兵档案】

邬汉忠，1924 年出生于湖北汉口，祖籍浙江。1939 年考入中央陆军军官学校 7 分校第 17 期，1943 年毕业补充到国民党军新编第 1 师担任排长、连长，1945 年参加西峡口战役，在战斗中受伤，1946 年伤愈后先后编入国民党军第 135 师以及新编第 24 旅，1949 年参加起义。新中国成立后因为历史问题被劳改，1979 年平反回家。

1 幼年时父母双亡

我家原来在汉口，我 1924 年 8 月 19 日在武汉出生。武汉闹过水灾，还有几次工潮，工人罢工。我那时才 3 岁不到，我哥哥死了，我母亲觉得革命闹得太厉害，所以父亲就带我们从汉口回到浙江老家。后来，母亲在上海去世，父亲将我们送到家乡小叔叔家中代养。小叔叔是耕种田地的，守着爷爷的三亩地。我爷爷有五个儿子，我父亲是老大。二叔、三叔在孙传芳当权的时候被抓走打死了，大概是保安团干的。四叔在宁波一家裁缝店里当学徒。我 6 岁的时候，父亲把我带到武汉做漆匠生意。父亲带了几个徒弟,在后来的两年多的时间里,生意非常好,那时是包英国洋行的生意。别人抢不到生意就嫉妒,就把我父亲骗去抽大烟,把他给毒死了。我那时才8岁。我那个学裁缝的四叔那时在南京,经过一个军政部老乡的介绍在南京做工程,还在孝陵卫办了个营造厂。四叔知道我父亲死讯后,就从南京赶到汉口帮忙料理后事。

四叔后来把我带到南京,我就在五台山小学上学。学校在五台山山下,就在金陵女子大学后边。校长是戴季陶的爱人,我们也受戴先生的教育要做好公民,为社会服务。当时也有抗日教育。1937年七七事变那时候,叔叔是黄埔军校承包建设校舍的工程师。房子快盖好的时候,日本人打到上海了。叔叔去要工资,结果管事的说以后再结算。后来先发了一半工资,说完结了再结算。等到工程完结了,又说是什么国难时期,全民抗日,就没有付工资。叔叔就这样被坑了,他从此看透了国民党,认为他们说话办事都是骗老百姓。本来叔叔要到重庆去的,但他改了主意,回了浙江。他觉得国民党有问题,讲话不诚信,所以后来他就跟和尚打交道,看破红尘了。他有五个女儿,就我一个侄子。

2 初中未毕业即考上黄埔军校

1939年,日本打到杭州、绍兴,离奉化只有几百里了。1939年大概8月初,学校放暑假。我那时在浙江宁波西门外的教会学校——消世中学上初二。暑假期间,我到宁波现在的人民公园看到中央军校七分校第17期招生广告,就和3个同学一起报名,考了3天。第一天先检查身体,我那时虽然还只是初中生,不过身高有1米62,合格,体重也合格。之后,我参加两天考试。先是要求写一篇文章,题目是"国家兴亡,匹夫有责",然后考数学、英语、化学这些学科,每一

科出 100 道题,会答就答,不会就空下来。有些题目就填个"＋""－"号,2 000
多人报考就取 200 多人。我考上了。在 8 月 19 日,一个温州的总队长朱邦准
少将带领我们从宁波出发,走到曹娥江,然后到诸暨、金华集中,金华是浙江的
一个集中点。我们军校的招生处处长是沈策,也是黄埔同学会会长。我们在金
华火神庙训练,也在那里进行复试。复试通过后,我正式上了军校,进入第 17
期第 12 总队第 2 大队第 8 中队第 1 区队。日本人听到汉奸密报,天天轰炸,老
百姓死了很多。军校后来就下命令去西北,到西安去。那时军校毕业可以考抗
大[1],西安和延安是联合抗日。但是关于抗大招生的情况我不知道,不过我们
有好几个同学去延安了,是由八路军办事处介绍的。

到了西安后,训练开始前,我们驻在终南山山脚下的王曲子午镇。我们自
己盖房、搞食堂,营房都是自己建的。前三个月是入伍生期,期满后,蒋介石看
到浙江总队体格差,与山东、安徽来的学生相比身体素质差,所以就延长了我们
的入伍训练时间,给我们增加营养,发了几个月的营养费,让我们吃好一点。"罗
斯福"来让我们喊口号,英文的,翻译过来就是"中国万岁!""美国万岁!"训练六个
月后,又来一次检查。当时我们身体好一些了,就从入伍期升到军官期了。1943
年 3 月 12 日毕业,那时我才 21 岁。我们都比较年轻,所以就让我们留校在军官
训练班学习战术。那时军事课程有操典、野外勤务、筑城、教范。我是属于步科,
还学习战术,山地战,沙盘教育,绘图,目测路程,81 炮、82 炮、60 炮瞄准等。当时
我印象深的教官有邱清泉,他是副主任,还有王学禹。教官和我们接触少。林语
堂是我们的英语教员。中队长是刘湘,总队长原来是朱邦准,后来调走了。

在军校时伙食是一天两顿,都是馒头。六个人分一个钵子的菜。到部队
后,每天两顿饭,一般是馍馍。早上八点半到十点一顿,下午两点一顿,号兵吹

---

[1] 即中国人民抗日军政大学第四分校,简称抗大四分校。是抗大总校在新四军中创办最早,历时最长,吸收华
中和江南革命知识青年最多,坚持在豫皖苏边区平原游击战争的艰苦条件下办学,成绩显著的一所分校。

号开饭。菜有时是辣椒汤,有时是盐水汤。我们那时候都饿习惯了。军服一年两身,一套单衣,一套棉袄,还有两套衬衣。衣服破得不厉害的话就自己补一补,厉害的话就到司务长那边去换。我们走路都是靠两条腿,所以要打绑腿。到部队后,我们住在庙宇、祠堂里,一般不住老百姓家。我记得在学生总队的时候用的是三八枪,到部队就用中正式,七九口径。刺刀大概 35 公分长。排长拿加拿大冲锋枪,弹匣 25 发,六五口径,是外国人支援的,铁柄的,有三个弹匣,侧面装弹的。打的时候要夹紧一点,枪口跳得就没那么厉害了。

3 从军负伤

又过了一年,到了 1944 年 4 月,突然传来命令,说河南西峡口战役[1]战事紧张,中国军队丢了好几个地方,部队死伤惨重,要把我们调去补充。我被分到新 1 师第 1 团第 1 营第 1 连第 3 排做少尉见习排长。新 1 师师长是黄永赞,黄埔第 4 期的。团长姓张。整编第 15 师师长是河南人,叫武庭麟。第 135 旅旅长叫祝夏年,是黄埔第 3 期的。后来,代旅长是麦宗禹。4 月中旬,日本攻打西峡口,我们本来是在左翼做预备队保护的,那时新 43、44 师也在紫荆关。上面命令我们做支援,因为死伤很厉害。眼看日本人就要占领西峡口了,上面就命令我们与阵地共存亡,不准退。打了三天三夜,那是拉锯战。我们组织了敢死队,还有一个排正面佯攻,一个排从后面夹攻。夜里,我带了几个人冲过封锁线,但是发出声音了,估计是有人踩到石子掉坑里了。我当时指挥转移目标,冲过敌人防线。敌人没有扫射,我被冷枪打中头部负伤了,是 7 班班长背我下来的。从 1944 年 6 月大概 20 几号到 30 号,我在咸阳第 72 后方医院住院。治好

〔1〕 西峡口战役,中国抗日战争的最后一次战役。因主战场在河南省的西峡口(今西峡县)一线而得名。

了一点之后，我就转到西安荣军第 10 休养所休养。1945 年过年后没多久，我们已经打胜了，夺回日本人的阵地了。上面让我们好好休养。8 月份，消息传来，日本无条件投降，西安全城热烈庆祝。

4　内战风云

我休养好了之后，就被派到第 15 军官总队，总队长是袁朴，我进了第 1 大队，住在西安太乙宫。后来，又调到第 15 师第 135 旅，那时候我已经是中尉排长了。旅长让我去第 29 军报到，军长是刘勘。没多久，我就到洛川留守处，负责看第 135 旅官兵有没有私自回家的。那时不准下火线，私自回家的，就地正法。1947 年 8 月，第 135 旅在瓦窑堡被打垮了，全被俘虏了。我被派去延安收容残兵。后来，部队到西安重新接兵训练，没多久就去河南陕州守黄河，说共产党要过河了。刘邓大军过来后，先打第 207 师，再到河南潼关，消灭第 135 师。后来听说第 135 师师长带一部分人冲出去，到了河南洛阳。那之后，我去了新编第 24 师，那里浙江同学多。1948 年三四月的时候，上面调我们去重庆接兵。1949 年 12 月，到重庆刚刚几天，我们就听说邓锡侯起义，去陕西的路被封死了。西边的刘文辉、中间的罗广文都起义了，杨森保卫着蒋介石坐飞机走了，其他人都投降了。副长官裴昌会起义了，1949 年 12 月 29 日，我们在邛崃被解放了。

5　解放后辗转沪宁工作

我们去第 2 野战军军官训练班，思想解放 6 个月，还要考试，2 000 人取 200

个,后去泸州军大三分校,学习三个月毕业,去做文化教员。再后来,我就回家了。我家中无田无地,供养不起叔叔。于是我只能出去做工。姐夫写信让我去上海做工。我从家乡开了条子,户口才去了上海。我在上海黄胜记翻砂厂做翻砂工。做了几个月,我到了南京,跟我弟弟在长江汽车修理厂做修理工。几个月后,南京华东营房部招生,我考上了,做了三级瓦工,开始盖房子。1954年10月10日,那时候搞"肃反运动",我姐姐的大儿子在监狱里检举我,派出所就叫我去谈话,让我交代反革命历史。最后判了我三年,送我去内蒙古乌拉善前旗背煤。我老婆1955年5月提出离婚。1979年平反后,我参加建筑队挣工资。1980年,我出来干工程,盖房子。到1982年,赚了万把块钱。1984年回南京找到了儿子。

"官二代"
的军校生活

刘广枰

"我姑父李烈钧知道后，写信给我，鼓励我杀敌报国，教我如何做好一名军人，让我受益匪浅。"

★ 口述人：刘广柽

★ 采访人：叶铭　肖晓飞　莫非　王泽颖　杨汉驰　毛天

★ 采访时间：2016 年 7 月 20 日

★ 采访地点：江苏省南京市幕府山街道伍佰村社区

★ 整理人：薛倩倩

- -

【老兵档案】

　　刘广柽，1928 年出生于福建福州，1944 年考入中央陆军军官学校第 21 期骑兵科，1948 年毕业后分配到青年军第 202 师担任排长、副连长、教官等职。同年，因为救助中共地下党人员而回到老家福州，解放后在南京生活。

- -

1　官宦子弟投笔从戎

　　我是刘广柽，福建福州市人，是林则徐的后代。我父亲叫刘含章，曾经在北京大理院当推事，后来在司法院当首席参事，还曾经担任过贵州省高等法院的院长。抗战的时候，日本鬼子打到湖南衡阳，长沙、衡阳都失守了。在那个艰难时候，我们青年人看到国家要亡，国家兴亡，匹夫有责，所以就要参军保家卫国。我放弃上大夏大学的机会，报考了军校。父亲对我立志参军也很支持，没有阻拦。我姑父李烈钧知道后，写信给我，鼓励我杀敌报国，教我如何做好一名军人，让我受益匪浅。他那个时候是在重庆歌乐山，和冯玉祥住在一起，就隔着一个竹篱笆。那个时候他跟冯玉祥关系好，我去他家看到他们关系很近。

1944 年，我从贵州去了成都中央陆军军官学校，考进第 20 期第 2 总队。但可能上级考虑我们在学校学的东西不够，学军事知识不足，所以最后我们是按第 21 期毕业。人家军校一般是上两年半到三年，唯独我们上了四年。那时军校的考试有口试、笔试，口试主要问家庭情况，问为什么要当兵，以便军校了解考生的报考动机。笔试考外语、数学等等当时中学学习的科目。总之，凡是学过的都要考。即使录取进去之后还需要考试，军校几个月就考一次，是非常严格的。在军校受训的时候，上面总是讲一句话："有理三扁担，无理扁担三。"就是说如果我们这些军校学员，这些年轻人，要是不听长官的话，长官就打，即使我们有道理也不能说。军校里没有什么人知道我姑父是李烈钧，我也没有受到特殊照顾。

2　考入军校刻苦训练

考进军校就进行入伍受训，先是三个月，三个月以后考试，考试以后又来三个月复试，复试以后又来甄别试。我们总共考了大概五六次。刚进军校的时候，发给我们俄式步枪、俄式刺刀。俄国人比较高大，所以俄国人步枪的刺刀是三角形的，有一尺多长，相当笨。之后给我们发的是短的三八枪。再以后我们就换成新式武器了，也就是美式装备。后来新兵器多了起来。我们怎么熟悉这些兵器呢？上级就让我们拆兵器，比如拆手枪。我们都是在晚上没有灯的时候，在看不见的情况下把这些枪拆开再装，装配好了就算是合格了。考完甄别试就分科。那时军校下面有步、骑、炮、工、辎、通这些具体方向，我就选了骑兵科。

我们的校长是蒋中正，蒋校长就训过一次话，他训话是比较严的。他没有喊我们稍息的话,我们就要立正,站在那里动也不能动。我们刚进军校的时候,教育长是万耀煌,我和他接触比较少。军校生活快结束的时候,教育长是关麟征,他是黄埔第1期的。关将军陕西口音很重,他对学生很严。关将军对我们训话,主要强调"稳、忍、狠"这三个字。

我们那时军校学科教育以马术为主,我们的战马都是从新疆那边来的,是新疆的牧民养的。这些军养的马开始都是没有训练过的,都是野马,摸都不能摸,一摸就跳,甚至一看到人就跳。我们受训的主要内容就是骑马。我们是骑兵,既然叫骑兵就要骑马练习马术。我们骑马的时候不能像普通人那样坐着。要让马跑起来就主要靠人的两个膝盖夹住,要夹紧。所谓"跑马术",主要是靠两个膝盖从两边夹住马,屁股稍微悬空一点。要想跑长途,骑马的人腿劲肯定要不得了。两个腿必须得夹着,很多人都夹不住。怎么办呢?所以我们刚开始训练的时候是骑光马,没有马鞍,在我们骑兵科里面的行话叫"吊马术"。我们那时每个人都有自己固定的马。这些马很聪明,你要是对它好,把马粮时时刻刻带在口袋里头,随时喂它们,它就会顺着你,跟着你走。我们的战马有专门的人照看,钉马掌、给马洗澡这些事情都有专门的马夫负责。这点和日本军校不一样。我们骑兵科的都配发了马刀,就和指挥刀样子差不多,大概二三尺长。那个时候我们就叫马刀为指挥刀。

我们在军校的时候吃饭基本上一荤一素,菜盛放在一个盆子里。吃饭的时候是有时间限制的,大概是六七分钟。校方这个限制吃饭时间也是一种训练,以便今后能适应战场要求。除了限制吃饭时间,还有别的限制,比如有一两天不准大小便,以训练军人的忍耐力。快毕业的时候,每个人要全副武装跑1万米。总队长就站在台上,看着我们顺着操场跑,操场一圈是400米,要跑2小时才能停下。身体不好的就"啪啪啪"地摔倒了。我们身体稍微好一些的,跑完万米也感觉非常难!第二天,两个脚抬都抬不起来,脸上水分也大量丢失,你看我，我看你，彼此都认不得了，因为脸都瘦了。

3　姑苏义释地下党人

我 1948 年毕业，分配到苏州青年军[1]第 202 师，师长姚秉勋。我们军校毕业生就担任排长、副连长。那个时候，我们青年军的士兵一般都是知识分子，起码是高中生，还有大学生，也有不少是以前当过老师的。因为要抗日，大家就响应号召出来参军当兵。那时的口号是"一寸河山一寸血，十万青年十万军"嘛！

刘广栓在黄埔军校的毕业照

我记得日本人相当坏，要投降的时候，还在搞鬼。我们接收了日本人的一匹马，那个马相当好，听话，叫它趴着就趴着，叫它卧着就卧着，叫它睡倒就睡倒。这些马接收过来之后没有多长时间全部死光了。也不知道是怎么回事，日本人真的很坏。

我到了青年军以后，有 3 个月见习期，那时是少尉。一年左右就升中尉。我在第 202 师先当排长，然后当副连长，也当过兵器教官，因为我在军校学过新式装备。我还做过马术教官，因为我是骑兵科的。我那时在搜索营，搜索营的第 1 连才有马，第 2 连、第 3 连都是步兵。我配发的是左轮手枪，个但换了美式装

––––––––––

〔1〕 青年军是国民政府在抗战末期建立的一支政治性很强的军队。蒋介石亲自担任"知识青年从军征集委员会"主任委员。

备,而且还发了美国皮鞋和马靴。

那时候我的部下有一个上海地下党员,他的名字叫赵正飞。他想把苏州的军火库给炸了,然后去太湖那边投奔共产党游击队,结果被国民党抓起来,准备用青年军的军法来处理他。我就找到上级,说:"年轻人嘛,都有思想,都是进步的,我来把他保出来,给我们服务。"那时苏州的城防都归我们青年军负责,我任苏州城防警卫队的队长。而且我父亲那会儿还在司法院工作,对法院比较熟悉。我就有机会去保他出来。保出来之后,我就对他说:"你可以走啊!"就把他给放走了。他曾经还来信感谢我,后来我就没有跟他联系。他跑了之后,因为是我保出来的,我的长官就怀疑我跟共产党有联系。那个时候国民党对我们青年军抓得紧,甚至派宪兵去当副排长,严密监控军队的政治思想与动态。这些宪兵主要目的就是监视排里面每个士兵的行动,政治空气紧张起来。军队里面除了宪兵之外,还出现了特工,他们随时可以抓人填海、活埋。因为这些事情,所以我感觉情况不好,我看苗头不对,就跑回南京来,找到了父亲。他那个时候当司法院首席参事,全国的法院基本上都归我父亲管。我就想用请长假的方式离开部队。因为我们青年军的师长是少将,我父亲就去找他那边的中将、上将这些人的名片,想用这些将军来压我们师长,让他批我的假。我就去师长那里请长假,结果得到了批准。我就以请长假的方式离职了,随后去了福州。到福州以后,我就结婚了。福州解放以后,我就到南京来了。回来之后戴了七八年的"历史反革命"帽子。"文化大革命"的时候,我在玄武湖挖湖,一天挣一块二毛五的工资。最后,我在鼓楼区燃料公司工作并退休。1984 年,黄埔军校同学会 成立我就参加了。

响水抗日
亲历记

刘公能

"我现在的美好生活都是托了党的福！"

★ 口 述 人：刘公能
★ 采 访 人：王骅书　张鹤军　尤劲峰　赵文静　杨陈
★ 采访时间：2017 年 7 月 11 日
★ 采访地点：江苏省盐城市响水县响水镇
★ 整 理 人：王金鑫

【老兵档案】

　　刘公能，1930 年出生，江苏省响水县人。1944 年参加新四军，曾任新四军新兵连通信员、盐阜区滨海县张集区通信班通信员等职，1949 年复员回乡。

1 戴花骑驴去参军

　　我叫刘公能，七岁的时候，我母亲就去世了，我从小就跟着父亲。我家是靠做手艺做木工为生的，主要制作秤、纺纱车、织布机等等。新四军发动全体群众纺纱织布，我们家就响应号召做机纺纱车和织布机来织土布。

　　我家中共有兄弟三人，大哥和我去当了兵参加了新四军。我大哥在 1943 年就参加了新四军，被编入了新四军 3 师 8 旅 22 团 3 营 9 连。1944 年 14 岁的时候，我参加了新四军。参军的地点是张集区圩角乡〔1〕夹冲村〔2〕，当时的情形是开村民大会，我就在村干部的动员下参加了新四军。

〔1〕 今响水县张集社区圩角村。
〔2〕 今响水县张集社区夹冲村。

我记得当时是佩戴跟小碗一样大的大红花,骑着小毛驴,由村干部牵着驴把我们送到了区里,地点就是王老庄[1]夹冲村那边的韩荡[2],区政府就在那里。我大哥抗战胜利后随部队北上到东北,后来参加了辽沈战役。

2 负责送信与站岗

我一开始参加的部队是新四军领导的,入伍的具体地点就是大垌口,大垌口那里有个新兵连,我们就被送到新兵连去,新兵连的连长汪庆宇就是大垌口人。我先在队伍里做通信员,那时候年龄小,就负责送送信。新四军照顾新兵,我刚参加新四军的时候就发枪了,记得当时我在大垌口站岗,有一天晚上下小雨,有霜,看不见,我身上除了枪,还配了一把刀。

日本人投降的时候,我就在部队里,刚好碰上新兵连到响水整编,在那待了十几天。后来,我被派到地方区队,那个时候区队没有固定地点,区队负责人就安排我待在区政府,因为区政府里面有个通信班,我就在通信班里当通信员。通信班的班长是张集区的,小名叫蔡上轱辘,他之前是22团里的一个排长,因为身体不好,就回来当我们通信班的班长了。

3 日寇火烧陈港乡

我在日本鬼子投降后就复员了,当时中央有文件,国共合作签了《双十协

---

〔1〕 今张集社区王老庄。
〔2〕 今张集社区韩荡村。

定》，称老弱病残者都要回乡，那时候我还没有成年，所以我就回乡了。回乡去我也没家，我是陈港[1]人，陈港的家在抗战初期鬼子攻过来的时候，就被日本鬼子烧了。陈港路靠灌河口[2]，离这个河口就十几里路，日本鬼子当初就是从这个河口过来的。民国28年，也就是1939年3月11日[3]，夜里四点多近五点钟的时候，人都跑乱了。当时，国民党33师[4]负责守着这个关口，把东北军[5]遣走了，没人堵日本鬼子。那时候壕沟全是好的，一直通到海边，还有碉堡在东边，国民党扔下这些防御设施跑了，布防也就空了。

当官的不是自己跑，而是跟老百姓一起跑。我那个时候才虚九岁，刚开始读书，大晚上听到外面乱哄哄的，我就爬起来，听到有人喊着："日本鬼子来了！"所有人一起逃跑，我因为年纪还小，在大人堆里挤不动，还是我大哥一把将我拖走。但是，走到半路还是被人挤掉了，我摔到了马路沟下面，爬也爬不起来，马路沟里还有积水，当时我真是"叫天天不应，叫地地不灵"，我大哥跟在队伍里面跑了。之后，我的叔伯也被挤到我身边，他把我拉起来了，我们一起去亲戚家里躲着。

然后，天上还有飞机在轰炸。十点钟左右的样子，我到家看看情况，在陈港附近河堆上望望，那里只有我一个人，其他人都是稻草人，它们是用草扎起来的，帽子把脸挡着，当时就有人说："这怕是空城计吧？地方上没有人了！"日本人一望发现是空城计。然后，地方上的汉奸去欢迎日本人，就说："欢迎大日本上岸。"

日本人上岸就实行了"三光"政策，烧光、杀光、抢光。我可以举一个突出的

---

〔1〕 今响水县陈家港镇。

〔2〕 今陈家港镇境内。

〔3〕 此处有误，应为1939年3月1日。据记载，1939年3月1日，日本侵略军第5师团主力步兵第21联队乘小船在北潮河（又称灌河）溯航，当日到达响水口（今响水县响水镇）和新安镇（今连云港市灌南县新安镇）附近。

〔4〕 即国民革命军第89军第33师。

〔5〕 具体指国民革命军第57军第112师。

例子:我们陈港那有个合心村[1],小日本把人家房子全烧掉了,砍掉 13 个人头。其中有一个人叫唐三百子,当鬼子砍到第三个人头时,他爬起来一下子跑到了屋前日本鬼子的队伍里面去,日本鬼子打枪也不好打,他一窜窜到了草堆里。后来,在草窝堆那里被伪军逮住,伪军还劝日本鬼子说:"这是我们庄唐三百子啊! 不要打啊!"在这说不要打,日本鬼子几枪过来,就把他胳膊打伤了。

复员之后,因为我没法在陈港待下去,就到南边去谋生了。那时候陈港还住着日本鬼子,我向南逃到了解放区。我想着也不能一直待在家里,然后就待在区里,在张集区区政府里工作,一直待到 18 岁。后来全国解放,我由于当时有病,腿下面有一个窟窿,不能行军,才被安排回家。

4 坚持游击迎解放

整个解放战争期间,我一直在区机关里,后来又到了黄河大队。内战爆发后,我在大草河边站岗放哨,整天都听到有枪响,这边一枪,那边一枪。我就趴在那个地上执勤,一天 24 小时都没有离开,吃饭就在区里吃,下岗后我都不能马上走路。

1947 年 4 月 11 日,国民党在早上向我们打过来,他们是从屋北翻过来的。当时我去区里面治腿,就有人说:"敌人过来了!"并且着急地向我们报告说:"你们在这弄腿呢? 敌人已经到我们面前了!"我们在河边看见东边有敌人陆陆续续过来了,当时我们还有人在区政府机关单位和滨海县委、淮北盐警团团部工作,最后只能集合撤退。才走了十几公里就遇到座大桥,我们几个人就去探路,

---

[1] 今陈家港镇合心村。

枪打泥潭上，好不容易有一条路，我们五六十个人就穿过来了。穿过之后，我们进行了集合，宣布："哪些愿意革命的就从这过，不愿意革命的就待在这。"其实，待下来的人就是对党有了异心的人。当时有的人先说："没有那些，随你们自己看！"后又借口说："我去解个小便。"便偷着逃跑了，离开了我们革命队伍。

后来，我们就开始通通信，也就是布置工作。我们共有一二百人，一部分人负责去河边堵敌人，但后来敌人用小船、大船开了过来，枪就放在那船上。这部分同志没通过大桥就被拦住了。当时大家就是忍，等着反攻，我们队伍中有一部分是原华中野战军第 10 纵队第 86 团的一个连，当时这个连的张连长着急说要攻，这时候淮北盐警团团政委杜李[1]来了，问："哪个叫攻的？我们要撤！"杜政委是河南人，新中国成立后当过大连市委书记，经验丰富有水平，于是我们就撤退了。

我们一直走到了现在的五港[2]，准备吃午饭。五港底下那个陈家，家里有点面，面才下下去，没吃上几口，敌人又打过来了，到了六港[3]。于是，我们下午就撤到了林庄。晚上我们住在林庄，夜里哗哗地下雨了，我们待在那里也没有空睡觉。后来我们部队就去了七套[4]，在那里连块馒头都没有吃，就撤到了八套[5]，直到 12 日下午才弄点饭吃一吃。但是，敌人又到了七套街上，七套街距离八套就一里路左右。后来，我们的侦察员吴宝路和胡娄林得到情报说："敌人就是国民党队伍刚到六套的一个营。"之前说是一个连，反正没有照面。

那时，我们司令部的杜政委、团长、参谋长都在那边，我们听到枪响就集合，

---

〔1〕 杜李(1916—1991)，原名杜志良，河南济源人。1935 年 10 月加入中国共产党，1936 年参加中国工农红军。曾任济源特支书记、太康县委书记、新四军第 5 支队教导大队教导员、淮南区游击总队总队长、仪扬县县长、米安县委书记、淮北盐场特委书记、两淮盐务管理局局长、淮北盐警团政委、华东盐务局局长、中央轻工业部供销总局副局长、大连市委书记等职。1991 年 12 月 23 日，病逝于大连。
〔2〕 今陈家港镇五港村。
〔3〕 今陈家港镇六港村。
〔4〕 今响水县七套中心社区。
〔5〕 今响水县南河镇八套村。

集合的地点在八套的门口。敌人两发加农炮弹打过来了,离我们集合的地点只有五六十公尺,后来人就散了。司令部这时命令我们把枪拿在手里,刺刀装上,手榴弹咬下来,跟着政委团长他们,并且命令说:"你们一个连送他们走,敌人首先要杀害干部。"

当时,双港[1]区队跟我们跑对面,阻挡住了我们的去路,张连长就说:"你是哪部分啊?你听我指挥。"然后,张连长就指挥起双港区队的区委干部,而那控制枪的人说:"我又没说跟干部跑,我们跟着指挥。"后来,我们把机枪架在那趴下来了,之后又准备往河边跑,就将大炮和重机枪都放在骡子上驮着,但我们发现马和骡子在,却没有牵的人,人翻到马肚底下去了。当时我还特地去看了看,马一转才看到人翻出来了。后来我们撤到了中央河,机枪、小炮都架在马背上,伏着过河。我们和司令部的干部们分坐在两只船上,船一过河,就把机枪、小炮都架起来进行掩护。

解放以后,我便复员回乡了,不久就结了婚,结婚的地点就是陈港的家中,那时候是 19 岁。我老伴儿叫金绍兰,我们总共育有八个儿女,四男四女。我后来就靠在工具厂里做木工为生,我父亲也在工具厂做工程师,也算是子承父业吧!我大孙子也有 46 岁了,大重孙都 23 岁了,二重孙 21 岁,我一共有四个重孙,现在是儿孙满堂,一家幸福。我现在的美好生活都是托了党的福!

---

[1] 今响水县双港镇。

转战响水
驱日寇

刘其友

"我们老同志有这样的决心，青年人更应该无所畏惧地保卫我们国家。"

★ 口 述 人：刘其友

★ 采 访 人：陈成　左峰铭　陈桢　周贤楷　彭华伟

★ 采访时间：2015 年 7 月 16 日

★ 采访地点：江苏省盐城市响水县双港镇洪南村

★ 整 理 人：王金鑫

【老兵档案】

　　刘其友，1927 年出生，江苏省响水县人。1942 年参加新四军，曾任新四军潮河大队 1 连战士、新四军滨海独立团 2 连战士、盐阜军分区独立第 1 团战士、华中第 5 军分区独立第 1 团 8 连战士、华中野战军第 10 纵队第 82 团战士等职。曾参加陈家港战斗、响水口战斗、陇海路东段破击战等，获解放奖章。

1　响水口化妆侦察，陈家港策应主力

　　我叫刘其友，今年 88 岁了，现在身体很好。1942 年正月，我 16 岁那年参加了新四军潮河大队。响水北边有个灌河，当时我们老百姓全叫它"潮河"，部队因此名叫潮河大队。潮河大队是新四军的地方部队，有两个连，我在潮河大队一连。才进部队的时候，我负责到响水口侦察，因为年龄小，不大容易引起敌人注意。当时班长叫马季忠，连长是朱四贵，他们全喊我"小鬼"。平时我背个竹篓子，装成在地里割草的样子，十几里路靠两只脚在地里跑，个把小时就能跑到响水，看看鬼子伪军会不会下来"扫荡"。

因为我们是地方部队，主要就在响水和日本鬼子交手。比如，1944年我们第一次打陈家港。当时主力部队是老三师，就是新四军第3师，是黄克诚大将领导的一个师，下辖三个旅。当时，攻打陈家港就是由7旅19团、8旅22团两个团负责的，经过一天一夜终于把陈家港打下来了。我们是地方部队，主要负责给主力部队带路。我们当时趴在房顶上，枪往陈家港据点里打，鬼子从里面往外打，因为往外不好打，所以很快就打下来了。但是，陈家港鬼子后来获得了连云港方向敌人的支援，所以我们部队当时就撤出了陈家港。指挥这场战斗的是3师副师长张爱萍，他当时兼8旅旅长。

2 周庄饭后迎敌，小浦庄反包围

到了1945年，我在滨海独立团二连当战士。那时，响水这里属滨海县管。春天，在响水口南边离镇子不远的周庄[1]，来了四百多个敌人，鬼子少，多数是伪军。当时我们正要吃午饭，我记得那天我们包了饺子，改善一下伙食，有的班吃过了，有的班还没吃。老百姓听说鬼子来了，全都没命地跑。

刚刚吃完，我们连就迎了上去。当时的连长叫方名，他把我们连带入了条房东路和大王庄西路的一个通往周庄的战壕，当作掩护，因为当时敌人武器比我们好。谁知道这条战壕下去百里路却不通，连长就命令赶紧抢坟茔，我们就爬出战壕跑去抢坟茔，敌人那时候已占领了周庄。

在周庄前面的赵苇沟，我们冲出战壕准备抢占那一片坟茔，中间有一块开阔地，开阔地没有什么障碍，但是鬼子火力比较足，我们伤亡了一部分。后来，

---

〔1〕 今响水县周集社区周庄。

我们占领了坟茔,和他们在小浦庄〔1〕一直僵持着,有了这个掩护,敌人冲不下来,我们由于火力较差也打不进去。

这期间,有人送信回去,说:"二连被鬼子包围了!"当时周仁甫同志所在的3个连全部在月港〔2〕整训,他们听到后就立即过来增援。到了下午三点多钟的时候,其他3个连也到了小浦庄,鬼子看到东边来部队了赶紧往回逃跑。我们见到鬼子逃跑,就从坟茔地里起来赶紧出击,跟在后面撵他们,一直撵到西出口那边,直到鬼子归窝了。鬼子当时也伤亡了一部分,一共打死十几个敌人,我们也伤亡了十几人。

▌3 抗日战争胜利,中秋横扫日伪

后来,我们部队就驻扎在张集月港,在那里训练。1945年农历八月,就快过中秋节了。一天半夜,部队突然要求集中,我们都心里发蒙,不知道出了什么事。部队集中起来后,就听到我们独立团团长温逢山〔3〕讲话说:"同志们,我们八年抗战胜利了,我们现在要赶快到响水口接收武器。"当时我们都不怎么敢相信,日本鬼子前两天还张牙舞爪的,怎么这么快就投降了? 但是,后来我们才发现,虽然日本人投降了,但战争还没有结束,响水口仍然在徐继泰的伪军手里。然后,我们部队就准备前往响水口,在小窑〔4〕我们几个部队合并起来,我们团

---

〔1〕 今响水镇小浦村。
〔2〕 今响水县张集中心社区月港村。
〔3〕 温逢山,出生年月、地点不详。红军时期曾任陈毅警卫员,脸上有麻子,腿有残疾。曾任新四军第1支队第2团第2营营长、淮安县民兵总队总队长、滨海独立团团长、华中野战军第10纵队第82团团长、华东野战军第12纵队特务团团长、华中第5军分区司令员、华东野战军第12纵队新36旅旅长、第三野战军苏北军区警备第9旅旅长、福州军区第4军分区司令员等职。有资料显示,新中国成立后被授予少将军衔。
〔4〕 今张集中心社区小窑庄。

编为盐阜独立旅第1团[1]，在小窑待了三天之后，我们前往响水口。

当时发大水，一路上都是水，我们到达响水后，就把响水包围起来了。包围起来后，就利用响水的外围的障碍物作为掩护，慢慢逼近。等到晚上天黑了，我们便开始去圩子那里，由我们盐阜独立旅第1团和3师特务团两个团攻打鬼子。天黑的时候，鬼子因为看不清只是胡乱开枪，我们不管鬼子如何打，反正一直往里面挖战壕。挖好了以后，离伪军驻地的土围子只有三四十米，我们就在城外面待命，有力气的人已经可以往里面扔手榴弹了，战壕挖好了就是等待命令，等待上面下命令才能冲锋进攻。

但是，等了好久，上面命令还是没到。到了早半夜，我们感到奇怪，怎么还不发命令？部队就待在战壕里，等到天要亮的时候，上面又要求撤退出来。战士们很费解，为什么好好又要撤出来？但是，上面有上面的意图，当时由10旅的28团和30团两个团接收我们的防地，把我们的部队撤下来了。10旅的部队投入战斗时，就发起冲锋攻城，我们到老舍[2]的时候，前面就送信来说："响水口已经打下来了。"当时我们包围响水口的时候，在外围二三百米的地方，我们有三挺重机枪，鬼子和鬼子的家属往潮河北跑，被我们的机枪打翻，淹死了一部分人，就是在1945年8月13日，我们把响水口成功打下来了。

然后，我们和3师特务团向东开到吃午饭的地方，吃完饭后浩浩荡荡地攻打陈家港。当时我们负责主攻，先把陈家港包围了起来。8月14日早上，我们就打进了陈家港，俘房了几百人。到8月18日，潮河北还有一部分敌人，不断向陈家港这边开火，后来我们两个团爬上老百姓的房子向潮河北打，炮也往潮河北调，我们也乘坐十余艘船到达潮河北，敌人·看我们过了河，就赶紧跑，我们一直追击，敌人最后逃往了连云港一带。

---

[1] 此处有误，应为盐阜军分区独立第1团。
[2] 今响水县老舍中心社区。

4 破击陇海路，大战瓦窑镇

1945 年冬天，我又跟着部队往北行动。到达山东，打陇海线上的瓦窑镇[1]，瓦窑镇那时候属于山东，敌人有两个团的兵力。当时虽然日本天皇宣布投降了，但是下面部队有的冥顽不化，不肯马上放下武器投降，仍然反抗。瓦窑据点里就有一批鬼子不肯投降。那次打瓦窑我是吃了大苦，那时已经到了冬天，阳历已到了 1946 年 1 月中旬，上冻天，夜里我们要过一个十几米宽的河，部队在冰冻的河上走过去。哪曾想到，我们八连走到一半的时候冰突然裂开，我们都掉下冰窟窿里了，水顶到脖子，连长下命令，就从水里过去，当时我们还是十七八岁的小伙，就这么从漫到脖子左右的水中过去了。

到达瓦窑西门后，门前有条旱沟，我们趴在里面，衣服全冻硬了，人已经麻木，时间不长，就冻得失去知觉了，枪都打不了了，连长看到后立即命令我们下去烤火，不然战士会被冻死的。后来上面领导听说后，就下命令，把我们连换下来，让我们先到老百姓家里架起柴火儿烤烤火。我们把衣服烤干之后，又跑回到了沟里。

打到下午，敌人被我们攻打得受不了了，开始突围，我们就从西门一直追在后面打，相隔只有二三百米，敌人一直被我们打跑到了运河车站[2]。运河车站也有几波敌人，我们就把运河车站包围起来。晚上，江南过来的 1 师、6 师[3]又投入战斗，第二天运河车站就打下来了，俘虏敌人两千多人。瓦窑镇上部分鬼子扔下武器逃往了新安镇[4]，我们在铁路桥、新安镇先后打了两场。打瓦窑让我记忆最深的还是在水里，几乎就要冻死了。

---

〔1〕 今徐州市新沂市瓦窑镇。
〔2〕 今徐州市邳州市火车站。
〔3〕 应为新四军华中野战军第 8、第 9 纵队。
〔4〕 今新沂市新安镇。

5 胜利来之不易，和平更需保卫

1943年到1945年，我参加的大仗有四次，小打小敲的游击战经常打。这是我当兵时候和日本人打仗的主要经历，当时我们部队前前后后有很多的困难，没有好饭吃，生活很艰苦。我记得当时曾经到周仁甫家那边采芦苇做一个簸箕，用来装挖的老百姓的麦根，装野菜。当时部队确实困难，粪便也要捡回来送给后方部队生产，那时候我们当兵虽然吃得差，但是也毫无怨言，只知道为人民一心一意打鬼子。

现在，作为社会主义国家，我们要加强国防和社会主义建设。过去跟着毛主席战斗，外国人攻打我们的战争是侵略，我们不想侵略别人，你侵略我们是非正义战争，我们是正义的。另外，我们并不怕任何一个国家，你们张牙舞爪是没有用的，我们不怕别人的侵略，我们也不侵略别人，和平来之不易应该珍惜，但我们也要做好不怕打仗的充分准备。我们老同志有这样的决心，青年人更应该无所畏惧地保卫我们国家。

用行动践行
革命理想

刘冠时

"学校里还有几位荣誉军人，他们讲战斗故事，我们学生听了都很感动。所以在学校里奠定了我们参加革命的想法。"

★ 口 述 人：刘冠时
★ 采 访 人：肖晓飞　张若愚　莫非　沈尧　费雯
★ 采访时间：2018 年 5 月 24 日
★ 采访地点：江苏省苏州市九龙医院
★ 整 理 人：张若愚

【老兵档案】

　　刘冠时，男，1928 年 12 月生，江苏海门人，1944 年 8 月进入苏中四分区专员公署待分配，10 月参与四分区联合中学的创立，12 月参与苏中四分区干部专科（专门）学校的创立，并到三仓镇进行春荒调查、民兵征组和先进英雄劳动模范的宣布工作。1945 年 4 月回到学校分入 3 队 5 组，5 月进入工商科，10 月学习结束后在学校负责后勤。1946 年 9 月参加新四军 1 师 1 旅 1 团，历任战士、文化教员、统计干事、组织干事、指导员、教导员等职，经历涟水战役、鲁南战役、莱芜战役、豫东战役、淮海战役、渡江战役等，1947 年加入中国共产党。1952 年参加抗美援朝，1958 年回国并转业至苏州，1985 年离休。

1　辗转多地学习

　　我出生于 1928 年 12 月，老家在海门县利民镇[1]。父母都是种田的农民，

----

〔1〕 今江苏南通启东市海复镇兴益村。

种的是自己家的地，划成分时我祖父是富农，我的父母亲是中农。我祖父分给我父亲4亩多地，我父亲自己又买了20亩盐碱地。我在家里是老大，我还有4个妹妹、3个弟弟，最小的跟我差了一二十岁。1944年我就出门参军去了，最小的弟弟是我参加革命后才出生的。除了我以外，老二也在1946年参加了新四军第7纵队，后来改成第29军。

抗日战争时期1940年的黄桥决战后，陶勇的新四军第3旅东进，在我们老家开辟了抗日根据地。当时我们这里是苏中四分区，大概是（南）通如（皋）启（东）海（门）加崇明。1941年日本鬼子来到我们海门地区。1941年底、1942年初，日本侵略军加强对该地区的统治，日本鬼子和汪伪将启东、海门两个县作为他们的模范"清乡"区。我家那有条河叫海江，把海门、启东和如东、南通分开来，影响交通。汪伪政权和日本占领军从靠近南通附近的地方到东海边筑了一条竹篱笆，把他们的模范"清乡"区与我们新四军的游击区隔开来。后来在1943、1944年，我们火烧竹篱笆，夸张地叫"火烧千里"。我们过封锁线时把篱笆拔掉，通过之后再插上去。

我们家乡就是当时的海东区，属于"清乡"区的东北角。"清乡"区里面的镇上都有汪伪的据点，有的地方主要是以伪军为主，还有少量的日本人。伪军一般都是国民党投降过去的，还有就是游手好闲的地痞流氓、无业游民。后来，还有一支陆洲舫的伪军被我们争取收编过来一同抗日，他还有另外一个名字叫陆兆林。一个据点里面有四五十人，有十来个鬼子，其他都是伪军。在我们家乡，凡是重要的路口基本上都有岗哨，大部分是伪军，重要的交通点也由日军控制，他们把我们这里控制得相当严。汪伪政府也建立了一些乡保制度来维持对地区的统治。乡保里有些是我们新四军地下党派过去的，为了保持地方的稳定。因为有的地方遭到日本人的屠杀，有的地方是日伪军和汉奸过去"清乡"，所以需要我们主动派人过去维持稳定。因为我们家乡一家一户分得比较散，所以我小时候没有亲眼看到日本鬼子杀人放火、抢老百姓东西。

1942 年我读初中时,学校叫海(门)启(东)崇(明)联合中学,是中国共产党领导的县立中学。我从 1941 年下半年读到 1942 年春天 5 月份左右,正式的课程有数学、历史、地理、外语、自然等等,还有一门公民课,不是正式课程。在我一年级时,这门课就讲抗日的问题。因为这所学校是我们党领导的,所以学校里面有共产党员,校长是一名民主人士,叫沈弈公,教导主任是共产党员,叫陈守仁,后来当了我们区委书记。开学时,县主任季方和陈同生到我们学校来讲过话。

日本鬼子来"扫荡",把我们学校占领了,学校也就解散了。我们书就读不成了。下半年,我们海启崇联合中学有几位老师在离海门三四十里路的麒麟镇办了私立中学,叫兰陵中学,老师和一部分学生就是原来海启崇联合中学的,我也去那读书了。我们这所学校在农村,离麒麟镇上的日本人据点大概是三四里路,校长叫肖志萍,他是赞同革命的,和新四军的领导都认识。他和国民党方面也认识,他的思想总体上倾向于抗日。1944 年春天,他把儿子、女儿都送到根据地去了。当时新四军的根据地在东台、台北[1],那是苏中二分区,我们这是四分区。

在学校读书时,我们也曾经接触过县地下政府的文教科长,他来我们学校做过报告,内容我还记得很清楚。他讲当前我们国家有几个情况:孙中山先生的三民主义,有真三民主义、假三民主义、伪三民主义。真三民主义是我们新四军、共产党领导的,后来我们想,这实际上就是毛主席说的新民主主义革命。假三民主义是蒋介石、国民党的,还有一个是汪精卫的伪三民主义。我们听了以后都非常认可和赞同他的观点。另外,在我们学校老师中有很多地下党,身份

---

〔1〕 1941 年 10 月,苏中抗日根据地设置的县级行署,范围为东台县北部。1942 年 5 月改为台北县,现为盐城市大丰区。

不能公开。学校里也有汪伪的三青团，没有国民党的三青团，我们都很清楚。在学校里面，我虽然年龄不大，但也算一个活跃分子，接触的都是进步人士，都是拥护新三民主义的人。我有一个比我高一年级的同学，叫费锦涛，他是地下党。1944年初我在学校的时候，他找我谈话，问我愿不愿意参加共产党。我说我愿意参加。但后来阴差阳错，他接受党的任务离开了学校。离开时他告诉我他要走了，到苏中公学[1]执行组织上交办的任务。他把我的关系转交给另外一个同学，但那位同学同我关系一般，跟我谈过一次话后，因1944年1月学校放假，之后就不了了之了。等放假回来，1944年8月下旬我就和黄异冰、郁德丰、高锷等五名同学一起离开学校参加新四军去了。

2　前往分区专员公署感受革命氛围

处暑节气前后，海东区游击队的指导员带了一个班十几个人，包括我们青年学生，还有其他学校的学生和社会青年一共二三十人一同出发。因为路上不大好走，我们就从海里走。我们在启东靠海边五六里地的向阳镇集中乘渔民的海船，上了两艘船，每艘船上大概有十五六人。

因为我们从来没有乘过船，所以感觉很不适应，晚上开船风浪起来时，不少人都吐了。花了一个白天、两个晚上后，游击队十几名队员在海上找了一艘大船，把两艘小船上的我们都换到大船上。又经过一个白天和一个晚上，我们到了如皋东门靠海边一个像港口一样的地方，叫南坎，我们在那里上岸，这样实际

---

〔1〕 苏中公学是中国共产党领导的苏中抗日根据地培养各类抗战建国专门人才的干部学校，以原抗大九分校为基础创建。1944年6月在江苏宝应县金吾庄成立。首任校长粟裕。学员包括调训的部队、地方干部和中学程度的知识青年。

上在海上总共花了两晚一天。从晚上上船，中午换了船，又经过一晚，到第二天上午 10 点左右上岸。下午三四点时，我们到了苏中第四军分区司令部，同时也是新四军第 3 旅的旅部，是一套班子两个名称，旁边是四分区的专员公署。

大概在第二天，分区对我们进行分配，游击队的十几名队员由分区司令部安排到部队去了。我们这二三十名学生就分得很散，有三四名女同学分到分区的卫生部门，还有一些人到苏中公学去。我和郁德丰、高锷等四个人被分到苏中四分区专员公署。当时，专员公署的领导说四分区要成立干部学校，准备派我们和比我们早到公署的四个人——张宏才、张兴之、张汉青、王伯宏，一共八个人去这所学校，我们是四分区干部学校最早的八个人。我们之间年龄也有差距，王伯宏是二十来岁，还有十八九岁的，我和高锷等人年龄最小，只有十六周岁，刚刚初三毕业。

我们在专员公署同吃同住了一段时间后，到 1944 年九十月份环境恶化，日本鬼子要来"清乡""扫荡"。我们到如东的苴镇住了大概一个月不到的时间，之后四分区往北撤，我们就同专员公署，还有四五十人的训练队一同离开。苏北新四军海防团派了四艘船，花了一天一夜把我们送到东台台南县弶港上岸。这时我们和训练队又分开了，到陆子苴一个盐业公司的所在地住了半个多月。之后又来了一批躲避日军"扫荡"而北撤过来的根据地学校，是如皋中学的一院和二院，都是初中，跟我们合并，合并以后我们这所学校大概有 100 多人了。

大概到了 10 月份，我之前就读的兰陵中学在校长肖志萍的带领下，三四十名初二初三的学生走陆路过来。这样，如皋一院和如皋二院，加上兰陵中学和我们，总共四所中学，就成立了四分区联合中学。日本"扫荡"之后，东台的台南、台北属于二分区，启东、海门、如东、南通属于四分区，四分区与二分区合并，二分区被撤销。位于三仓河西边鲁灶庙的二分区联合中学又和我们合并，仍称四分区联合中学。

那时我们基本上没有上课，一直在转移之中。我们的供给都是当地政府负责。我印象最深的有两件事：一是1944年冬天，我们听了参加过二万五千里长征的苏中分区警备团陈团长做的报告。因为他们部队夜里在我们学校训练打游击，搞演习，天亮以后学校就邀请陈团长给我们学生做一个报告。内容是讲他参加红军长征的革命故事，我的印象很深。当时他很年轻，在长征时部队被打散，他就一路讨饭，经过山西再回到延安，遇到了很多困难、很多事情，我们听后非常感动，了解了他的革命决心与不容易。他回到延安后找到了老领导，也是痛哭流涕，又上了抗大，重新分配进部队。二是我们在学校里面有诉苦运动，要同学们倾诉家里的情况。学校里还有几位荣誉军人，他们讲战斗故事，我们学生听了都很感动。所以在学校里奠定了我们参加革命的想法。

3　成立干部学校积累革命经验

到了12月初，要正式成立干部学校，叫苏中四分区干部专科（专门）学校。由裴定带着我们高中部不到100人离开了鲁灶庙又回到陆子苴，成立了一个大队。当时我们学校里面不叫班级，叫大队、中队，还有班小组，实际上是军事化管理。大队长、中队长、小组长、班长都是学生担任，由学生推选或者由领导任命，我们在那学了一个多月，主要是学时事政治、人生观、九一八事变到七七事变的近代史。

过了春天，我们班100多人分了几个组到三仓去，我们大概十几人在三仓镇搞农村工作、群众工作。主要是三项任务：一项是春荒调查，了解哪些老百姓家里没有粮食了，哪些人家粮食多，动员他们拿出来互相救济。当时我们挨家挨户去摸情况，一家都不落下，看到农民住在草房子里，生活很苦。我们调查的时候工作也不大好做,有些人家明明很困难,我们问他粮食够不够吃,他因为害怕就不讲真话。有些粮食多的人反而讲粮食不够吃,怕我们来抢粮。在做工作的时候,我们会偷偷地跑过去看实际情况到底是怎样,以了解真实情况。因为我们不是当地人,当地的区委书记说:"你们学生不会做工作。"他来教我们如何做工作,如何了解情况。有的时候,我们和农民一边劳动一边谈话了解情况。第二项工作是民兵征组。民兵在一段时间后需要按乡、按村重新整顿和组织,我们要了解他们的年龄等情况,还要安排谁来当班长等等。第三项工作是先进劳动英雄模范的宣传工作。那时有个李桂英是县里的劳动模范,我们就一个乡、一个村地宣传。

三项工作完成以后,我们就在1945年的3月底4月初又回到学校。4月份,苏中四分区干部专科学校正式成立,学校有将近300人,分成三个队,下面分组,一个队九个小组,一个组大概十个人。女同学一个组,男同学一个组,年龄大一点的、工作能力强的、思想比较进步的同学担任组长。我就分在第3队第5组。大概学了一个半月左右,还是学的时事政治,学习1945年七大召开毛主席做的政治报告《论联合政府》。学完以后,到了5月份,我就留在第3队工作。因为原来负责伙食的干部调走了,我就接替他搞伙食,还负责大家的服装,具体职位名称叫供给管理员。我们的服装不是军装,都是便衣,是老百姓穿的衣服。我本来是学生、学员,这时候实际上是干部了。

后来,我到了工商队。政治学习结束以后,5月份第1、2、3队分专业、分专科,我就留在工商科,负责工商行政管理。我们科有搞经济的会计,还有政治队,属于苏中第四军分区政治部。这时,我们还开荒种地,学校附近有很多老百姓的盐碱地,我们就一个队一个班分地种蔬菜、地瓜、大豆。8月份,日本投降,上面传达了这个消息,我们都很高兴,因为我们住的比较分散,都住在老百姓家里,所以也没有搞什么庆祝活动。

4 经历枪林弹雨

1946 年 7 月，解放战争爆发，苏中七战七捷。战斗结束后，部队有些伤兵到我们学校来养伤。负责联系的同志是我们学校毕业的，跟我在一个大队，我们都熟悉，他是副大队长。看到我以后，他问我要不要到部队去，我说可以，就到部队去了。1946 年 9、10 月份，我带了戴学江、刘焊山、吴四平一共 4 个人到部队去，是华中新四军第 1 师第 1 旅第 1 团。我就此参了军，穿上军装。

七战七捷以后，国民党第 74 师进攻涟水，我们部队就去保卫涟水。当部队接近涟水时，涟水已经失守了，被国民党第 74 师打下来了。涟水一失守，盐城也保不住了，我们就北撤。

我们第 1 师北撤到了山东，刚到山东时伙食吃的不习惯。因为南方吃大米为主，到山东吃小米、煎饼为主。山东部队看到我们来了，就把细粮让给我们吃，部队之间互相爱护，团结友爱，共同作战。我们背大米背杂粮时没有工具，就把裤子脱下来，裤腿一扎，把粮食放在里面带着。凡是艰苦的事情，大家都抢着干，精神面貌相当好，同志间非常友爱。

在山东的陇海路上，我们和第 6 师、第 1 纵队、第 8 纵队等四五个军参加了鲁南战役，打国民党马励武的整编第 26 师和蒋纬国的第 1 快速纵队，一共 3 万多人。

这场战役结束后，我们继续向徐州方向前进，打运河、打台儿庄。1947 年春节，我们部队打枣庄。枣庄打完以后，我们打莱芜战役，两地之间隔了好几百公里，我们部队晚上穿过沂蒙山区，从鲁南经过鲁中到莱芜，都是在乡间穿行。

到莱芜后，我们驻扎在城北。参加莱芜战役的部队比较多，有山东部队和我们华中部队。后来，华中和山东合并成华东军区，陈毅任军区司令员，原来华中军区司令员粟裕成了副司令员。

莱芜战役时，我们原来动员的时候是要攻城，都做好攻城的准备了。第二天早晨，敌人要撤退突围，我们就从攻城改成打阻击。当时，我已经到营部的第5连当文化教员。我们发现敌人想逃跑，国民党有四五百号人往西北方向胶济路和济南方向逃，我们就追，敌人在中间，我们在右边，敌人的左边还有一支山东部队。那时是冬天，我们穿的是华中军区发的灰色军装，山东部队穿的是黄色军装，国民党穿的也是灰色军装。所以国民党方面由济南派的轰炸机、战斗机专门找穿黄色衣服的山东部队轰炸。我们穿的是灰色军装，他们根本不打我们。山东部队本来在我们前面很远，结果没到半个小时我们就超过了他们，因为他们要停下来躲避敌人飞机的轰炸。我们跑得相当快，大概一个小时就追上国民党的部队了。我们一喊话，他们就缴了械投了降，我们没有伤亡，没有花多大力气。莱芜战役时我生病发高烧，一天没吃饭，晚上行军，第二天早上住到老百姓家里，睡在山东老大娘家的炕上。她看到我没吃饭还发高烧，就煮了面和鸡蛋，来喂我吃，把我当成自己儿子。晚上，部队要集中走，我们连队的连长、指导员、副连长就发愁怎么抬着我走。这时，老大娘一开始还说不让我走，我说不走不行，部队要走我不能落下，她就跟她老伴说用他们家里的毛驴驮着我走。这件事情我很感动，一辈子都忘不了。

莱芜战役结束以后，我们部队来到山东胶济线上的淄博北面的一个大寨子，在那进行短期修整。在这期间，组织上指导员、副指导员找我谈话，希望我加入共产党，我自己也有这个愿望，就入了党。那时，我刚刚18岁。我的入党介绍人是副指导员沈士良和副连长沈正林。

4月份，我参加了阻击战，另外一支部队打泰安，我们打阻击。

5月份，我们到了孟良崮，中心任务就是消灭国民党张灵甫的第74师。我们团是主攻团之一，第1纵、第6纵、第9纵等五个纵队专门主攻孟良崮，还有其他六七支部队打增援战，我们第2营是团的预备队。

5 辗转多省谱写革命篇章

之后,部队进行连续修整。在此过程中,原来的统计干事下连队当指导员了,我就从连里的文化教员调到团部组织股当统计干事。我当统计干事时间比较长,一直当到淮海战役打完,渡江时才离开回到连里。

1947 年 12 月初,我们部队要回归挺进中原的大部队建制,我们第 28、第 29 两个团一起走,另外一个第 3 团单独走。我们过黄河到黄河以北的渤海地区,前后行进将近一个月。12 月底,到了济南以西、河南省北部过黄河。我们准备晚上过河,过的时候找老乡借一只船,在下雪的时候过河。上了岸以后到老百姓家里烤火取暖。这时还有部队在黄河以北尚未过河,我们非常担心他们过河时河水结冰上不了岸,那就可能会冻死。不过还好,我们都上去了。第二天,还没有过河的部队趁黄河结冰就踩着冰过来了。因为我们部队此前一直在苏中活动,所以不知道可以这么做。当地老百姓告诉我们,黄河结冰封河后可以从冰面上过。刚开始的时候,我们还不敢在冰上走,只好拿门板铺在冰面上。老百姓说没事的,他们牵着黄牛都正常过,我们看到以后就放心大胆地过河了。

我们的建制原来是第 3 野战军第 7 兵团,渡江的位置在南京以西、安徽以北,第 10 兵团渡江的位置在江阴以西、扬州以东,兵团司令是叶飞,他知道我们一直对江苏这一带很熟悉,就要求把我们军划给第 10 兵团。我们原来在山东准备乘火车往安徽方向去,但任务改变后就要到东边去,就没有办法乘火车了。1949 年 3 月,我们就在山东台儿庄附近沿运河到了泰兴、泰州、江阴一带。我们就在那里渡江。4 月初,我离开了团组织科,到炮兵连。到了泰兴以后,我从团里组织干事变成炮兵连副指导员。

1949 年 7 月,我调到侦察通信连当指导员。10 月,我到第 2 营第 6 连当指导员。12 月,我参加了解放舟山的战斗。

1950 年 5 月舟山解放后，我们就去剿匪。7 月，我们部队到奉化、天台、新昌进行剿匪，因为那里国民党特务、土匪比较多。

1951 年 2 月，我调到师部组织科当组织干事。1952 年 8 月，我们第三批去朝鲜。我们从昆山上火车，到丹东，9 月 7 日抵达朝鲜。

进入朝鲜后，我在部队青年科做青年工作。那时不叫共青团，还叫新民主主义青年团。因为做青年工作需要年轻人，而我是组织科里最年轻的营级干部，所以我就到了青年科。科里就两人，一个科长，一个我。1955 年，我结婚了，老伴是师文工队队员，我们原先就认识，接触以后感觉可以就结婚了。

1956 年 10 月，我在朝鲜生了一次结核病，已经吐血了，我就一直在住院。1956 年年底转到国内去，疗养了六个月我就出院。休了一个月的假，在 7 月份回到朝鲜，在朝鲜搞反右运动。结束以后我就到卫生营当教导员，这样工作、看病、吃药都比较方便。

周总理到朝鲜访问后，签订协议说 1958 年志愿军全部撤回国。我们是第一批回国的。

回国以后，我到了黑龙江，当时军部在哈尔滨，师部在牡丹江。我在军部开党代会后没有多久就转业到了苏州。到苏州等待分配时，我代表教育系统把学生、青年工人集中搞了军事训练，搞了三批，一批是十天。军事训练结束后，我到了体育运动委员会。1959 年反右倾时我到了教育局，再后来到了体育学校，1961 年体校停办后我又回到体委，担任国防体育部主任。1964 年我参加"四清"运动，1965 年 1 月到市委宣传部文卫科当机关党委副书记。1968 年 10 月 16 日左右，我到了苏州市"五七"大队，整个大队大概 160 多人。1970 年，我到了苏州市电影公司，一直干到"文化大革命"结束。1977 年以后，我先到了苏州文管会当副主任，后来到苏州博物馆当书记、馆长，1985 年离休。

烽火记忆
犹在脑海

刘　靖

"回想在抗战期间，我们是践行'国家兴亡，匹夫有责'，我21岁参军，彼时抗战是我唯一的志愿，所以没什么可后悔的。"

★ 口 述 人：刘靖

★ 采 访 人：肖晓飞　莫非　陶健

★ 采访时间：2016 年 12 月 31 日

★ 采访地点：江苏省昆山市梅园新村

★ 整 理 人：黎云海　肖晓飞

【老兵档案】

刘靖，1916 年 8 月出生于湖北罗田。1934 年报考禁烟督察处巡缉团，从事禁烟工作。全面抗战爆发后，主动参加抗战，入第 13 师第 74 团第 3 营第 8 连任排长。1938 年武汉会战期间，构建防筑工事时感染痢疾，被迫返乡修养。在乡期间，曾担任罗田县自卫队分队长。1939 年报考黄埔军校，入成都本校 18 期步兵科学习。1943 年毕业，分发至第五战区安徽军管区司令部任参谋，后进入第 172 师担任连长，因功升营长。抗战胜利后驻防芜湖，解放后回乡务农至今。

---

1 短暂的读书经历

我出生于 1916 年，老家是湖北罗田县，住在罗田叶家河乡徐家河村刘家湾。

我出生的时候，我的曾祖母还在世，80 多岁。祖父、祖母和叔父、叔母都在，一大家子的人。我的父亲原有弟兄四个，父亲是老大，老三过继给人家了，老四 16 岁的时候就夭折了，所以父亲其实是兄弟两个在家。我两个弟兄，两个妹妹。我出来以后,弟弟也读了书,之后在商贸市场当会计,一直到退休。弟弟已去世。

我从 10 岁开始在私塾读书,读到 16 岁。私塾的老师由学生出钱,十几二十个学生共聘一个老师,不分班级。第一个老师叫刘右廷,教了我几年书;第二个叫刘昌浦,文化程度很高,跟他读了一两年,读的"四书""五经",都是老书。

罗田县有个中心小学,是罗田的最高学府——当时还没有中学。因为读私塾新的知识很少,数理化这些知识都不懂,所以我 18 岁以后才读的小学——直接在中心小学考试插班读五年级。全校有 12 个班,学生 600 余人,教师有十余人,都是博学多才、新旧结合,我能记得起来的有校长李觉民、班级训导方国珍、教务主任王佛仁、历史教师周敬农、地理老师余铁城等。

第二年读六年级,课程内容我都知道了,所以六年级就没有读。家庭环境不好,是老穷人,也无法供应我继续读书,所以我之后就没有读书了。祖父、父亲和叔父都是做篾工的,守着手艺,两个人培养我读了私塾,稍微有了一点小小的文化,懂得了一点点事情,但是学问还是差得很。

2 出门禁鸦片

18 岁那一年,天气大旱,农村生活很困难。我已经成年,就想要外出自己谋生。刚好罗田平安岭的陆晋初在武汉工作,回家探亲,邀请我的小学同学张世蕃到武汉考禁烟督察处巡缉团学兵连。该连招特种兵,待遇高,他邀我同往,我正求之不得,不辞而去。后来学校老师听说了,找我家人说理,说我私自逃学,有违校规,要告状打官司,我父亲只好设法办酒赔礼了事。

1934 年夏天,我和张世蕃一起到武汉,考取了禁烟督察处巡缉团学兵连。

考试都很简单,有点文化的就行。我受训三个月,出来被分配到巡缉团补充营第3连当特种兵,是个二等兵,负责禁烟缉私工作——就是禁鸦片烟。旧社会里,鸦片在中国很盛行,四川、云南的鸦片在长江一带很多,那个年头吸鸦片的人多得很,所以要禁鸦片。

巡缉团发手枪,左轮驳壳枪,配50发子弹。我们一般先侦察——穿便衣侦察。比如某某地方有一批人要从那里经过,我们就带着一帮人在那里守着,等他们交易就把他们抓住。我们有武器,他们不敢跟我们打,他们即使有武器,也不敢打,因为没有我们火力强。

缴获来的鸦片数量不等,多的时候几十斤的也有,那时鸦片烟跟黄金一样的价钱,相当于几十斤黄金。所以我们的待遇高得很,虽是一个兵,但收入很高。收到鸦片以后,上面就发奖金,10元、20元、50元都有,都是银圆。那时我每个月自己够用,还有多余的,就汇点钱回家,给家里寄个10元20元的。

拿到鸦片后要交到公家,一级一级上交。私人不敢截留,严得很,当兵也好,当排长也好,缴来的鸦片拿来当私人贩卖,一律枪毙。就这样我干了三年,在湖北宜昌、宜都一带禁鸦片、烟土。

1936年,部队改编为巡缉支队第1中队,调到贵州省铜仁市,因为四川和云南历来种植鸦片烟甚多,危害很大。我们由湖北宜昌出发,乘轮船顺长江而下到武汉,改编以后,再坐船经洞庭湖到常德市,转坐汽车顺湖南沅江直上,途经玉屏、遵义等地到达贵州铜仁。贵州地瘠民贫,生活艰苦,当地民谣有云:"天无三日晴,地无三里平,人无三两银。"我们沿途目睹山区情状,确实如此。到了驻地后,当地中学聘请我们去给学生当军训教官。

3 回湖北参战

1937 年卢沟桥事变，日军侵华，抗日战争全面爆发。我想要参加抗战，于 1938 年 2 月从贵州铜仁市回到湖北武汉，沅江流经铜仁，经沅江到常德，再坐轮船到武汉。国民党军第 13 师在武汉整编，成立军官队，招干部，我正好到了武汉，于是和同乡同学高立中、张世蕃三人报考军官队，并最终考取。经过三个月的训练，我被分发在该师第 74 团第 3 营第 8 连第 1 排当少尉排长。

日本人要到武汉了，我们在武昌京口一带做防御工事。我们做的是简单的掩体，还有交通壕。还要打地洞，防备敌人的大炮、飞机，营、团、师的指挥所，都要打地洞，防范敌人的炮弹、飞机轰炸。连长的指挥所在最前面，营长、团长的在后面。

8 月份时，我偶然感染了疟疾——那时候天气炎热，很多士兵害了这个病，我也感染了。我被抬到野战医院治疗，那是陆军野战医院，大得很，前方的伤员都送来诊治，伤员很多。打针吃药，住院 20 多天，病虽治好了，但身体大受伤害，枯瘦如柴，不能工作，所以我便请假回家养病了。

回家了以后，这个第 13 师调到哪里去了我也不知道。我不能回部队，所以在家里待着。这个时候县里成立自卫队，也是抗日，保卫罗田。底下有分队，我就当了年把分队长。

罗田县长叫黄真卓，广西人，也是我们的大队长。我们 1 个大队有 3 个中队，中队下面 3 个分队。我在第 1 大队第 1 中队第 2 分队当分队长。1 个分队 3 个班，1 个班 16 人，1 个分队四五十人，1 个中队有 100 多人。罗田县就这一个大队。自卫队的吃饭由县政府出钱解决。武器主要是步枪，有 79 步枪、套筒枪、汉阳造，也有机枪，但没有炮。

日本人到罗田来过两次，第一次我还在"跑反"，第二次来，只是经过，一两天就走了，没待多少时间。

4 报考黄埔军校

1939年，国民政府的军训部部长白崇禧办了入伍生团，全国有好几个入伍生团，我考取了湖北入伍生第3团。第3团是做什么的呢？就是招收沦陷区的适龄青年、学生，作为黄埔军校的预备生。

听到这个消息，我万分高兴，认为这是正当出路，便辞掉分队长职务，报名参加考试。报考要求有高中毕业文凭，我只好以同等学力报考，英(山)罗(田)浠(水)3县300余人参加考试，罗田有50多人。考试有作文、历史、地理、时事、英语、代数、几何、物理、化学等科目。我是小学文化，毫无把握，结果只写了作文、历史、地理、时事4门，其他的数理化和外语都交白卷，心想录取大概无望了，结果3县共录取100人，罗田有40多人，我榜上有名，欢喜至极。

我们在教官率领下，到安徽立煌县(今金寨县)，安徽省干团又考取20余人。经河南商城、潢川、驻马店等地，行走10余日后到达鄂北老河口，在襄阳谷城县盛家嵊镇受训。全团共1 500人，团长张权，是黄埔军校毕业生，教官多是大学生或留洋生，水平很高，知识丰富。我们平时主要学习军事课程和高中文化课程。刚到驻地，就被敌机空袭，同学死伤数人，只好往南漳县山区暂避数日，再回原住地。住房是地主家的房屋，睡地铺，没有课堂，没有桌椅。战时物资艰难，因陋就简，穿粗布衣、草鞋，吃高粱小米蚕豆饭，生活非常艰苦，以致夏季5月还穿棉衣，冬季10月以短袖衬裤御寒，尤其是虱子特多，我们冷天休息时，都在太阳底下脱衣捉虫子。

1939年10月10日，上面通知我们入伍生团到老河口中山公园听白崇禧训话。盛家嶂至老河口有 30 里,规定上午 8 点达到会场,只有早起跑步前行。当时天气很冷,同学们身穿短袖、短裤。一直等到 10 点,白部长才到场训话,勉励同学们要刻苦学习,增长技能,锻炼身体,毕业后赴前线,打败日寇,收复失地。白部长见同学们仍穿短衣裤,非常关心,下令发给每人 1 元银洋改善生活。很快,棉衣也到了。

入伍生团是考军官学校的预备生,以复习高中课程,学习军事基本知识为主。但是受训年余,始终未见军校来考试,加上生活艰苦,同学多少有些心灰意冷,不少同学开始逃跑。

终于在 1940 年 6 月,黄埔军校成都本校派教官来老河口招考新生,全团 1 500 多同学,只考取了 500 人,我就在这 500 位同学之中,有幸被录取。

5　在成都军校受训

抗战期间交通不便,车都少得很。我们由教官带领,身穿便衣,拣没有人经过的地方绕道走。从老河口到南阳,经过洛阳到西安,到宝鸡以后,再经过汉中、广元,到达四川成都,前后走了一两个月。

成都古称天府之国,军校本部在成都北校场,内有中正亭、校政厅、医院、警卫室,以及教学器材库、总务室等单位,学校大门有一副对联:贪生怕死莫入此门,升官发财请走别路。到了成都以后,重新再考,都是学习过的高中课程。还有口试,要看你的品格够不够格当军官。我多次考试,都是依赖语文的作文做得好。

那时候有 18 期第 1 总队,他们提前半年到这儿入的学。18 期第 2 总队是推后半年入的学。一个总队约 1 500 人,我进入黄埔军校 18 期第 2 总队第 2 大队第 12 中队,一年半以后才毕的业。

军校里有步、骑、炮、工、辎、通讯等六科,我学的是步科。

我只记得教育长先是陈继承,第二个是万耀煌,总队长叫王化文,其余的都不记得。同学之中有个裴耀华,是我们 18 期第 2 总队毕业的,已经去世了。还有个林上元,跟我们是一个总队。

在军校吃不饱,经常挨饿。每天两顿饭,早上九点钟,下午五点钟。一天一斤半米,这是国家的规定,可是七除八扣呢,到了学生只有三两米。一天只有三两米哪里够啊! 一二十岁的学生,都是经常挨饿。我是上等兵的待遇,一个月的工资是十块钱,也只够写写家书,没有钱用。

四川成都有四个校场,校本部是北校场,我们第 2 总队是南校场。南校场是专门训练的学生,住着两团的人。

军校的军事训练,主要有步兵操典、射击教范、队中勤务。还有就是打野外。打野外就是作战,分红绿两个队,互相对攻。每个学期都要搞。我们在成都附近的农村打野外,那时学生都是饿得很,所以打野外就是个好机会,教官喊一个命令:"卧倒!"我们饿得不得了,把地里的萝卜、芋头都吃了。还有实弹射击,就是打靶,发的是汉阳造、中正式步枪,每人五颗子弹,照着目标打。

蒋介石来过一次,他是个光头。我们都在底下站队,他一个个地看。他给我们讲话,都是些勉励大家努力读书,要决心抗日,热爱国家、老百姓的话。

那时成都有电影院,每个星期礼拜天,我们集体去看一次电影。有个带队的官,全幅武装,带进去看。一般事先通知电影院,我们这个学校的学生,哪一天、几点钟要来看电影,到那一天呢,只有学生看。

6 到第五战区工作

我在成都本校待了两年，1943 年 10 月毕业。每一期的学生毕业，通知全国各部队，我们这里学生多少、哪些兵种，你的部队要多少学生，把名单开来。军校再根据这些作安排。

第五战区安徽军管区司令部要五个学生，我和罗田的陈吉森、郭纪以及安徽的王勇、刘子端，一行五人应聘到司令部报到。陈吉森、郭纪二人到第 172 师当排长，我和两个安徽同学留司令部当参谋，担任保卫大别山的任务。大别山地跨鄂豫皖三省，山峦起伏，绵延数百余里，地势险要，是军事要地。

这个军管区司令部里有个参谋室，参谋处长姓王，下面有几个参谋。作战参谋管作战，管部队，管敌人的动静。敌人有多少，在什么地方驻防，我们要了解；我们的部队在哪儿驻防，也要知道。还有侦察参谋，侦察参谋是穿着便衣，去侦察敌军情形。我负责做人事方面的业务，没负责作战的任务。司令部还有个兵役处和征募处，共两个处，是负责招兵、募兵的。一个杨处长，一个李处长，两个都是少将。

21 集团军的司令是李品仙，张淦是我们的长官。李品仙在司令部见过，那时候我在司令部当参谋，他对我们这些司令部的人是蛮客气的。

我在安徽军管处司令部干两年参谋，然后就调到部队去了，在第 172 师当上尉连长，后来升任营长、中校副团长。

有一回，我们奉令偷袭一个小集镇，叫做下塘集，在安徽淮南。这个小集镇有日本人一个分队，差不多几十人。我们先把他的电话线一搞，他的通讯就断了，接着三面包围他，把他的碉堡炸了，就这样消灭了这个分队。此战以后我就升了营长。

大约 1944 年，我们和日本人在大别山打过一次仗，敌人从六安苏家埠进攻立煌县。立煌是我们的指挥部,他们以一个步兵团来攻击我们的司令部,还有飞机大炮掩护。我们的防御工事是早先准备好的,依山的地形而作,有明碉暗堡和各种掩体。敌人来了,我们就进入里面来防御,隐蔽得很。我们交叉火网配备周全,以完整的防御工事与敌人战斗,敌人用飞机大炮掩护前进,战斗数小时,双方都伤亡惨重,我军依靠有利地形,全员出击,敌人被迫撤退。这一仗打死敌人约 500 余名,缴获大炮 1 门,重机枪 1 挺,轻机枪 6 挺,步枪百余支,弹药千余发,我军也有 3 个连长、4 个排长,上千的士兵死伤。当时安徽的报纸还登了这次战斗的消息。

1945 年,安徽省响应国民政府号召,召集青年 1 000 余人成立青年军独立第 1 团,后改为第 631 团,在六安毛坦厂训练。上级调我到该团搞训练计划,编教育科目,准备训练三个月,用飞机运往印缅作战。不料 8 月 15 日,日本宣布无条件投降,青年军结束训练,改编为宪兵团,调往南京受训。我和副团长任大庸调到江苏连云港,负责遣送日本人回国,禁止携带武器和金银珠宝等贵重物品,按次序检查上船。任务完成后,回军区司令部工作。

7 抗战胜利以后

我以前学的是步兵,这个宪兵团出路低,虽然工作待遇好,但是你想往上升不容易。所以我就没有去宪兵团。

1948 年,内战战事紧张,国民党在淮海战役被打败了,安徽失守。司令部迁芜湖负责江防。1949 年 5 月,解放军的二野部队夜袭芜湖,我们当时不晓得,他的部队到了芜湖市以后,老百姓鸣炮欢迎,我们从梦中惊醒。第一个反应是:跑!芜湖的部队都各自逃散,芜湖就解放了。我看大势不利,和妻子、小孩在原地等待解放，听任处理。我是抗战胜利后结的婚。老伴也是罗田人，她是个学生，在罗田县做生意。如今去世 50 多年了，生两个儿子后就走了。

第二天，有安民告示贴出：首恶必办，协从不问，立功受奖。因此人心安定，我也诚心向解放军投诚，解放军干部态度和蔼，毫无敌意，给我们讲政策法令，说好好改造，为人民服务，既往不咎，量才任用，一定欢迎。由于我的妻子和儿子不能干活，我愿意回家生产，得到允许，发放证件和旅费，我们乘船沿长江直上，行至安庆，回到湖北。

回老家以后，我到公安局报到，把投诚证件交给公安局存案，在家务农。1951 年，乡政府找到我，让我参加土改工作，当夜校老师，并搞宣传，写标语，造土改册，丈量田地面积，同时还编演话剧，我因为工作出色，被评为模范。1954 年，国家实行粮油棉统购统销政策，调我到大河岸粮管所当助征员，负责收购工作，工作三年，领导很满意，终因个人历史遗留问题不能留用，仍然回家生产。1958 年搞大跃进，生产队派我搞外勤工作，参加修水库、修电站、修公路和大桥等建设工作。

1958 年以后，因为我是国民党的军官，将我划为"四类分子"，给我戴上"反革命"的帽子，叫我参加劳动教养，但是我没有犯过大的错误，所以没有大的处罚。后来"文革"爆发，开始挨打、挨斗、挨跪，参加各种游行、游斗，总算是把命留住了。

十一届三中全会以后，开始落实政策，为我平反。现在我全家有 18 口人。老大在苏州，老二在武汉，算是幸福之家。

回想在抗战期间，我们是践行"国家兴亡，匹夫有责"，我 21 岁参军，彼时抗战是我唯一的志愿，所以没什么可后悔的。

为抗战作
出贡献的
情报老兵

江春晖

"很多老兵吃的苦头比我多很多，他们才是真正的老兵。"

★ 口 述 人：江春晖
★ 采 访 人：肖晓飞　莫非　乐凡　张祥坤　刘红贝　何昊轩　闫　旭
★ 采访时间：2018 年 2 月 1 日
★ 采访地点：江苏省常州市江春晖家中
★ 整 理 人：肖晓飞

【老兵档案】

　　江春晖，1924 年 7 月生，福建云霄人。在哥哥江春汉介绍下，于 1943 年进入军统东南训练班学习情报，学习结束后又在中美特种技术合作所短暂受训。1945 年毕业。抗战胜利以后，所在的福建华安班被改编为交警第 6 总队，开赴常州，负责江防和城防。内战时回到福建，1949 年随交警第 6 总队渡海赴台，后来又返回大陆，并参加解放军的情报工作。1951 年分配至常州工作，1984 年退休。

1　哥哥介绍我学情报

　　我出生于 1924 年 7 月 1 日，老家在福建云霄县，这里是有名的枇杷之乡。我们家住在街上，我的祖父是士绅，江氏属于本地大户人家。父亲一共三兄弟，做布匹生意，祖辈经济还不错，到父亲死后，家里就败落了。哥哥和姐姐与我不是一母所生，我的生母是父亲的继室。我还有两个同胞妹妹。

　　我从七岁开始上学，在集友小学读书，这个小学是陈嘉庚办的。初中在云霄县中学。1940 年左右，日本飞机来轰炸，我们搬到乡下上学。后来，我考取了龙溪中学,但没有去读。哥哥是厦门大学附中毕业。哥哥读到高中,我读到初中,在那时候已算不容易。

我的哥哥叫江春汉,他过去是小学教师,后来参加了军统局福建南站,从事情报工作。他怎么参加军统工作的,我不太了解。哥哥把一个秘密电台架在家里的楼上,每天发报收报,有时候我也能听到"滴滴答答"的声音。一个小电台,用的是干电池,收发报都是他一个人做。我那时候还小,在中学学习,不晓得具体情况,哥哥就通过我当交通员,帮他传递情报。我有时抽空帮他将收到的电报转送给他的组长,也是在当地的小组。他的组长的公开身份是云霄县的特总秘书,姓名已忘记。

福建南站的负责人叫陈达元[1],他后来恐怕在台湾,现在不知道怎么样了。陈达元这个人我见过,他有时候来我家里看我哥哥。现在来看,我就是从帮哥哥传递情报开始参加了通信工作。后来,他带电台潜伏到厦门,进去以后被敌人捉到,受了刑,被军统的人营救出来,送到重庆疗养。

我初中毕业以后,抗战已到中后期,形势十分紧张。国家正在危难的时候,作为年轻人,想要参加抗战,但也需要一点本领。通过我哥哥的关系,介绍我到闽南站,随后进入军统在福建建瓯东风镇的特别训练班学习。军统的人一般都要查政治背景,要有可靠的政治条件。这个训练班叫东南训练班,专门培训抗日人员。

我从老家出发到漳州,在那里集中待命,先是考试,我们刚刚初中毕业,考专业的东西也不会,就是口试,看你讲话有没有毛病,检查身体有没有毛病。大概在1943年,冬天很冷的时候,考完以后十几个人集体步行出发,从闽南到了闽北,经云溪、龙岩,到达建瓯,进入东南训练班。

---

〔1〕 陈达元(1906—1981),福建漳州人。曾入金陵大学农科学习。后任军统局闽南站书记、漳州组组长、闽南游击第四支队司令等职务。1946年赴台湾,1981年病逝。

2 东南训练班学习

东南训练班坐落于建瓯东风屯。起初是军事训练，军事训练就是普通的训练，按照步兵操典来，也有打靶练习。半年以后，开始分系。哥哥原来想叫我学外事，我那时候刚刚中学毕业，年纪轻，学校安排我学电讯，于是就学了。东南训练班里面分为五个系：情报系，主要做情报工作；行动系，负责暗杀行动；邮检系，主要做邮政检查；外事系，对外工作；电讯系，就是我所在的班。我是训练班的第一期，五个系分为五个大队。训练班里也有女生，平时在一起学习。

电讯班也学理论知识，学习电机的常识，如针孔管、机器的理论、收发报原理、电台构造等等。我当时初中毕业，很多听不懂。最主要还是练习发报，电台都是军统发的，收音机一般大小。要求一分钟 120 字左右，我的成绩大概一分钟一百多字，算是不错的。在训练班里也学过简单的擒拿格斗。

东南训练班的主任叫桂运昌，后来上面派了一个姓金的从上海过来。大队长叫林超。总负责人戴笠来过好几次，还带着美国人梅乐斯来过。毕业的时候，戴笠专门来参加过典礼，给我们讲过话。

我们住在当地的庙里，刚去的时候，学校才开始砍毛竹建教室、搭宿舍。班里的学生来自周边各地。伙食是一天三顿，早上吃稀饭，每个礼拜有一两次猪肉吃。衣服统一发，绿色军装，布料子。训练班里管理很严，不准和外界通信。

本来训练周期是半年到一年，但不晓得上面有什么问题，拖了很久，差不多两年，直到 1945 年才毕业。大家都很焦急，想着早点出来工作。等到我们快毕业实习的时候，国民政府和美国又合作成立了一个中美特种技术合作所，梅乐斯和戴笠合作举办的，在训练班的各个系里面挑选一部分人，再进行训练，接受美国人训练，单独把我们挑出来，仍然在东风镇训练。有美国教官，也有中国人，主要是中国人授课。训练内容有照相、行动等等。照相是发一个照相机，教你如何拍照收集情报,行动是负责暗杀的。由于我们已经成熟,所以这段训练的时间很短,最后通过中美合作所派出来工作。

因为我在电讯班训练的成绩还是不错的,所以先安排出来在电台实习。后来又参加过中美特种技术合作所训练,所以出来就是中尉,比其他同学还高一点。我被派到福建南站,由南站负责分配,准备把我安排到粤东的南澳岛,这个岛被日军占领,南站有个粤东小组,小组的负责人叫汤精仪,是个老情报人员,南站打算由他安排我携带电台上岛潜伏。这时已经是 1945 年,过了很久还没有安排好,仍在通过各种关系想办法,我则一方面实习,一方面等候消息。正在待命的时候,传来了抗战胜利的消息。所以,我实际上参加抗战的时间很少很少,刚刚出来工作,就碰上日军投降。那些直接与日本人拼过的,才算是真正的抗战老兵。

3 内战时弃暗投明

抗战胜利以后,上面把所有由中美合作所派出的情报人员进行改编,送到福建的华安班,成为公开的武装部队,尔后粤东的游击训练班和福建的华安班在厦门合编为交警第 6 总队,总队长叫汤毅生,中将军衔。我在通信队担任上尉通信队长。

接着,交警第 6 总队就开到常州来,负责江防和城防。第 6 总队总队部住在龙虎塘。我是上尉通信队长,底下一共五个分队,一个有线电,四个无线电,分队就派到大队里去工作,负责大队和大队之间的联系。由于靠得近,多是有线电干活。

此时差不多快要打内战了,都是自己人打自己人,逃兵很多,补充人员很困难,我这个队长也很难当。父亲在我七岁的时候就死掉了,家里写信给我,叫我回家安葬父亲,我就趁此机会离开部队回家,从此脱离部队。所以和其他老兵相比,我没有什么光辉的历史。在常州呆了一年多,我还谈了一个女朋友。当时我住在龙虎塘的一个庙里,手底下有一二十个人。有两个少尉,是训练班二三期的同学,过来跟我说:"你看隔壁那个姑娘怎么样,介绍给你好不好?"我说:"好啊,你去试试看。"她是常州袜子厂的女工,小学毕业,就这样通过介绍认识了,她也同意和我相处。

家里来信要我回去葬父,在常州谈女朋友的事情,我并没有和家里说,谁知道家里已经帮我定了亲,一到家,母亲要求我结婚。这样我就有两个"对象"了,但母亲在信中也没有告诉我,所以两头都不晓得。我一看这样不行,我已经在常州谈了对象,便要求母亲退亲。母亲不肯,说我已经讲好的亲事,怎么能退。为此,母亲闹得要自杀。我想不能让母亲自杀,算了,就接受结婚吧。但是,我说我谈好的对象,要给人家一个交待。

我有个堂兄做生意,要去常州,我就让堂兄到她家里去解释。没想到她说这样不行,叫我自己去。她给我写了一封信,说要么自己来,不来就算了,叫堂兄来是怎么回事。我决定回常州,可是我不能同时娶两个女子,没办法,我和母亲说,长痛不如短痛,你还是和定亲的姑娘说,好好跟她谈谈,让她再找一个对象。还好,这个姑娘人很好,同意退亲,以后又找了一个。我于是回到常州,把女朋友接来。1948 年在福建老家结了婚。

很快,内战的形势发生巨大变化,国民党大势已去。我在家里想,共产党来了,肯定不会用我这个国民党人,我在家要被共产党捉到,肯定要死的。这样不行,与其在家里不如出去,到外面找工作,找到工作再把老婆带出去。我就准备离开家乡,刚好交警第 6 总队从上海退下来,经过我的家乡云霄县,我就跟着他们一起跑到了台湾。

军统有个毛森[1]，本来是上海警察局长，从厦门退到台湾的。他和军统不大对头，在台北成立了一个"东南人民反共救国军"，开了一家东南贸易公司，招兵买马，回到福建打游击。我想我离开家里，不能抛弃家里不管，还是要回来。毛森的东南人民反共救国军有个头头叫王盛传，招了一批人，大约几百人，从台湾回到福建。我就带了一部电台跟着他们一起回来，和毛森联系，传递情报。

我们和反共救国军混在一起，我心里也清楚，国民党几百万部队都被共产党打败了，现在几百个人有什么作用。所以我们几个人就悄悄和部队分开，搞秘密工作，在石码一带和毛森单独联系。电台组就我们两个人，组长叫余英伯，搞情报的，以前在漳浦县搞税收工作。当时我们只和毛森联系，传递情报。后来，组长被福建公安局的人抓到了，他就投诚了，把我们的电台供出来了，晚上的时候，组长带着漳州公安局的人就找到我，告诉我："你不要害怕，电台你不要动，还照样和毛森联系。"公安局劝我弃暗投明，我很高兴，本来以为找不到工作，没想到共产党还用我。毛森在金门有个参谋长王炳炎，我这个组长继续和他有联系，好几次进出过金门，还拿过经费。我和组长跟着解放军做了两三年情报工作，收到的情报，我就抄下来，交给共产党，毛森那边也没有发现。后来就慢慢不联系了，毛森这个人以后不知道去哪里了。

4　解放后常州工作

工作结束，我在福州待命，又在漳州公安局工作过，我向公安局提出，我的

---

[1]　毛森(1908—1992)，原名洪猷，又名善森，浙江江山人。1932年考入浙江警官学校，后历任军统局杭州站站长、军统局东南区特派员、南京卫戍司令部第二处处长等职。1949年初担任上海警察局局长，6月任厦门警备区司令。后寓居香港，晚年赴美国，1992年病逝。

妻子能不能带出来在一起工作，领导也同意了，我叫哥哥把我妻子送出来。抗战胜利以后，哥哥调到国民党南京市警察局工作。1949 年以后，哥哥本来打算去台湾，但是国民党没有接受他过去，就留在本地了，他的情况本地公安局都掌握了，他在家感到很害怕。此后，漳州公安局拿出一笔钱，送他去汕头做小生意。五十年代死在那里。

我算是命运比较好，大约 1951 年，政府把我分配到常州来，在教育系统工作。由福建公安厅厅长王绍典派遣，听说他原来跟过周总理。我就把户口移到常州来，分配在常州私立城南中学工作。从漳州公安局调到常州公安局，安排的是教师工作，但一直给公安局工作。

大概在大炼钢铁的时候，城南中学改为公办的第五中学。也是在这个时候，我还做过一次秘密工作。国民党在常州有一个潜伏的特务，常州市知道我做这个工作，请我帮他们破获这个案子。这个特务潜伏在常州石龙嘴，平时寄信回台湾，公安局让我住到他对面。听说起初派了一个共青团的女的做他的工作，结果反而被他拉拢过去了。我在家里放收音机，引起他的注意，他有时候过来，大家慢慢变成朋友，他想要拉拢我帮他寄信，我随即把信交给公安局，通过邮检确定他是潜伏的特务，破获了这个秘密案件。这个人最终在怀德苑小区一带被枪毙。这个事情过去一直不敢对人讲，公安局也要求不要说出来，要保密，后来人家告诉我，现在不要紧了，我才敢说出来。

后来"文化大革命"的时候，我的历史问题都已经交代清楚了，本来是要批斗我，给我挂牌子，到公安局去说，公安局说不要挂，挂了半天牌子，上午挂，下午就摘了。

我在第五中学工作了二三十年，1984 年退休。我的身份一直是保密的，没人知道。现在三个女儿一个儿子。很多老兵吃的苦头比我多很多，他们才是真正的老兵。

身经百战
建功勋

汤乃全

"我是党和人民的儿子，为了她的解放和安宁，必须要战斗、守护和奉献，战场上敌人也并不可怕，有我没他！"

★ 口 述 人：汤乃全
★ 采 访 人：徐振理　王金鑫　陈于可慧　卢珊　蒋媛媛　孙莹
★ 采访时间：2016 年 7 月 11 日
★ 采访地点：江苏省盐城市滨海县界牌镇众兴村
★ 整 理 人：王金鑫

【老兵档案】

　　汤乃全，1927 年出生，江苏省滨海县人。1939 年参加上海工人罢工运动，同年回乡担任地方民兵。1942 年正式参加新四军，1946 年加入中国共产党。曾任新四军第 3 师第 8 旅第 24 团 1 营 3 连战士、通信员、警卫员、班长、排长，特务团轮训队组织委员等职，1949 年受邀参加开国大典。曾立有一等功 2 次、二等功 5 次、三等功 1 次，获独立自由奖章、解放奖章、朝鲜军功奖章。抗战时期曾参加七套战斗、八滩王桥战斗、陈家港战斗、杨庄战斗、阜宁战役、淮安战役等战役战斗。解放战争期间参加涟水保卫战、盐南阻击战、益林战役、淮海战役、渡江战役等。抗美援朝时期曾参加长津湖战役等。1955 年转业回乡，后任生产队长，1967 年被评为盐城二级劳动模范。

1　参加上海工人大罢工

　　我小名叫小二子，也叫汤二子，家中兄弟姐妹共有七八人之多，家境贫穷，所以 7 岁的时候随叔父到上海去谋生，为了生存在上海钢笔厂里做了童工，饱受欺凌,12 岁的时候受革命思想的影响,先后 3 次参加了上海工人举行的工人罢工大游行,抗议无良的资本家和工厂主。1938 年,我的父亲去世,留下了我耳聋的哥哥和年幼的弟弟。1939 年,12 岁的我只身从上海回到滨海老家,参加了地方民兵组织,当了一名民兵,负责为黄克诚将军带领的八路军第 5 纵队做通信和侦察工作。

当时的日本鬼子分别驻扎在三套[1]、六套[2]和七套。1941 年新四军第 3 师第 8 旅第 24 团来到我的家乡三坝区[3]。1942 年 6 月,当了一年多的民兵后,我在阜东县[4]三坝区小荒乡[5]腰路村[6]正式入伍,在 24 团的 1 营 3 连当战士。当时谢振华[7]将军任团长,毛和发将军任 1 营营长,我们都叫他毛大个子,郝济民[8]同志任 2 营营长,3 营营长姓荀。

2 要利用地形保护自己

当兵 13 天后,部队发给我一身军装,但是没有发给我步枪和子弹。不久,我便随部队攻打东坎的岗墩套,那时候我还没有经过训练,当时敌人在岗墩套

[1] 今盐城市响水县运河镇三套村。
[2] 今响水县运河镇六套中心社区。
[3] 今滨海县界牌镇三坝村。
[4] 1941 年 9 月,苏北抗日根据地设置的县,范围为阜宁县东部地区。1949 年 11 月与滨海县合并,现为盐城市滨海县。
[5] 今滨海县界牌镇小荒村。
[6] 今滨海县界牌镇腰路村。
[7] 谢振华(1919—2011),原名谢正洋,江西崇义人。1931 年参加中国工农红军,1932 年加入中国共产党。曾任八路军政治部敌工部副部长、新四军第 3 师第 8 旅第 24 团团长、华东野战军第 12 纵队司令员、山西省军区司令员等职。1955 年被授予少将军衔。2011 年 8 月 3 日于北京病逝,享年 95 岁。
[8] 郝济民(1901—1946),原名郝良弼,河北正定人。1936 年参加中国工农红军,曾任八路军第 115 师 344 旅第 687 团第 2 营第 7 连指导员、2 营特派员,八路军第 2 纵队新 2 旅 687 团营长,阜东县人民抗日自卫武装委员会委员,新四军阜东县独立团团长,华中野战军第 10 纵队第 82 团副团长等职。1946 年英勇牺牲于邵伯保卫战中,时年 45 岁。

的巷口中布置了一挺机枪,当部队下令冲锋时,因为没有经过训练,不懂得利用地形,我也跟着拼命地往前冲,结果敌人机枪一阵扫射,排长紧急按下了我的头,把我给按倒,对我说:"你不晓得地形地貌,不晓得这枪的厉害!"

战斗结束后,排长和指导员便对战斗进行总结,当时营长毛和发总结说:"你这个三连打小鬼子,首先要保护好自己,拼了命往前冲,有啥用!"我从中明白了要利用地形地物保护自己才能有效杀敌的道理。同时部队发给我一把大金钩子枪,枪比我还要高,枪的背带是用草绳串起来的,但是部队并没有发给我子弹,当时也没有背包。参军三个月后,部队开始对我进行训练,学习如何利用地形作战。平时我们白天睡觉,睡到三四点起床,到五点吃饭,然后晚上出去活动打敌人,打游击。

3 奉命侦察七套区

一天,24团侦察员安徽人小秃子奉命侦察七套区街上日本鬼子的布防,结果区里的顾安慧同志将我介绍给了小秃子,说:"他家有个舅舅住在七套街上,他去,旁人不敢去!"小秃子便问顾安慧说:"多大啊?"顾安慧告诉了小秃子我的年龄,小秃子便说:"嗯嗯,越小越好!"当时我的五舅是共产党员,家住七套街上敌人的据点旁,据点里的树梢就靠在我舅舅家的墙壁上,当时七套有三道封锁线,第一道是常备队的伪军把守,后两道都是日本鬼子驻守。

我们两人从红旗渡船口[1]跑到七套街上我的舅舅家,小秃子从家中的土墙上凿了一个洞,然后用一头红色另一头是绿色的铅笔画地图,记下了敌人据点的地形和驻防情况。我的舅舅问:"小二子,你带的什么人啊?",我回答道:

---

[1] 今盐城市射阳县境内。

"共产党哎!"我们两人在舅舅家吃了一碗高粱面糊,然后我便带着小秃子去了自己的大姨娘家,问自己的大姨娘:"大姨娘,你家啊有良民证啊?"我的大姨娘回答说:"有啊!良民证在桌子上,你外出的时候要注意啊!不能四处张望啊!你小孩子啊!"于是我们便带着良民证经七套区的大坟场回去了。

此后我第一次随部队攻打七套,外围常备队的伪军跑的跑,被抓的被抓,很快便被消灭了。然后,我们从七套街中心开始用洋锹往东边的张二塘挖掘战壕,战斗中我们死伤很多。之后,我们用梯子爬上圆形炮楼,然后扔炸弹,才将炮楼的敌人消灭。最后黄克诚师长下令将七套街烧掉,于是各家各户点火将房屋烧毁。

后来,我先后参加了攻打六套、响水、八滩王桥、陈家港、杨庄等战斗。1943年3月,我随24团1营参加了八滩王桥战斗,在王桥[1]的西边防止敌人溃逃和阻击敌人援军。战斗中,我没有见到自己的营长毛和发,等到战斗结束后,我才知道团长谢振华在战斗中受轻伤,营长毛和发脖子受贯穿伤,2营的文化教员王德诚同志英勇牺牲。大刀王德诚同志刀劈鬼子的事迹鼓舞了我们,我的亲哥汤三国子在2营,也在王桥战斗中英勇牺牲。1943年这一年,我做了部队里的通信员。有一次执行任务的时候,我被日伪军怀疑捉住,被打得快昏死过去,还好装成哑巴才逃过一劫,现在手上还留有伤痕。

4 俘虏朝鲜籍日本兵

1944年5月2日的陈家港战斗中,我随1营于下午两点出发,经支招史[2]

---

〔1〕 今滨海县八滩镇王桥村。
〔2〕 今滨海县界牌镇吉港村。

渡口前往陈家港,而其他部队则走张桃园[1],当时在过废黄河的时候,河中的水并不深,只有小潮,我们甚至可以在河中行走。当天夜里,我随部队到达陈家港,并将陈家港给包围起来。战斗中,我们俘虏了两个日本鬼子,结果对方说要吃"糖瘩子",我不知道什么是"糖瘩子",便拿了两根辣椒给他们吃,两个人吃了后,辣得受不了说:"这不是'糖瘩子'!"之后,我们才明白这两个人原来是来自日本殖民地的朝鲜人,"糖瘩子"是一句朝鲜语。

1944年10月20日的合德战斗中,由于时间问题,我们没有赶上战斗。1944年12月11日凌晨,我随部队从二坎[2]来到天场大坟茔,参加杨庄战斗,战斗一直持续到天亮,战斗的过程中,杨庄[3]的芦柴都被机枪打光,面对相隔几十米的敌人,我连续向敌人扔了四五个手榴弹。战斗结束后,我才听说了3营副营长、四川人王育才牺牲的消息,此后为怕敌人报复,我便随部队立即转移。1945年4月的阜宁战役中,我随部队阻击来自盐城方向的敌人。此后1945年9月的淮安战役中,我随部队与敌人作战于石塘[4]、朱家塘、祝家庵[5]等地,并从北门进入淮安城,战斗中部队伤亡也很大。

5　最好的朋友杨根思

解放战争期间,1946年涟水保卫战中,我是负责主攻任务。当时战斗异常惨烈,阵地上的尸体堆了一层又一层。因表现突出,我经连长江洪堂和指导员

---

[1] 今滨海县界牌镇张桃园。
[2] 今滨海县东坎镇二坎村。
[3] 今滨海县天场镇杨庄村。
[4] 今淮安市楚州区石塘村。
[5] 今淮安市盱眙县祝家庵。

倪哈鲁介绍,火线入党,那年我 18 岁。此后,我随部队转战山东、淮阴、苏中等地,并认识了来自黑龙江的战友裔永富。1947 年冬天的盐南阻击战中,在与敌人肉搏的时候,我被敌人用枪托捣掉了 5 颗牙齿,右腿膝关节和右臂中弹,当时半个身子血肉模糊,战斗结束后,阜东县县长熊梯云[1]亲自为我颁发的立功奖,佩戴大红花。渡江战役的时候,我亲自率领 30 名战友乘着木船,冒着国民党的军舰和江防炮火的拦截,强渡长江,冲向长江对岸,上岸的时候,30 个人只剩下了 9 个人,我自己也受了伤。

1949 年 10 月 1 日,我作为第三野战军第 9 兵团第 20 军的代表参加了开国大典,还受到了陈毅、粟裕和张爱萍三位老首长的接见,同年我调至南京小汤山文化干校,准备学习三年。朝鲜战争爆发后,我参加了抗美援朝。

在朝鲜战场上,一次与美国鬼子的战斗中,我的头部被美国鬼子刺伤,对方很年轻没有经验,只刺了我的头,要是刺中我的前胸,我肯定就被他杀了。朝鲜战场上,杨根思[2]同志抱着 25 斤炸药英勇牺牲了,他是我在部队里最好的朋友,我们的关系非常好,都是战斗

英雄,所以经常在一块儿交流,在得知根思同志牺牲的消息后,我既悲痛也深

〔1〕 熊梯云(1910—1993),江苏滨海人。1940 年加入中国共产党,曾任盐阜区参议会行政委员、阜东县联防大队大队长、阜东县文料科长兼盐阜区联立第一中学校长、阜东县县长、华中办事处水利局局长、苏北行署水利局副局长、江苏省水利厅副厅长、苏北运河指挥部副指挥、治淮指挥部副指挥、江苏省水利厅厅长及党组书记等职。1993 年 11 月 5 日于南京病逝,享年 83 岁。

〔2〕 杨根思(1922—1950),原名杨庚玺,江苏泰兴人。革命烈士,中国人民解放军全国战斗英雄,中国人民志愿军第一位特等功臣和特级战斗英雄,中国人民志愿军第一位"朝鲜民主主义人民共和国英雄"。1944 年参加新四军,1945 年加入中国共产党。历任班长、排长、连长等职。1950 年 11 月 29 日,在朝鲜战场上为阻击美军南逃而英勇牺牲,时年 28 岁。

受鼓舞。杨根思同志牺牲后,是我负责带领训练他的连队的。最终我在朝鲜战场上,勇立三等功一次和获朝鲜军功奖章一枚。在战斗中,我曾从俘获的一位美国上尉的身上缴获了一块手表,虽然当时我放在了身上,但事后也主动交了公。

6 成为劳动模范

朝鲜战争结束后,我随部队于1953年回国。回家后,我在泰州的小学和中学作报告,讲述自己的战斗经历。在泰州中学作报告的时候,我吸引了当时还在上高三的妻子,当时部队驻扎在我妻子家附近,之后经部队保卫科的女科长介绍,我们时常周末见面。

1955年,我们两人结婚,此后共育有三男二女,大孩子今年60岁了。同年,我因病退伍回乡务农,此后我担任了生产队长。回乡后,我一直参加农村地方的组织活动,发挥军人本色,积极奉献。虽然伤残,但是集体组织的劳动活动,我都积极参加,起着模范带头作用。所以在1967年被评为盐城二级劳动模范,政府还奖励了我一辆木轮小车。当时,村党组织认为我有实战经验,所以让我组织训练民兵,防备台湾反攻大陆,日本再次侵略。村里缴公粮和农业税,我也是带头纳税。

家里有4个孩子都先后被我送去当兵了,现在大孙子是营级干部。我一共当了16年的兵,参加了抗日战争、解放战争和抗美援朝,先后参加涟水保卫战、苏中七战七捷、盐南阻击战、益林战役、淮海战役、渡江战役、长津湖战役等八大战役,大小战斗近200余次。战斗中,头部被炸伤,牙齿脱落了5颗,刺刀伤一共5处,右腿膝关节、右臂和胸部都有枪弹伤,骨头和脑神经受伤。全身共8处重伤,现在身体里还有弹片,是国家二等乙级革命伤残军人。我是党和人民的儿子,为了她的解放和安宁,必须要战斗、守护和奉献,战场上敌人也并不可怕,有我没他!

带领连队
跳出鬼子
包围圈

许映泉

"我要向校长学习，把日本鬼子打败，把日本鬼子驱逐出去我们再回家。"

★ 口 述 人：许映泉

★ 采 访 人：王志龙　张英凡　蔡青　李梦　袁子安　过灵瑜

★ 采访时间：2017 年 7 月 24 日

★ 采访地点：南京军区空军无锡干休所

★ 整 理 人：杨帆

【老兵档案】

许映泉，1923 年 1 月 27 日出生于江苏省如皋县。1939 年 8 月 13 日参加江安区游击队，1941 年 7 月入党。抗日战争时期历任新四军第 1 纵队第 4 团第 3 营第 9 连第 1 排排长，新四军第 1 师第 1 旅第 1 团宣传队队长、第 7 连指导员、特务连指导员，泰兴县曲霞区区委书记。解放后，先后任空军团政治处主任、师政治部主任，沈阳军区空军后勤部政委等职。在抗日战争、解放战争、抗美援朝、援越抗美等多次战斗中立下战功，荣获独立自由勋章、解放勋章等多项殊荣。

1　为生活所困做豆腐店伙计

1923 年 1 月 27 日，我出生在江苏省如皋县江安区许家庄的一个贫农家庭。祖父许逢洲虽然没有文化，但是思想很先进，是辛亥革命时期农民的一个先进代表。我出生以后，他很高兴，他认为要让后代有出息就要办学堂。但当时我们家乡没有学校，孩子们没有念书的地方，所以祖父多次步行到如皋县去找教育局局长。当时的教育局局长沙元榘先生是一个很重视教育的人，他在如皋的十几年里办了 300 多所中小学校和幼儿园。有感于我祖父作为一个农民还能有这样的觉悟,沙元榘先生同意建一所如皋县县立实验初级小学,但政府只给拨了一部分的款,剩下的需要我祖父回去动员家乡人民捐助。我祖父回来以后,根本就没有人支持他,大家饭都吃不饱,哪还有人考虑办学校?后来,我祖父自己拿出二亩半私田,把学校建起来了。我就在这个学校一直读到初小四年级。

1935 年 3 月,我从初小毕业。我父亲许秀松想买一双水鞋和一把雨伞,把我送到河对岸镇上的一个高小继续上学。可是当时家里饭都吃不起了,根本没有钱去买鞋和伞,所以只好把我送到了离家半里路的一个村庄去学木工。当时我才 13 岁,学木工需要拉大锯把木头剖开,要一个人在上面拉,另外一个人在下面拉。我是在下面

许映泉小学毕业证书

拉的,结果别人把锯拉上去后,我拉不下来了。师父说我干不了这行,我只好回家。到了 1935 年 8 月,家里实在太困难了,就把我送到了无锡的一个豆腐店当小伙计。于是,我又在那儿做了 17 个月的小伙计。1937 年 12 月,日军占领苏州,接着又占领了无锡,我赶紧逃跑回家,回家以后先种了一年地。

2 黄桥决战中冲锋在前

1930 年,我父亲和村庄上的另外 4 个人一起加入了中国共产党。后来,他

们5个党员又一起参加了红十四军的赤卫大队,大队长是张爱萍。当时红军想把黄桥打下来,就动员了3万多老百姓,结果仗没有打赢,反而把部队打散了。从那以后,红十四军开始转入地下。抗战开始时,原红十四军留下的人员基本没有什么公开的活动,但还是受到了日本人的监视。1939年,江安区领导要组织一个抗日游击队,父亲就把我送去参军。1939年8月13日,江安区游击队正式成立。游击队成立的那天,大队长孙安兴给队里的16个人发了7条步枪,队伍就这么组织起来了。我被大家一致推选为队长,原因有三个:第一,我是实验小学毕业的学生,相对来说有点文化。第二,我到过无锡,我们那儿的人到过如皋的都很少,更别说是无锡了。虽然我到无锡是给别人打工的,但多少要比他们见的世面多点。第三,我是父亲送来参军的,他是一名党员,在村里算是有名望的。在当队长的一年多里,我把游击队从16个人扩展到38个人。我们游击队的主要任务是拦截、没收从根据地运往敌占区的猪、牛等,有时候也会去扰乱敌人,一般是打几枪就跑。其实就我来说,一开始当兵是抱着混三年就回来结婚的念头,后来才慢慢意识到,必须把日本鬼子打走了才能回家过安稳日子。当兵的过程很苦,衣服都没得穿,后来借了小学同学的一套衣服穿了。

1940年,新四军主力部队进入苏北,准备和韩德勤部在黄桥决战。在当时的情况下,必须把国民党顽固派打败了才能更好地抗日。因为我们主力部队人数少,所以要扩军。1940年9月9日,我们江安区游击队被编进了主力部队。我被编到新四军苏北指挥部第1纵队第4团第3营第9连,当了第1排的排长。黄桥决战前,连长黄华龙动员我们说:"黄桥决战,有敌无我,有我无敌!要在这次战斗当中献出自己的生命,去争取黄桥决战的胜利,我的代理人——第1排排长许映泉。"那时我才意识到,要胜利就得有牺牲,没有牺牲就不可能取得胜利。因此,我也像他那样去动员别人,然后说:"我的代理人——第1班班长王怀义。"代理人就是指我牺牲了以后,要由他代替我的职位。第二天,决战打得比较激烈的时候,连长牺牲了,我是代理人,就得负起责任。旁边枪声、炮声不停,我马上下达命令:"现在我为连长,全连听我指挥,第1排跟我上,第2排、第3排跟进。"就这么一个命令,没有其他多余的话,大家都冲上去了。我那时候还不怎么会打枪,后来到了抗大才知道三点一线,知道打枪时要瞄准目标的下方。从战场上下来以后,大家都说我不简单,敢让自己的排先上,让别的排在后面跟进。即便如此,我还是不能当连长,因为我没有入党,部队有规定,连长、指导员这些重要的干部必须是党员。

3 荣幸得到粟裕校长指点

1941年3月,上级安排我到中国人民抗日军政大学第九分校学习。分校在如东县掘港镇,学员有1 000多人,包括地方队、军事队等10个队。学校没有教室,平时就在外面上课,以军事课为主,政治课为辅。我政治学得很好,因为那时候头脑好,记得清楚。我现在还能记得一些,比如工人阶级的特点是团结、互助、进步、没有私有财产观念,农民的特点是落后、保守、迷信、有私有财产观念。学生们吃住都是分散到老百姓家里,自己买菜到他们家里烧,烧好以后各个班来打饭,然后搬到门口去吃。另外也会给老百姓一些钱,平时帮老百姓干干捆草、扫地、挑水等活,大家住在一起就是一家人了。学校里也有女学员,她们主要在地方队。因为要培养一些女干部才能更好地跟老百姓打成一片。那时候我们谈恋爱也有规定,叫"二五八团",就是要在25岁以上,有8年斗争历史,还得是团级及以上干部。如果偷偷谈恋爱被发现了,是要开斗争会的,大家会批判你:"什么时候了,还搞这个,斗志衰退,在战场上肯定是个逃兵!"

在抗大学习期间,我的机遇很好,不到一个月,师长兼校长粟裕就要找我谈话。知道这个消息以后，我很紧张。只听说黄桥决战是他指挥的，但从来没有见过。到了那天，有人通知我过去，去了以后看见粟裕师长坐在一个方桌子后，前面放了一张条凳。我先报告说："报告校长，许映泉来到。"他说："你坐下。"我两条腿都在抖，哪里敢坐！这个时候，粟裕师长问："许映泉同志，急行了一天要你坐下来，舒服不舒服？"我紧张地回答："舒服。"他又问："坐了一天要你起来走一走，舒服不舒服？"原来还是要我坐下来，我就很轻松地坐下来了。他说："这就是苦与甜的辩证法，我们必须先苦后甜，不吃苦是不能有甜的。红军长征的时候组织了一个先遣部队，司令员是方志敏同志，后来方志敏同志被俘。我就带领退下来的部队组织了一个挺进师，向赣南挺进。那个时候赣南遍地特务，根本站不住脚。后来我们又向浙东挺进，坚持了三年游击战争，与上级没有任何联系，困难很多，连睡觉的时间都没有，哪还能想到办学校？现在你看，我们还能办抗大，这就是没有过去的苦就不可能有今天的甜。将来我们劳苦大众解放了以后，生活也会得到改善。许映泉同志，你怕苦不怕苦？"我回答："报告师长，我不怕苦，新四军的生活比家里好得多。"这个话当时是大实话。粟裕师长接着说："我知道，你是劳苦大众出身，是你父亲送你来参军的。你在黄桥决战中表现很好，将来在军事上会有所造诣的。"我当时就流眼泪了，心想，他怎么会知道这些情况？后来我知道那是党支部汇报的个人情况。这个谈话以后，我就表态："我要向校长学习，把日本鬼子打败，把日本鬼子驱逐出去我们再回家。"

在这次谈话后的第三天，全校集中到一片树林旁，背着背包坐在下面听课。粟裕将军是湖南人，他在上面讲课："今天讲课，先问你们一个问题。"大家都瞪大眼睛想会是什么问题。停了一会儿以后，他就讲了："战场上上刺刀有几个动作？"大家一时没反应过来，就在想：战场上上刺刀不也跟平常一样是三个动作吗？这个时候粟裕将军点名："许映泉回答这个问题。"他已经找我谈过话了，我胆子也比较大，高兴地站起来回答："战场上上刺刀越快越好。"粟裕将军没说我回答的对不对，只示意我坐下，然后他讲："战场上上刺刀，敌人的刺刀快到你胸膛了，你再喊'请等一等，我第二个动作还没有做好'。"他这个玩笑让大家一下子就领悟了。他接着说："所以许映泉的回答完全正确，上刺刀要快，三个动作变为一个动作。"从此以后，我就成了抗大的名人。

无锡解放以后，新四军有一次开会，开完会以后留下来吃中午饭。饭桌上有人问我："请问贵姓？"我说："我叫许映泉。"没有想到他旁边一个人站起来了，说："我叫王明达，我们是同班同学啊！"我说："对不起，我都记不得了，你怎么能记得我呢？"他说："怎么能不记得你呢？"然后他讲了粟裕将军问我问题的事。我不记得那些同学是有原因的，当时同学、战友之间从不互相留地址，也不问彼此家乡在哪里，因为大家都知道下次见面的可能性很小了，你牺牲了以后这些都没有用，所以也没必要记。偶尔碰到老战友都是互相打一拳，说："你还没死啊？"这就表示很亲切。

4　参加十团大战保卫丰利镇

1941 年 7 月，我在抗大分校加入了中国共产党，介绍人是宗家华，他是抗大的一个文化干事。当时没填什么表，也没有志愿书，但是要宣誓。三个月以后就转正了。转正的时候要开支部大会，讲讲你这三个月的表现，大家一致同意就转正了。

1941 年 8 月，我从抗大毕业后，回到了新四军第 1 师第 1 旅第 1 团，当了团宣传队队长。宣传队里有 6 个男的、6 个女的，主要就是唱歌。不久以后，我又被分到教导队，负责教歌。因为我不会唱歌，所以两三天就得跑到一个村庄去学，现在还记得学会了一首叫《新四军建立四周年》的歌，学会了以后就回去教。

那时,我们唱歌根本不讲究正确不正确,整齐、宏亮、一致就好。在教导队待了两三个月以后,我从预备党员转正了,就被派到老 7 连去当指导员。没有当几天,又被调到特务连当指导员。特务连的装备是全团最好的,第 1 排有三门迫击炮,由连长负责。第 2 排有 3 挺重机关枪,由指导员负责。那种重机关枪里面的管子很小,是用来装水散热的。一条带子里有 250 发子弹,火力很强。第 3 排有 40 支短枪,由副连长负责。

我们团长廖政国是个很有个性的人,后来抗美援朝时是志愿军副军长。有一次外面有情况,他正躺在地主床上睡觉,没人敢去叫他,最后实在没有办法了,我们特务连的侦察排长就去叫了。团长醒来以后不慌不忙地说:"哪里是敌人? 那是我们的 6 连!"

那时,营里的指导员都只有二十一二岁,最怕的就是俘虏兵。他们块头又大又是老兵,很不好管教。团长就让各连把不好管教又能打仗的兵送到团里,全团总共送来了 36 个。团长给他们单独成立了一个排,排里配备了一支三八步枪和 200 发子弹,团长兼任这个排的排长,让从国民党那里俘虏来的作战参谋当副排长。要求副排长用什么办法管理都行,只要能提高部队的战斗力。后来在战场上的紧急关头,他把这个排拉上去了,命令道:"把敌人给我打下去,否则一个都不能回来!"最后这个排死了一半人才把敌人打下去。从那以后,这些国民党俘虏兵都服服帖帖的了。还有一次,日本鬼子躲在一个地主的院子里,我们进不去,只能上炮兵排。炮兵排一门炮只有三发炮弹,那些俘虏兵大部分是日本炮兵学校毕业的,他们打得准,但是有个规定:前三炮不能打人。可我们这儿一门炮就只有三发炮弹,所以团长让排长把大刀拿来,架在炮手的脖子上命令:"三炮不给我打中,就把你脑袋拿下来!"俘虏兵赶紧回答:"一炮就能打中。"炮弹打进去以后,鬼子都跑了出来,部队冲进去了。团长虽然管得很严,但只有用这些办法才能稳定军心、消灭敌人,所以大家都很佩服他!

1941 年 12 月 8 日,太平洋战争爆发,上级宣布:"为了配合国际的抗日形势,我们将发动十团大战,保卫丰利!"十团包括老 1 团、第 2 团、第 7 团、第 8 团,还有一些周围县里的地方团。这次战斗只是借了太平洋战争爆发的名义,实际目的是保护我们的税收。当时我们的税收主要来自如皋东面的丰利镇,所以决不能让日本鬼子占领这个地方。十团大战发动以后,我们团的主要任务是阻击日本人、攻击据点。有一天早上,有 1 000 多鬼子端着刺刀就攻上来了,队伍有一公里的宽度,太阳刚刚升起来,照得刺刀闪亮。团里一看情况不好,立即下令转移,同时命令特务连把重机关枪架起来,子弹打光后就把重机关枪扔到湖里再撤退。可是三挺机关枪架起来以后很快就打赢了。后来,粟裕将军来了,说:"打得好,只有消灭敌人才能保存自己。"这个思想用来指挥部队非常有用。

我和粟裕师长的交流很多。粟裕师长还是军事科学院副院长的时候,有一次开会演出,要我们去看节目。我坐在边上的一排,中间一排是首长的位置。当时只有粟裕师长一个人到了,其他人还没有来,我就过去跟粟裕师长说话:"报告师长,我是许映泉。"粟裕师长还记得我,说:"哦,你现在在哪里?"我还没有回答,他就说了:"哦,在空军啊。"当时我以为可能是他从军服上看出来我在空军。几十年之后张爱萍同志有一次给我写信才谈道:"你是空军初建的时候调进空军的优秀团级以上干部,你到空军是粟裕司令员点的名。"那个时候我才知道这件事。

5 浴血奋战终突围

十团大战以后,我又从特务连调回第 7 连任政治指导员。1942 年 2 月,在黄桥附近的小刘家庄,我们营正好和敌人碰到,就开始打。我们一边打一边估计敌人有多少、在什么方向。刚打了一会儿,我就受伤了。通信员把我护送下来,找老百姓家的毛驴拉着我撤离了战场,这个仗没怎么打起来。

1943 年 5 月,我接受了一个任务:我们这个连要从第 1 分区到第 3 分区去开发新区。我们带了三艘船:一艘船上是抗币[1]银行,一艘船上是军舰修理厂,还有一艘船上是 12 个开展民运工作[2]的女同志。我们带着这三艘船从盐阜开始走,到了宝应地区时非常疲惫,又没有同上级取得联系,什么情况都不清楚。天还没亮的时候,我们到了一个叫三家舍的村子,我向哨兵下命令:发生情况时不准开枪,用手榴弹通知。因为敌人一听打枪就知道是主力部队,打手榴弹他可能以为是民兵。大家把背包放下来靠着墙睡觉,睡了还没有一个小时,天还是黑的,就听见有手榴弹爆炸。实际上,那时我们已经被敌人三面包围了。连长带着我们连撤退,命令最后撤退的人把木头桥掀掉。我们急行到一个叫姚飞庄的村庄时,敌人开始向东南方向开炮,不是打我们,而是越过我们把炮打到东南方向。连长指挥道:"向敌人打炮的方向突围!"因为敌人很可能从那个方向对我们实行炮火封锁。这个指挥很正确,我也赶快下令向打炮的方向突围。

快进那个村庄的时候,敌人开火了,连长立即下令抵抗。我们连是主力连里实力很强的,有 105 个人、6 挺轻机关枪和 1 挺重机关枪。连长接连下了两个命令:"2 班打出去!"这是让敌人知道我们要反击了;"4 班公开向西边走,吸引敌人的火力!"4 班也出去了。这两个班的人几乎全部牺牲了。2 班班长储友兰是泰州人,任第 7 连委员;4 班班长潘成之是如皋人,任副支部书记。这两个都是很好的同志。后来我才知道,2 班班长储友兰负伤之后钻在稻草堆里面,等日本鬼子到了以后,突然起身开枪打死了三个人,最后被日本鬼子用刺刀刺死

〔1〕 抗币是抗战时期中共领导下的抗日根据地发行的货币,包括边区政府发行的边币。
〔2〕 即民众运动工作,主要是宣传、组织和武装民众以及建立党组织和地方政权等。

了。4班班长潘成之为了引开敌人,率领全班冲向河堤上的敌人时,全部牺牲了。后来连长也牺牲了,担子压到了我身上,我立即下令:"第一丢皮带,第二丢背包,第三丢步枪。"

人越来越少,但我没有丢背包,因为全连的花名册都在我背包里,要是让敌人捡到了,就会查到我们这是个什么部队。我背着背包过河,背包上中了八发子弹,但背包里一条被水浸湿的军毯帮我挡住了子弹。兴化这个地区河多,我游泳比较好,就负责端着重机关枪走过去,一挺重机关枪、六挺轻机关枪,一挺都没有丢。最后,敌人追不上了,在没有枪声的时候,我们停下来数了数,还剩下22个人,连长和通讯班10人全没了。这一仗打得很惨烈,虽然丢掉了3个村庄,但我们还是完成了任务。

那3艘船还在三家舍庄,不能和我们一起走,就在我们后面行进。当时苏北的情况很复杂,有一条大河,我也不知道河对岸是什么情况。过河之后,我们到了一个村庄开始休息,同时封锁了消息,把村庄周围的桥都掀了,在桥头架起机关枪,然后派人站岗放哨,不管好人坏人,只准进不准出。如果不采取这个办法,很可能就有人出去通风报信。

睡了一个晚上,醒来了以后哨兵向我报告:"指导员,外面有一个人骑着马来送信。"我说:"你赶快去告诉他我们排长马上就到。"然后我拉了拉被捂干的衣服,出去以后向他报告:"新四军骑兵排排长前来报告。"他说:"我是联抗[1]李明扬总部的副官,这是李明扬总指挥给你们写的信。"我一看,信上写着:"新四军负责长官:昨悉,贵军与敌接触。本应率部增援,因贵军战斗神速,未及赶上,特派随从副官前来慰问。"我说:"请等一等,我去一趟我们大队部。"但实际

---

〔1〕 1940年10月,陈毅等人经过努力,实现了与苏中国民党杂牌军李明扬、陈泰运两股势力的联合,在泰县曲塘镇(今属海安)建立"鲁苏皖边区游击总指挥部直属纵队和鲁苏战区苏北游击指挥部第三纵队联合抗日司令部",简称"联抗"。1944年10月,"联抗"部队改编为新四军。

上，我们大队根本不在这儿，我只好自己直接起草一个回信："李总指挥：本部因战斗任务紧急，本应前去汇报军情，因情况紧急，即将转移到新地区，对你们的慰问表示感谢。龙潭大队大队长廖政国。"然后找了个私塾先生来抄，先生写的是正楷，抄完以后送给了那个副官。然后我们就赶快做饭，准备吃完赶紧走。结果吃完饭还没来得及走，那个副官就带来了3艘船，一艘船上有十几头大肥猪，一艘船上是大米，还有一船零零碎碎的蔬菜。我说："我们马上就要走了，不能接受这些礼物。"他说："这些都已经付过钱了。"我只能说："那谢谢了！"然后我们22个人分别上了这3艘船。

我们回到高邮地区，找到专员公署，把大米和猪等东西交了，惠浴宇专员表扬我们英勇作战，胜利完成任务，奖给每人一条毛巾。之后，连夜把我们送到兵站，我们终于回到部队了。

1943年6月底，我到泰兴县曲霞区当区委书记，后来上面要求把县里的游击队都带走，让区委书记留下来，我就留在那儿了。那个时候的地方干部都是哪里需要就留在哪里。之后，我又回到第7连继续当指导员。

6 车桥战役中负伤

1944年3月，我们苏中军区开始反攻，在宝应县打了车桥战役。原本后方太小了，打了车桥以后就能把周围连成一片。我们团是在外围打阻击的，最后我们连抓了5个鬼子，我们团抓了24个鬼子。这是我参加的战斗中抓俘虏最多的一次。但是，我在战斗中肾脏部位中弹负伤了，旅政治部主任表扬了我，之后还派副官送了慰问信和20块钱，说有什么困难可以和他讲。

我们部队有专门的敌工部，就是新四军对敌工作部，抓到的俘虏都直接交到那儿。日本人刚被抓了，一般都很不服气，但不公开反抗，就是不讲话。在被抓的24个鬼子中，有人被培养成进步分子。我记得其中有一个叫山本一杉。他骑马非要骑日本的马，我们就给他配了马，他自己还带了马鞍。这个人后来非常进步，打仗时都是他在前面喊话，在喇叭里用日语和敌人讲他原来是某某部队的，让敌人投降，说新四军优待俘虏，这里的生活也很好，不要抵抗了。

1945年8月15日日本宣布投降时，我在华中军区第一后方医院卫生部当协理员。胜利的消息是上面传达下来的，当时我高兴得不得了。虽然日本政府宣布投降了，但并不是所有日本人都放下了武器，我们还要接着打兴化。兴化城里有一些鬼子和1 000多伪军，打了3天才打下来。高邮还有很多鬼子和伪军，也比较难打，上面已经不准备打了，命令我们主力部队撤到山东。但是，粟裕师长说："不打高邮对不起苏中人民，抗战时期他们给了我们很多帮助，我们一定要解决这个问题。"所以要求上级留8个团去解放高邮。但是，要解放高邮就要先打邵伯，因为日本人要逃跑就是从邵伯走。邵伯很难打，城内有100多个鬼子，打了很久他们才投降，所以直到1945年12月我们才打下高邮。

7　献身人民空军建设事业

1946年1月5日，我结婚了。那时候我正好晋升为团级干部，又因为负了伤不能上前线，所以就留在后方办学校。我是新四军第1师卫生学校的指导员，我爱人是我学生。我们是先偷偷谈恋爱的，平常见面也不说话，后来我晋升团级干部了才公开，还找了介绍人。

许映泉军装照

　　1946 年 7 月自卫战争开始后，我到华东军区军政招待处工作，后任这个招待处副政委，不久调到华东南京航空办事处工作。1950 年任南京大校场基地政治处主任，1952 年调至空军第 16 师第 48 团，同苏联空军共驻大东沟机场，参加抗美援朝。1955 年被授予中校军衔，1964 年 11 月升至上校。1955 年后，先后担任空军第 4 师政治部主任和副政委、空军第 16 师政委、空军第 2 军政治部主任，最后升至沈阳军区空军后勤部政委，少将军衔，1983 年从此岗位离休。我曾荣获三级独立自由勋章和三级解放勋章。

师哥引路
征战十年

孙良彬

"手中有枪，鬼不敢来。"

★ 口述人：孙良彬

★ 采访人：王骅书　张鹤军　尤劲峰　周贤楷　尤劲峰

★ 采访时间：2017 年 7 月 22 日

★ 采访地点：江苏省盐城市亭湖区伍佑镇宏心村

★ 整理人：王金鑫

- -

【老兵档案】

　　孙良彬，1925 年出生，江苏省盐城市亭湖区人。1940 年参加新四军，1950 年 3 月加入中国共产党。曾任新四军盐冈大队战士、建阳县总队战士、建阳独立团战士、盐阜军分区独立第 2 团战士、华中军区第 5 军分区独立第 2 团战士、华中野战军第 10 纵队第 84 团机枪连战士、华东警备旅战士等。曾参加盐城战役、涟水保卫战、盐南阻击战、淮海战役、渡江战役、上海战役等战役。1950 年 9 月复员回乡。

- -

1　生活艰苦，师哥动员

　　我叫孙良彬，1939 年新四军一来，就参加了革命当了新四军。[1] 家里除了父母之外，我还有一个姐姐。那时候家里穷，父亲是个瓦匠，混口饭吃很不容易。1933 年大丰三龙[2] 境内造下明闸，父亲去做工，在那边收了个徒工名叫

----

〔1〕　新四军过江北上到达苏北盐阜地区，时间为 1940 年 10 月，因此，参军时间应为 1940 年。
〔2〕　今盐城市大丰区三龙镇。

施元丰,他是海门人,二十多岁。后来做工挣不了多少钱,实在没法生活,师哥施元丰就去江西参了军,当了两年兵。我师哥后来随部队北上到达盐城后,动员我参加了新四军。

我自己念过三年书,头一年开蒙,第二年"倒天水"(发洪水),没上几天,第三年日本鬼子到盐城,不能念了。鬼子是农历二月廿六日来的,他们从大团[1]、刘庄[2]杀过来,一路炮弹炸,声声进耳。他们到我们同心村[3],强迫家家插太阳旗。要我们找块白布,再剪块圆红布奄(缝)在中间,插门头上,不然就杀人。

我的老姐夫严凤堂,比我大15岁,那天在河边弄个网子蹚鱼,被鬼子望见了,抓到西北乡建湖一带修工事,半年后才放回来,伤痕一块一块的。同一批十几个人多数死了,伍佑西部的伍西村都快成了寡妇村。

新四军过江来到盐城后,师哥穿着一身军装回来看望我父亲。当时我父亲去世已有年把时间,家里只有50多岁的母亲和14岁的我,没有土地,也没什么吃的,还是我参加新四军以后才分到了两亩地。施元丰就对我母亲说:"让宝宝跟我去当兵吧。"当时家里没有钱,太穷,加上师哥动员,我就有了参军的想法。但是,母亲40岁才生得我,心里舍不得。施元丰笑着说:"没事,有我呢! 彬跟我住没事哦! 他就跟着我玩,在那边买买菜,洗洗粮。"母亲对我嘱托又嘱托:"要听长官的话。"就这样,我14岁就进盐冈大队当了兵。当时,施元丰手下总共二十几个人,假称一个连,整个部队多数人用的是土铳枪,还有就是汉阳造。

---

[1] 今大丰区新丰镇大团村。
[2] 今大丰区刘庄镇。
[3] 今亭湖区伍佑镇宏心村。

2 转战盐阜区，游击日伪军

我一开始没枪没军装，跟着炊事员烧饭，天天移动，仗一个接一个。在部队一开始是买鸭子烧来吃，没有了就烧不起来了。刚开始盐城地区的地方政府还没成立，我们的部队是新四军盐阜独立团的前身之一，从 1939 年到 1944 年，我们部队是新四军领导人的警卫，活动在领导人的驻地周边。

我们先后保卫过刘少奇、黄克诚、曹荻秋等首长，这些首长我们都见过，还一起吃过饭。尤其是刘少奇同志，他是中央首长啊！同这些首长在一起，他们讲的话，以前印象深，但是现在也记不得了。当时首长他们都是早出晚归，天不亮就走了，他们也不告诉我们，我们也不问，有好几个首长我连名字都不知道，我也不能问，他们也不告诉我。"刘少奇"这个名字还是一直到新四军纪念馆成立后旁人告诉我的，当时的情况也不许我问。

印象比较深的战斗，是有一次我们二十多个人护送女干部陈琳，去找冈南区区长倪大成[1]。我们吃过中饭沿冈沟河向东走，在三里桥[2]遇到七八个鬼子和五六十个和平军，隔着河朝我们打枪。我们一边还击，一边快速行动，最终摆脱了敌人。第二年夏天，十来个鬼子和 200 多个和平军在大冈[3]"扫荡"，我们跟他们交火了，队长命令我们迅速散开，呈包围状向他们射击。我拿着一支老套筒，带一根洋丝（通条）的那种老枪，也围着敌人打。实际上我们人少，摆的是迷魂阵，打死打伤几个，把敌人吓跑了。

也是这一年，我们在泰和盐垦公司下属的小公司[4]也打过一仗，我们打得

〔1〕 倪大成(1908—1980)，江苏泗阳人。人称"倪菩萨"，1938 年 2 月参加山西抗敌决死队。曾任民运干事、科长、政治部秘书、盐城县七区区长、二区区长、区委书记、镇江农业机械学院党委副书记、镇江师范专科学校党委书记等职。1980 年 4 月病逝于镇江。
〔2〕 今盐城市盐都区龙乘北路附近。
〔3〕 今盐都区大冈镇。
〔4〕 今亭湖区伍佑镇境内。

快,撤得也快,好几个和平军被打死打伤抬走了,我们只有几个擦伤的,鬼子气得把小公司的房子都烧了。

▌3 抗战虽艰辛,打仗有热情

我们那个时候部队每个月也没有发什么津贴费用,可以说是一样也没有。有的就是毛巾和毛衣。剃头、洗澡需要的肥皂之类的也什么都没有,用的都是化工残留的小烟末子,每个人资助四两。那个时候行军要自己带粮食,自己要背个袋子,里面有 7 斤面。我们是后来才配有手榴弹,之前是没有的,用完再发,手榴弹一般每人 4 个。枪里的子弹配多少就说不准了,顶多 5 颗,当时是到年底发 5 颗子弹,其中只有几颗是打响了的。

最危险的一仗是在阜宁罗桥[1]打的。那是 1944 年农历五月,打了两天一夜。起初是敌人中午"扫荡",群众敲锣通知跑反,我们接到命令去阻击敌人,保护老百姓。罗桥那时很小,没多少人家。和平军都是饭桶,不经打,但日本人很顽固,有好几挺机枪,还筑有工事。我们双方靠河槽、坟茔滩掩护对打。

这一仗死的人不少,我身边一个姓曹的高邮人就牺牲了,二十七八岁。他被鬼子机枪打在小肚子边上,第二天傍晚撤退时被抬走,天亮就去世了。我们撤到村里,晚饭也没吃就睡着了。早上,战友发现我帽子上有两个洞,掀开一看,从脑门往后一绺头发都烧掉了,肯定是子弹穿过去的。他们都说我命大。仗打得紧张,我都没觉得。

打罗桥的时候,我当时还是战士,在机枪连里扛了弹,射手是排级丁部。一上来就先打机枪。机枪的工事是一公尺长,一公尺宽,一公尺深,一共用了 15

---

[1] 今盐城市阜宁县罗桥镇。

分钟就弄起来了。当时机枪连一般是掩护步兵先冲锋,我们一个班一共 11 个人,三个人负责搭三角架子,两三个人扛管子。行军的时候,三个人抬三角架子。还有的几个人呢,负责装子弹的箱子和袋子。我们当时拎的是重机枪,也有配轻机枪,一个机枪连有三到四挺,步兵要冲锋,需要火力掩护。重机枪顶多有三挺,我们当时是用小轮子把它们推上去的,到哪里都能推上去。

1945 年,解放盐城打伪军头子赵云祥[1]的时候,我也参加了战斗。我们埋伏在串场河西的十八里口子,就是现在的益丰社区一带,防止他们逃跑。那时候我已经用上了中正式步枪,连里也有不少三八式,都是缴获的。原本准备 24 小时结束盐城的战斗,我们打了五天,之后直奔连云港。

4　留守打埋伏,解放大上海

1946 年,我在新四军华中野战军第 10 纵队第 84 团,跟随部队参加了涟水保卫战。打涟水那一仗的时候,我们是每人 5 颗子弹。新四军主力北上以后,我随部队留下打埋伏,到山东的部队是主力,我们也是主力部队。解放战争时期我军同老蒋打仗的时候,我们在河东进行的盐南战斗有 4 次,我都参加过。

渡江战役的时候,我们在江北的泰州,之后又到了南通,先头部队 4 月 21日渡江,我们是 23 日渡的江。解放战争打国民党,印象比较深的就是上海巷战,打了三四天没打结束,战壕没有办法弄。在上海打巷战,我们不能用炮轰,

---

〔1〕 赵云祥(1905—1970),又名赵渭清,河南鄢城人。曾任国民革命军第 1 方面军特务团团长、抗日救国军第 1 军警卫团团长、暂编第 30 师师长等职。1942 年 4 月 22 日叛变投日。1945 年 11 月 11 日,率部在江苏盐城起义。后在从事策反孙良诚的工作中在扬州遭国民党逮捕。解放以后,被捕入狱。1956 年 5 月 5 日,无罪释放。"文化大革命"期间,遭到了林彪、江青反革命集团的迫害,因不愿陷害已任党和军队高级领导干部的旧部与朋友,1970 年 9 月 7 日在家自缢身亡。1982 年 5 月 14 日,受到平反昭雪。

要保护上海。上海战役的时候，我还在机枪连，当时还是战士，我也不太想当干部。

1949年新中国成立的时候，我正在华东警备旅里学警备。1950年3月，我们连里有党员的名额，我就入了党。我从1944年到1950年，一直没有给家里写过信，或者回家看看。1949年发大水，我也没有回家。后来，在部队里一直到1950年9月才复员。复员回乡的时候，复员费没有给钱，给的是750斤米。

回乡后，我就以种田为生，一心一意侍奉老娘。后来，我在村里当过民兵，还当过几年村干部，1964年，我生了一场病就没再当了。我大概是1952年结的婚，妻子姓程，去世有25年了。我们有4个儿女，有一个姑娘去世了，老大、老四在家，老二在上海。我现在精神还不错，就是胃胀复发了，是以前冬天急行军蹚冰河落下的。回首十年行伍生涯，尤其是抗战打鬼子的经历，我就一个看法："手中有枪，鬼不敢来。"

没有共产党就没有我今天的幸福生活

孙学旺

"我深刻感觉到，还是新社会好，没有共产党，就没有今天的社会。"

★ 口 述 人：孙学旺

★ 采 访 人：肖晓飞　莫非　乐凡

★ 采访时间：2018 年 2 月 3 日

★ 采访地点：江苏省南通市孙学旺家中

★ 整 理 人：乐凡　肖晓飞

【老兵档案】

孙学旺，1921 年生，江苏海安县孙庄镇孙庄村人。1940 年参加新四军民运担架队，抬送伤员、运送粮草。1941 年 2 月正式参加革命，在苏中三分区泰县雅周区工作，先后担任过村农抗会主任、民兵队长、乡农抗会主任、党支部书记、指导员，以及区委委员、区农抗会主任、民运科长，主要是做民运工作。1945 年秋，调到紫石县委工作，参与土改工作。解放以后，调至海安做县委组织部长、民运部长、第一任检察长、纪检委员会书记、妇委书记、农委书记。1953 年调到南通水利局。因为长期从事水利工作，被当地人称为"水龙王"。1983 年离休。

1　黄桥战役参加担架队

我叫孙学旺，1921 年农历八月初八生，阳历是 9 月 23 日。我出生于海安县孙庄镇孙庄村的一个贫苦农民家庭，只上过四年小学，由于家庭困难，就在家里务农、务工，也当过学徒。我家祖宗三代都是种地主的田，租六亩五分田。我父亲是在地主家做工累死的，打工时因为流感过世了，我母亲是种田的家庭妇女。

我家中兄妹三个，我是老大，下面两个妹妹。两个妹妹在村子里做民兵、妇女代表，没有出来。我小时候上了四年学，过去是重男轻女，我是男孩，就上了学，是地主办的学校。

过去在旧社会有三怕。第一怕是阴历六月初二地主要"回田"，他往回收田，要不然就涨租，这是一怕。第二怕是冬至老板解雇伙计，有句土话叫："大伙计吃着走，小伙计跟着后面追"，过冬时老板会解约，这也是一怕。第一怕还好过，第二怕马马虎虎，第三怕就是没处躲，怕过年，年三十夜里地主来逼债。遇到水涝、干旱，就只能出去逃荒要饭，有的人家就卖儿卖女。

我们孙庄镇那个地方是个革命老区。大革命失败以后，我们周围五个乡大概被国民党杀掉了 299 个党员，第 300 个党员还是逃出去的，逃到了上海，叫汪质斌。他是装作一个家里父母死了、穿着孝衣去报丧的人才逃脱的。等到再回来的时候人已经老了，现在去世了。

我们老家地主很多，主要分为两种。第一种当然是掌握土地的，最少的百把亩，其他的就是三百到五百亩不等。第二种是掌握武装的。因为大革命的时候闹革命，我们这里成立了红 14 军，斗过地主，所以地主对红 14 军是痛恨的。地主掌握武装，掌握土地，掌握"印把子"，"印把子"就是乡长、保长、甲长，都是由地主担任。

我们这里农作物两熟，分两次交租。春天是上熟，五斗一亩，（六亩地）三石多。秋天也是三石多。一年就是六石到七石。一年交两次，家里每年口粮根本就不够，所以去打工啊，去做伙计。帮地主打工，再返还点粮给我们。

我做过学徒，也做过长工。当学徒是做香，就是敬菩萨烧的香，我是捆香的，把人家做好了的捆成一捆，就相当于香工。当时在如皋北门丁合兴家做，后来丁老板亏本，我就回家了。当学徒三年挣了九块钱，那个时候一块钱买米的话，能买不少米，一块钱一百斤米。

1940年，新四军到了我们这边，先头部队有粟裕，还有管文蔚、惠浴宇。这一年10月，新四军在我们这里打了著名的黄桥战役。当时新四军刚刚过来，还没有站得住脚，还不稳定，苏北的韩德勤就要消灭新四军。本来新四军到苏北是搞统一战线的，准备联络海安的韩德勤，泰州的李明扬、李长江。但是韩德勤太坏了，他不参加，派代表去请他也不来，就孤立新四军。10月份，韩德勤派了独立六旅，旅长叫翁达，还派了一个89军军长叫李守维，一起进攻新四军。我们当时新四军只有八千多人，消灭了韩德勤部队一万两千多人。独立六旅的旅长被我们打死了，在黄桥西边。李守维淹死在八尺沟，他不会游水，逃命的时候淹死的。这一仗打得很好。老百姓呢，家家放鞭炮欢迎，做黄桥烧饼慰劳新四军。当时有首歌这么唱的："黄桥烧饼黄又黄，长长烧饼有分量，黄黄烧饼慰劳忙。"这个仗打得很好，苏南的新四军就同华北的八路军黄克诚部集合会师，否则就不能在苏北建立根据地了。

我参加的是新四军民兵担架队，参与运送伤员、粮草。打黄桥战役的时候，这个部队住在我们孙家庄。民运工作队队长张温让我们抬担架，他是安徽人，后来到北京工作了，职务很高。打仗时，我们在黄桥转移伤兵。转移到哪儿呢？转移到我们海安李家河。那时候部队向乡里借抗日粮，都是打条子的，我们就给他们运输粮食。第一仗实际上不是打黄桥，打的是营溪乡。后来我们就到黄桥去了。在营溪这一仗也打得好，我一个堂弟孙学林就牺牲了，同我一起去抬担架的。当时只要你愿意参加新四军，不讲年龄，都要，有的是十二三四岁的小鬼。

孙学旺青年照

参加民兵担架队，这个相当于是做民夫的。在担架队里，新四军给我们讲抗战，讲毛主席的"抗日救国十大纲领"，宣传共产党、新四军、八路军。还宣传二万五千里长征，说国民党是个反动的东西，先内后外，先打共产党，后来才抗日呢。

2 在根据地做民运工作

我正式参加革命工作是 1941 年 2 月，同年参加了中国共产党。

我为什么要参加革命呢？有三个原因。第一个，日本鬼子经常到如皋，如皋的难民就逃到我们家乡，我们就问他们的情况，说日本鬼子进了城以后，搞"三光政策"、强奸妇女，各种暴行说了一堆。听得我们脑子里对日本人充满仇恨。第二个，我在黄桥参加战役时参加了他们民运工作队，民运工作队也给我们上课，说我们共产党、新四军是为穷人翻身的。我一想我们是穷人啊，共产党好呀，为我们翻身。第三个呢，我当时看到新四军住在我们孙家庄时，三大纪律很好。当时我们有句话"不怕不识货，就怕货比货"，国民党下乡就是拉户、打人，把人都吓跑了。但是新四军不打人、不拉户。我们心里就想新四军果然好。再加上我们听了这个宣传以后，也感觉到共产党和新四军好，我就参加了。

我从家里出来参加革命，母亲不同意，因为父亲死得早，母亲一个人，两个妹妹又小，我出去家里没人照应。我心里想，还是要出来，最后我是逃出来的。那个时候入党也是秘密参加，也不可能告诉家里的。参加时填了表、宣了誓。当时心里很感动，参加了共产党，但不敢和家里说。家里问："你们今天开的什么会啊？"我说："民兵会、农抗会、减租，都是好事。"家里只知道这些，母亲、妹妹只知道这些。共产党三个字是要杀头的，但是我参加革命就是想一不怕死，二不怕苦,就干了。

我参加革命以后,在苏中三分区泰县的雅周区工作。我担任过村的农抗会主任,民兵队长。之后担任乡的农抗会主任,党支部书记、指导员,还有区里的区委委员、区农抗会主任、民运科长,主要是做民运工作。主要做了这几件事情。

第一桩事情就是做思想发动工作,搞宣传。宣传我们党中央的抗日纲领,还宣传毛主席的持久战思想,当时有些群众的思想是,共产党、新四军是否靠得住,能不能打胜仗,老百姓心里还有疑问。经过这个宣传,情况变好了。

第二桩事情就是发动群众建立组织,建立农抗会、妇抗会、工抗会、儿童团、民兵。我们雅周区有13个乡,乡乡都组织了农抗会、妇抗会、儿童团、民兵。我们以民兵为核心进行抗日,组织群众打游击。另外就是减租减息,改善广大贫苦农民的生活,对地主也有保护。还有就是组织抗日,挖抗日壕、抗日沟。反对编保甲,反对抽壮丁,反对缴伪粮,以及领导群众跑反——敌人下来了,我们要保护老百姓,一边和敌人打,一边把老百姓带到安全的地方。我们雅周区支前工作做的好,一个是我们13个乡动员了村村出兵,乡乡成连,参加新四军、解放军,送到前线去的有2 500多人。一个是发动妇女磨军粮、做军鞋,帮助新四军洗衣裳,搞军民一家。当时三分区的首长,部队的首长朱克靖[1]等到雅周区就像回到了娘家。新四军部队也很好,住在我们村里、乡里,帮着我们百姓收割,走的时候水缸挑满、门板上好,老百姓非常拥护。

我在农抗会工作的时间较长,农抗会的人出身都是贫下中农,贫农占多数,但是也有个别的开明地主。农抗会搞减租减息,主要是掌握宣传,也有人不大愿意。为什么呢? 他说我们的租不多,后来做工作也碰到了些困难,也不是很

---

〔1〕 朱克靖(1895—1947),湖南醴陵人。1922 年加入中国共产党,曾参加北伐战争和南昌起义。抗战时期先后担任新四军战地服务团团长、苏中三分区行政专员公署专员,1947 年初在山东被捕,后被国民党当局杀害。

顺利的。这些地主当中有好的、开明的。开明的我们就表扬,顽抗的搞斗争。组织贫下中农去斗地主,也斗了好几个地主。他一来不肯减租,二来不肯交粮,就这两个问题斗他。这个也是靠群众,我们这些穷人起来了,说你不给我们就去"吃麻雀会"[1],大家集体到他家吃饭去。一斗就好了,他也减租了也交粮了,他也怕群众斗。

老百姓交公粮也是有标准的,我们每个乡都有财委,上面有财政局、粮食局,有一套班子。按田亩数来。

减租减息是为了改善生活,生活改善了之后就动员青年当兵。当时主要的动员对象是在地主家打长工的青年,这些人在地主家吃苦吃够了,他们有意去。他当兵去比在地主家好,地主家苦啊。父送子,妻子送丈夫,这些例子很多。地主也支持的,那些去当兵的,地主出来敲锣打鼓、抬轿子,还坐轿子呢。欢送很热闹,轰轰烈烈的。

动员参军是有指标的。就是你这个区是一个营还是一个团,交一个总任务。然后下来由各地进行动员,有的乡是超过指标的,有的乡是没有达到的,平均下来都差不多。实在完成不了的就其他人补上。

那些当兵的家庭有优抚政策,一年有多少工。你当兵去了,一年给你100个工,或者120个工。这个也不等,家庭困难多的,工就多点,家庭富裕的就少一点。另外在家里边组织代耕队,代耕队就是帮助收割耕种,比如有些人家有人当兵去了,家里老两口力气不大,这样就组织代耕队。这个代耕队是乡乡都有的,这样可以让当兵的人在部队上安心。

还有个改造新乡制,简单说是"印把子"问题,政权问题。过去的政权是国民党掌握的。现在要改造新乡制,要把这个反过来,要共产党掌握政权,掌握印把子。三三制就是共产党人、各阶层的民主人士还有中间分子。有这个三三制

---

[1] "吃麻雀会",旧社会苏北一带风俗,又称"吃大户"、"吃富户",指农民上地主、富农家就食。

把政权夺过来了，才巩固解放区呢。当然领导权还是在共产党手里。

对于开明地主，我们也给他们权力。像我们这里的开明地主季要，他原来是如皋人，逃亡到我们泰县来。他家里也有一百多亩田，带头减租，带头交粮。参加了我们区三三制的政权，还参加了农抗会，我们一起去苏中开会。

有一段时间区政府里搞精兵简政，根据中央规定减少人，一般的都减少百分之三十，减人主要减年纪大一点的、身体差一点的，还有就是身体好的文化低一点的人。这几种人精简下来了，也安排到乡村里担任职务，主要是不吃公粮了。精兵简政是减的吃公粮的人。

那个时候的伙食待遇还可以，一天一斤半粮，三斤草。就是区的集体伙食，就是靠我们自己种田种菜，种青菜、萝卜、芋头，还有杂粮。我们也养猪，吃的还可以。有的时候没东西吃，菜还没上来，猪还没养好。区里发一条毛巾，牙刷，还有补贴的东西，还有一双鞋子和一套衣服。大概是两三块钱补贴。

海安这边伪军不少，在海安驻扎了一个多团，头子叫陈者复。这些伪军都是些过去的地痞流氓，吃白面的、赌钱的，好人不敢去。那时候，日本人多次下来清乡扫荡，伪军都是在前面的，下来放火都是他们先放，日本人叫他们干，他们就干。我们就是打游击。有时候他"扫荡"一天就走了。还有一种叫做"驻剿"，他就驻下来"清乡"，这个是不同的。我们打游击战，他们下来了我们就转移，你驻下来也剿不到我们。按照毛主席的说法，就是敌进我退，敌驻我扰。

在这里我也讲几个小故事。在打游击的时候，我们有时领导民兵进行区域的配合来包围据点。就是在主力部队的配合下，乡里的、区里的民兵包围据点，把据点拿下来。我们还有突然袭击。大概是1942年，在雅周区的杨曹乡，有个据点叫塔子黎，这一天伪军下乡，大概有二十多人，日本人在后面。日本人后来想想又回去了，伪军晚上没有走，住在一个叫周丽村的地方。当天夜里，我们趁他们睡觉的时候偷袭。我们发动了大概三百多民兵，在民兵队长缪彬的带领下,带着铁叉、钉耙,喊着"打鬼子、打鬼子!",一下子把他们吓昏了,全部举手投降,缴了二十多根枪。老百姓说要杀,我们说算了吧,他们已经投降了。按照党的俘虏政策,把他们放了。老百姓竞相放鞭炮,说新四军好。后来敌人也怕了,说:"宁过黄浦江,不过杨曹乡。"这个杨曹乡的民兵厉害,不敢过来了。

1943年春天,驻扎如皋的日本人、和平军下来"扫荡",大概是一百多人,其中日本人大概二十多个,其他都是和平军。这次下来到了泰县雅周区的孙庄乡和黄夏乡来"扫荡",在这里准备过夜不回去了。他们下来就放火,烧掉了二十几户人家,包括地主的四个炮台。县团和区里配合,我们两乡组织六百多民兵,在县团的统一指挥下,趁夜把他们包围住,到处放枪,他们被吓得跑出来,抢的东西没有拿走,都丢下来了逃命。这一次还抓了三个日本人,可以说是有成绩的。三个日本人是怎么抓到的呢?他们逃的时候,掉了粪坑里的,被老百姓捉到了,送到了县团。结果县团奖励我们孙庄乡、黄夏乡步枪各一千支。这个故事就体现了毛主席的思想:党的领导、武装斗争、群众路线。

3 解放战争的经历

抗战胜利时,我们各个乡都开庆祝大会。随后,毛主席到重庆谈判这些问题,我们内部都是有通报的。

1945年秋,我调到紫石县委工作,同时担任县农抗会主任、县土改工作队队长。当时已经开始搞土改,搞土改就是一手拿枪、一手拿算盘,就是白天分田、夜晚打仗。那个时候使劲抓,搞土改,发动群众。有了土改这一条,群众就分到了田,群众有三保,保田、保家乡、保命。我们好多地方都有三保大队,要把群众发动起来。

　　一开始是对于减租减息，群众感觉到不过瘾，有要求。在海安、泰县这边，老早就有要求了。随后中央批准了五四土改。五四指示下来以后，我们就宣传、组织，这次不是农抗会，是全党动员来发动土改。当然，土改当中也会遇到一些困难。什么困难呢？有些群众怕变天，不敢要，怕地主变天。这个就要做工作，不做工作就不敢要田，也不敢要粮。地主此时也不敢反抗，反抗还得了！我们鼓动农民分田，全党动员，有一套班子。根据各个村子土地实地测量，有多少田。地主也有一份，当然地主是分坏田，差的，贫下中农分好田。按照这个村子的总平均数，有的二亩田，有的一亩半，数字不等的。当时还有个扫地出门，就是地主把房子让出来，住到原来贫下中农家里去。富农的田当时也分过，不过富农也区别的，不扫地出门。

　　土改过程中，有很多地主逃进敌人的据点里，参加、组织反动武装后再回来反攻倒算，下来就是夺田、倒租、捉人。还乡团就是地主或者恶霸富农，逃到据点里面去的。他们组织自卫队，下乡"扫荡"。下来"扫荡"我们就捉，我们也打。同时也争取他们，凡是投降的宽大，凡是下来"扫荡"的捉到就杀头。我在海安曲塘区的时候，敌人下来了。曲塘的敌人下来到邓庄，一下子杀掉我们五个人。他们下来"扫荡"，我们有个民兵被他们捉了，俘虏过去了。他就用刀，用铅丝穿过来背着绑着，到了曲塘后面就枪毙掉了，就打死了。另外还有些妇女，捉了个妇女代表。还有个卖鱼的，还有个做工的毛五儿，一下子被敌人杀掉五个。但是我们后来捉到他们也不客气，也杀掉了两个。

　　五四土改之后还有个土改复查运动。主要的是土改不彻底，因为战争时期比较粗糙，复查土地、房屋的分配公不公平。复查之后还发证，产权证。

　　我当民兵的时候主要用的是步枪，湖北条子。有手榴弹。还有三八式步枪最好，其他都是湖北条子多。到了后来我们区里就有机关枪了。一个区队里，区委书记就是政委，政委带兵。我们一个区队有四五个班，一个班有十几个人，有两挺机关枪。武器有三个来源，一个是地主家收过来的，第二个是打仗缴获的，第三个是从敌人据点买来的。到据点买。就是还乡团他也要命的，抓到还乡团的家属，要他交多少枪多少子弹。据点里我们有情报站，有联络部，有地下党。一个是城工部，一个是情报部、情报站，都有的。这些对外不公开，是秘密的。

我也参加了解放战争，经历了三次危险、三次脱险。第一次危险是 1946年，国民党发动进攻，我当时是海安县曲塘区的区委书记。县委交给我一个任务，让我去胡集镇，那里有很多新四军牺牲的同志，也有国民党的去处理后事。我带了一个班去处理。不知道敌人会从西边的曲塘镇向东推进，把胡集包起来了。包起来了，我们怎么走呢？敌人的射击一开始很猛也很猖狂，刚进攻就把我们包围起来了。我们依靠群众，把敌人分散，在群众的掩护下，我们从南边的大河走，群众一路送我们到了解放区了。第二次是 1947 年，我在台南区（东台南）做区委书记。那一天我带了一个班下去挺进边区，扩大解放区，在东台南边一个叫梁西的地方。这一次敌人也下来了，没想到他们的口令和我们是一样的。我们的口令是"军民合作"，他们的口令也是"军民合作"。胳膊上的标志也是白手巾。敌人不知道我们多少人，我们也不知道他们多少人。遭遇战啊！后来，那里的地下党员告诉我们，说对方是梁垛的自卫队，不是什么大部队。我们就拼命的和他们打，结果这一次捉到一个俘虏，缴获一根枪、两个帽子，其余人逃走了。第三次是 1947 年的 7 月份，我带了两个班还有三个乡的武工队，进了东台脚下的太平圩，这次有人给敌人送情报，知道我们下去了，东台下来了一个保安队来打我们。那一大老天也帮忙，下大雾。结果打起米，敌人在后面追，我们依靠群众向南边的十八里河撤退。我不会游水，有两个同志用绳子把我扣起来拖过去。那个河很宽的，叫梁泰河。和我一起去十八里河游水一起脱险的，一个叫刘建勋，是我们区公所的文书，一个叫李群山，是区委委员、民运科长。

后来我们靠群众撤到苏南。这是第三次危险。

4 他们叫我"水龙王"

解放以后，我在海安做县委组织部长、民运部长、第一任检察长、纪检委员会书记、妇委书记、农委书记，职务多呢。那时候人少，县委就五六个人。当时才建立，1953 年调到南通水利局。因为我对南通的水利一个是熟悉，另外一个是时间长，所以他们给我起了一个外号，叫"水龙王"。

1952 年我在海安结婚，老伴也是海安人。她原先做乡指导员、民兵，县妇联科长。在泰州姜堰参加过工作。她在县委工作，我也在县委工作，工作认识的。如今我们有三个儿子。

在水利的 30 年当中是不简单的事情。我们南通地区是滨江临海，一个靠近长江口；一个靠近黄海。我们搞水利干什么呢？第一条叫保安全，就是江海堤防要加固加高，要挡高潮。第二条就是排涝开河，过去港口太多了，并港建闸好排涝。再有一个就是引江，简单点讲就是问长江要水，就是大引、大排、大调度。我们南通历史上的水利基础比较差，我们有大水系，一是长江水系，一是淮河水系。过去，实业家张謇请的荷兰工程师特来克，搞了很多工程，新中国成立以后，我们在南通又做了大量的水利工程。沿江搞了六大口门，沿海排涝也是六大口门。如今南通的水利情况来讲在全国都是领先的，主要是因为我们抓安全水利，抓水源水质问题。我们滨江沿海，如果搞得不好的话就容易海水倒灌。所以这个水利上的事情，我们南通是搞的比较多的。还有一个饮水，保障老百姓吃水，自来水送到各户。南通全市百分之九十八都是吃自来水。现在我们这儿还有绿化植树。沿海的百里海线，百里绿化，都是绿化带。

在党领导下,我参加了抗日战争、解放战争。新中国成立后我参加了社会主义建设和改革。1983 年从南通水利局离休。在南通搞水利搞了 30 年,从 1953 年到 1983 年。所以中央水利部给过我奖章,表扬我为中国的水利事业做出了贡献的先进人员。

我在旧社会待了 28 年,在新社会生活快 70 年了。感觉到旧社会是劳动人民受剥削受压迫,生活艰苦。我深刻感觉到,还是新社会好,没有共产党,就没有今天的社会。

智勇双全的
地下尖兵

孙　彪

"伟大复兴，创业创新。强国强军，争当尖兵。我们每个人都要有梦！"

★ 口述人：孙彪

★ 采访人：章晓冬　马珀　杨峰　丁鸿健　翁天红　周文杰　杨康

★ 采访时间：2015 年 7 月 15 日

★ 采访地点：江苏省盐城市建湖县

★ 整理人：王金鑫

【老兵档案】

孙彪，又名洪瑜、金甫、孙凯、孙小五子，1930 年出生，江苏省建湖县人。1942 年 6 月参加革命工作，曾任盐阜区组织部大潭口地下交通站交通员、华中五地委大潭口地下交通站交通员等职。1948 年冬，被授予"模范地下交通员"称号。

1　少小年华国难尝，河山美好被沦丧

我今年 85 岁，1942 年 6 月参加的新四军，是个地下交通站的资深交通员。那么为什么参加新四军从事革命工作呢？原因就是国仇家恨！因为日本鬼子侵略我们中国，这叫国仇。所谓家恨，那就是我们中国老百姓过去在"三座大山"的压迫下，民不聊生。所以，我要积极地探寻如何能够翻身？要想翻身，就必须九死一生地和敌人十，与敌人斗争到底。

我所在的地下交通站是大潭口地下交通站，全称为苏北根据地盐阜区组织部大潭口地下交通站。在硝烟弥漫的抗日年代，地下政治交通工作是我党的一条特殊战线，也是一条生命线。当时，我铁军 3 师负责盐阜区、淮海区两块抗日

根据地的防守和建设。新四军第 3 师与盐阜区党委为了沟通盐东[1]、建阳[2]两县的政治情报、干部秘密往来,决定选择两县三区四乡的结合部、敌占区的薄弱点——大潭口组建地下政治情报交通站。地、县、区委选定了在建阳县四区靠近草埝河、串场河、通榆路不远的大潭口[3]河西的我家为大潭口交通站的堡垒户。

我们家深受"三座大山"压迫,苦大仇深,一家老小十口,我大哥也是地下党员。地址选定后,四区委李志、倪杰[4]特地来我们孙家,代表地、县区系统交待落实了政策和要求。大体上讲:组建大潭口站的重要性,站的性质是地方党委领导的半军事化地下的严密组织,也是我县东大门的核心通道,隶属地、县委组织部双重领导,由四区区委社会科指导工作,人员 3—5 人,生活上保证供给,任务保密性、时间性、责任性很强,要有不怕牺牲精神、日夜干的劲头,做到人亡信灭,舍命护干。执行任务要有预案,二人同行双保险,盐东以三董为联络人,建阳一二三四区有联络者。方式、方法自我摸索,人自为战,"明知山有虎,偏向虎山行",学会与狼共舞,同魔周旋。

1942 年夏,经区委决定,我被任命为这座由盐阜区组织部领导的位于县际间的大潭口地下交通站的交通员。那么为什么要选我当交通员呢? 因为书信传送、人员往来,要经过串场河和通榆路,过敌人的封锁线,要一直天天与敌人见面周旋,不可能平白无故地过去。为了保证地下交通的安全,就必须苦大仇深、机智勇敢的人投入这项工作。而我家属于苦大仇深的家庭,家里有 11 口人,由我父亲孙云秀当家。我的大哥孙大谋是地下党员,二哥名叫孙宏达,也是

〔1〕 1941 年 11 月,苏北抗日根据地设置的县,范围为盐城县东部地区。1949 年 11 月并入射阳县,现为盐城市射阳县。
〔2〕 1941 年 9 月,苏北抗日根据地设置的县,范围为盐城县北部地区。1957 年 7 月改称建湖县,现为盐城市建湖县。
〔3〕 今建湖县上冈镇坍圩村境内。
〔4〕 倪杰(1917—1942),江苏盐城人。1941 年加入中国共产党,曾任新河乡指导员、区委委员、区委组织科科长等职。1942 年 12 月 1 日,在进行反伪化活动时,遭日伪军包围,为掩护区长李志等人,不幸中弹被捕,受到严刑拷打,当夜惨遭敌人杀害,壮烈牺牲,时年 25 岁。今有盐城市亭湖区永丰镇倪杰村,以为纪念。

地下党员。我当时是 11 岁，之所以选我的另一个原因是要过敌人封锁线，青壮年是不行的，敌人会怀疑，有可能强迫去做劳工，甚至被抓去当伪军。所以选择了我，因为我只有 11 岁，人小作用大，敌人也不怕我。因此，我成为了地下交通站的核心，出于斗争需要，有关组织领导还为我改了几次名字，包括洪瑜、金甫、孙凯、孙小五子、孙彪，"孙彪"是我最后一个也是现在的用名。我把战争年代的革命经历总结起来，标题就可以叫作"地下交通与小兵"。

2　复仇雪耻做交通，誓志无声战日狂

我担任了交通员后，在交通站统一领导下，人自为战，一不怕苦，二不怕死，不仅担当了日夜奔走的交通员，还是穿敌封锁的护干员、捕捉敌情的情报员、勇冒矢石的战斗员、提高警惕的防奸员，为夺取抗日、解放两个战争胜利作出了自己应有的贡献。我个人的事迹主要有六个方面：

首先，我做了交通员之后，在实战中学会了与狼共舞，乔装打扮，蒙蔽敌人。春夏秋装扮成弄鱼摸虾、掏螃蟹、拾花生的；冬天装拾草、背私盐、背粪兜子拾粪的，把信件送进送出。智渡串场河，巧过封锁线 1 000 多次，递信数万封，征程数万里。我在交通站里成为核心之一，过去部队作战有先锋官，我就是这个先行者。像我大哥、二哥，他们年龄比我大，他们就不好过封锁线。而我小，敌人他不重视，送信传情报，敌人都不当回事。过去农村全是水田，我不从路上走，都从水田里过。我虽然才 11 岁，但我又不怕敌人，他们也不把我当回事，情报就这样送出去了。根据我个人的回忆，抗战期间四年多的时间里，日积月累，书信来往上千次，书信数万封，路程数万里。当时，我们从建阳县东大门得到书信后，经过新四军第 3 师所属部队的驻地，送到盐东县，我们的主要任务就是沟通

建阳县和盐东县的联系。

1942年秋，我背着订做的鱼篓子，拿着蟹勾子，书信在篓底的夹层下，上面放着螃蟹和几斤小鱼小虾，准备到芝麻垛仇老花家遇（去见）盐东县接头人三董，送接信件。我刚走到通榆路王家灶[1]桥头，就被往南的十多个日本鬼子及几十个伪军自卫队喊住。我是毫无惧色地迎了上去，鬼子小头目腰刀一抽威吓我，嘴里叽里咕噜的，说要刺啦刺啦的，想要刺死我。汉奸翻译见我浑身泥水光着屁股，鱼篓子里几个死螃蟹和小鱼小虾，没什么油水，便和鬼子通了话。鬼子小队长一气把我鱼篓子踢下王港河，又踢了我一脚，向南而去。我赶紧又将随水流淌去的鱼篓子捞了上来。急奔东，遇盐东的董正香等，进行了交接。这是抗战时期最危险的一次经历。

在1947年春的解放战争中，因信件较多，我即利用春播东海人常到西乡买稻种的习俗，用泥土及稻谷与信件一起打成小稻包走封锁线。一次，我挑着稻包刚过通榆路，被新兴场还乡团喊住，我潭北区北辰乡乡长王兴千插上去解危，说我是潭北东边长荡买稻种的，还乡团一个头目手一挥，我就走了。我走之后，通榆路南边又来了几个还乡团，其中有一个家伙认出了王兴千，知道他的身份，王乡长因此遭俘。后经组织营救未果，不久就被活埋于新兴场河西桃园村[2]。华中五地委授予他革命烈士称号，堪称无声战线的铁胆卫士。

3　串场河水闪星光，护干传情步履忙

我还承担护送干部往来的任务，接送盐东县还有新四军的领导经过。当

---

〔1〕今盐城市大丰区经济开发区境内。
〔2〕今盐城市亭湖区新兴镇桃园村。

时，根据地提出的口号是，"村不离村，乡不离乡"，要坚持原地斗争。但是，如果说哪个地区形势紧张了，经过批准后，可以跳圈子转移。不经过领导批准，是不允许跳圈子的。我们的任务就是护送转移的干部。当然，护送干部也是有危险的，我至今还记忆犹新。当时，护送的人员有上千人，除了干部，还有部队，有的到东海边，有的要到延安。

受命护送领导干部安全过封锁线，责任十分重大，我曾下过无声的誓言，宁可牺牲自己，也要保证领导安全。执行任务时，我们都有预案，二人行，前护后。8年里，我护干千人次，遇险十多回，1943年冬，一个晚上，我与王浩受命护送往盐东县的领导、总县队政委孙海光[1]同志。我在前面引路，与王、孙距离100米左右。当我走到通榆公路时，发现20多人的伪军自卫队，我根据预案，采用迂回方法，向熟悉的西北方向狂跑，引诱敌人追赶，以便王、孙二人安全通过通榆路。我边跑边喊："土匪来了，救命咯！"身上还扛着个趟网子，趟网子原本是用来趟河的。由于敌人穷追不舍，我只能把趟网扔了，并且忘我地拖着害痄腮（腮腺炎）的病，泅渡冰冻的串场河，不顾冰块划擦，结果造成皮破肉绽，右下肢骨折，以及脾裂，现成了两个脾，手臂再也无法伸直。这一劫多亏了特情户朱六爷、王文兰将我送到王浩的祖父王伯桓家。王浩将孙海光同志安全送达后，回来便请医生为我诊治，两个月后我才得以走动。现在我的两条小腿尚有九处伤疤，记得后来医院的医生讲："害痄腮遭骤冷，会影响生育的！"

---

[1] 孙海光（1907—2003），原名孙秉球，江苏灌南人。1929年参加革命工作，同时加入中国共产党。曾任中共江苏省委失业部干事、中共上海市沪东区委宣传部长、苏皖区党委第三地委巡视员、盐东县县委书记兼盐东县总队政委、盐东独立团政委、华中野战军第10纵队第84团政委、华东野战军第12纵队组织部部长、华中野战军第12纵队第34旅副政委、南通军分区副政委兼政治部主任、苏北军区干部管理部部长、上海兵役局局长、江苏省委组织部副部长、江苏省检察院副检察长等职，获二级独立自由勋章、二级解放勋章、最高人民检察院检察人员荣誉勋章。2003年3月13日病逝于南京，享年96岁。

1947 年春,我还护送过叶挺、盐东、建阳三县中心县委书记唐君照[1]等三人。当时,由盐东潭北唐灶南到永丰区[2]的埝北乡,我与倪盛汗一起将唐等三人一起送到了湖垛,与刘阳生[3]政委、树海[4]县长交谈,检查建阳县反内战保家乡、开展自卫战争的情况。吃晚饭时,刘阳生政委还把 17 岁的我当小孩子对待,硬要我多吃菜,还与唐老县长、树县长说:"孙小五子是个宝,敌人窝里他能跑,护干传情贡献大,不要化装个头小。"还交代我说:"你小呢,要学习识字,我给你一支关勒铭笔学习用。"1947 年秋,我还与杨以希[5]部长一起到盐东,护送他上任副书记。当时,胡特庸[6]书记在大洋河[7]北一个老百姓家办了几样菜招待杨以希书记,我也沾光打了牙祭。"太阳书记"胡特庸很高兴地对杨说:"你来了,我们盐东也就解放了!不日,我们县委搬回南洋岸去,五级手电筒我不要用了,给'小五子'做个纪念。"

---

〔1〕 唐君照(1910—1990),又名唐秉光,江苏建湖人。1926 年加入中国共产党,曾任中国社会科学家联盟复旦大学分盟支部书记、第五战区抗日青年救国团团长、建阳县首任县长、射阳县委书记、华中十一地委组织部部长、盐城城防司令部政委、苏北公学副校长、华中大学副教务长、南京市秦淮区首任区委书记、江苏省重工机械厅常务副厅长等职。1990 年 1 月 10 日因病逝世,享年 80 岁。

〔2〕 今亭湖区永丰镇。

〔3〕 刘阳生(1912—1996),马来西亚华侨。1927 年参加革命工作,1929 年加入中国共产党。曾任新加坡华侨中学青年团总支书记、中共梅南区工委委员、新四军战地文化服务处编辑组编辑、淮安县委秘书、盐阜党校教育科科长、阜宁县委组织部部长、建阳县县委书记、华中三地委第三中心县委书记、盐城地委书记、南通地委书记、中央文教部农村卫生教育司司长、农业部文教局局长、浙江省检察院检察长等职。1996 年 6 月 16 日病逝于杭州,享年 85 岁。

〔4〕 树海(? —1981),原名树延绮,江苏建湖人。1937 年加入中国共产党,曾任上海暨南大学学生抗日救国会主席、盐城工委宣传部部长、靖江区委委员兼宣传部部长、盐西行署主任、建阳县抗日自卫总队副总队长、建阳县县长、县委书记、两淮区党委委员、合肥市委书记、合肥市市长等职。1981 年因病逝世。

〔5〕 杨以希(1921—1980),江苏建湖人。1940 年参加革命工作,同年加入中国共产党。曾任区委书记、县委副部长、部长、县委副书记、书记、中共中央组织部副科长、副处长、处长、中组部副部长、重庆市委书记、成都市委第一书记、成都警备区第一政委,四川省委委员等职。1980 年 11 月 14 日,因积劳成疾,不幸逝世,终年 59 岁。

〔6〕 胡特庸(1912—1948),又名胡太阳,湖北大冶人。1935 年加入中国共产党,曾任滁县工作团团长、合肥分区区委书记、大冶中心县委委员、武汉新华社记者、上海新华社记者、盐城工教会秘书、一区区委书记、建阳县委组织部部长、盐阜县委组织部部长、盐东县委书记兼部队政委等职。1948 年 5 月 27 日,在前往县委驻地开会途中,遭国民党武装分子暗杀,壮烈牺牲,时年 36 岁。现有盐城市射阳县特庸镇,以为纪念。

〔7〕 今上冈镇学滩村境内。

4 掌握真情报，狠打日伪军

我还肩负了搜集敌伪情报和掌握社情动态的任务。1942年春节期间，驻守上冈的日伪头目、伪军团长金吉三之子金龙与其叔伯弟兄金小羊子，在他们的佃户也是我家邻居芴家吹牛，谈天说地，我也正好在那里闲玩，他们不可一世地讲："皇军与和平大军对盐城西乡进行大范围的'扫荡'，要将四区建成反共和平建国的示范区……"说者无心，听者有意。我感到这一情报十分重大，马不停蹄地赶到宋楼[1]向区委书记李志作了口头汇报。李志是安徽人，新中国成立后到福建担任了建设厅厅长，就是他选我当了交通员。

李志听后便讲："小五子你立了大功，金吉三是上冈日伪重要头目，宁可信其有，不可信其无，而且多渠道证实日伪亡我之心不死，要搞大动作，搞伪化'蚕食'。"李志书记亲自写了一封加急信，要我与谷连方一起到一、二区找金韬政委。我们当天下午就出发，走孙庄[2]—尖墩[3]—秀北—高作[4]西北乡，幸遇刘捷山区长把我们带到树海处，将李志同志的亲笔信交给了他。他安排我们吃了早饭，树海还交代我们转告李志："做好充分准备，坚壁清野，四区干部必要时要搞跳圈子游击战，敌人搞反共救国的示范区，我们就在四区拿据点、炸碉堡，反伪化。"

回来后，我一个人找到李志同志，并口头将树海讲的两条意见作了汇报。李志又要我与财经区员石奇一道将八只船装的几万斤大米运送到三区尖墩、丁渡分别隐藏起来。完成任务后，李志在新慧乡组织了6条船几十个同志，在双漕河上船向东过串场河，进南潭河，过封锁线，跳圈于到了潭南区。回忆我方在

---

[1] 今上冈镇宋楼村。
[2] 今建湖县庆丰镇境内。
[3] 今建湖县冈西镇境内。
[4] 今建湖县高作镇。

反侵略、反"扫荡"、反伪化斗争中,成绩是卓著辉煌的。我家乡四区在反"扫荡"中,打掉了肖家舍[1]伪据点,端掉了日伪侵驻四区中心地带的支撑点花墩头[2],缩小了伪化区60％,扩大了我方政权,粉碎了日伪妄想在我四区搞反共救国示范区的黄粱美梦。

同时,我在参加反"扫荡"、反"蚕食"、反"伪化"的过程中,也发挥了自己应有的作用。所谓"三反",就是日本鬼子要"扫荡",伪军要"蚕食",然后就是伪化,我们则要与之作斗争。在这个过程中,我做了两件事,除了上面提到的实行坚壁清野,保护公粮,进行分散外,另一件就是因为我对道路很熟悉,所以是我带路将敌人在通榆路上的电线杆子给刨了,同时还破路毁大坝。

5　化装进盐城,策反敌伪军

然后,我参与了收复盐城失地的斗争。1945年秋,日本宣布无条件投降后,我军包围了盐城敌伪据点。当时,丁铁[3]叫我随程鹏一道去盐城参加一场特殊的战斗,利用我个头小的特点,给他们做一次特殊的战斗员即特勤。我还记得时任民兵总队长的程鹏(又名周正华)跟我说的话:"孙小五子,一块和我上盐城。"就这样,我和30多名武工队队员,趁着我军攻打盐城北门袁家庄的战斗刚结束的尾子,穿着敌人的制服,冒充残敌,混进日伪据点,进驻到了盐城西门的大中旅社。他们一是要我扮成卖烧饼油条的小贩子,买熟食给他们吃。记得

〔1〕 今建湖县庆丰镇逍遥村境内。
〔2〕 今建湖县庆丰镇境内。
〔3〕 丁铁(1921—2000),江苏阜宁人。1940年参加新四军,1941年加入中国共产党。曾任区委委员、区委书记,县委宣传部长、武装部部长,苏南区委党校校务委员、组织科科长,江宁县委副书记,江苏省委办公室副主任,镇江地委副书记,苏州地委副书记,淮阴地委书记,淮阴市市委书记,江苏省顾问委员会委员,中共十二大代表等职。2000年12月,病逝于上海,享年79岁。

一天晚上,在街上买东西时,我险些被冷枪子弹打伤。二是要我找张寻李,通过他找到了时任伪特务营营长的地下党员[1],让该同志找敌军参谋长[2]与一位薛姓首长[3]谈判,迫使赵云祥起义投诚。那时候,日本都已经宣布投降了,但是,蒋介石让李默庵叫赵云祥把地盘和军队交给他,不准把盐城和军权交给共产党,结果我们新四军就开始攻打盐城。盐城外围伍佑等敌伪据点的日伪纷纷投降,敌人看大势已去,很快就签字反正了。随后,我军进入盐城,至此,我盐阜人民取得了抗日战争的最后胜利。

到了解放战争的 1947 年秋,盐城基本解放,但尚有部分残敌没有放下武器。各地县区的领导都积极涌进盐城,搜索还乡团等坏人。我同丁铁、曹洵与保田大队的一部分同志一起进入盐城,在街上一条小巷子里,发现了我区潘区长和投敌教师沈某某在一起。两人被带回,押解到永丰区教师大会上,进行

孙彪与老伴合影

了批判斗争。这二人因为不是党员,后被释放。为此,潘区长受到影响被调开,后调至合肥。

6 敌友分清楚,反奸手不软

在反伪化、防汉奸、反内战、防内奸、反腐败、防权奸的过程中,我一直深感

〔1〕 此处有误,应为时任伪第 4 军军部少将副官长的地下党员路耀林。
〔2〕 即伪第 4 军代理参谋长张伴农。
〔3〕 即苏北区党委敌工部部长薛尚实。

这对于保卫政权、巩固政权的功能与作用是不可低估的。我个人在这方面也尽到了微薄之力。在抗战时期，我在苏伯瞻同志指导下，挖出三特（日伪匪）人员，此人是我方误作为开明士绅的四开人物。

解放战争时期，倪生汉同志在我的协助下，搞清了埝北乡四大巨头及区保田大队连长投敌自首的来龙去脉。同时，我与有关方面深挖了混进教师队伍的原国民党区分部书记寻找革命意志薄弱的教师发展国民党员的政治事件。

改革开放以后，我按照 1988 年 7 月 1 日省委老干 35 号文件精神，协助组织上理清了个别隐藏的汉奸敌视抗日时期地下工作人员、无视省委规定、久拖不办退改离的事件。我个人认为，此等反奸防奸的课题具有深远的历史意义和现实意义。

7　追忆大潭口交通站

这么多年来，我时常回忆起在大潭口交通站的日子，也曾多次撰写文章，分析和总结大潭口交通站所具有的鲜明特点。总的来说，主要有以下四点：

第一，有在白色恐怖敌占区搞地下斗争、深入虎穴、不怕牺牲的大无畏成员。1942 年冬，首任党员站长我大哥孙大谋为完成地县区委交代的、深入了解日伪盘驻在四区的中心地——花墩头中冈据点具体敌情、以便我军攻打拔掉该据点的任务，在倪家河不幸被敌所俘，遭受了老虎凳、灌胡椒水等酷刑，孙大谋同志坚持气节不为所屈，组织上想方设法营救，得以生还，并且完成了任务。1943 年 2 月 26 日，花墩头日伪据点经我军一夜的攻击，最终被拔掉。我大哥身份再次暴露，组织上为其改名王健，并委以四区区委社会科长之职。但我大哥因经受敌人毒刑，带来了胃、腰、腿的终身残疾。

第二,有能坚定正确政治方向、分清敌我友、搞好统一战线的思想水平。第二任站长我二哥孙宏达对大潭口及我们经常奔走路线的周围群众进行落实,掌握了一定的特情户,以为我所用,帮战解危。政治关系复杂、思想较为进步的渡工王荫怀、王文兰主动告知串场河、通榆路之敌情。交通站沿途还选择了墩子高、房子较多的郑瑞庭、沈其鳌家挖地下室,搞了隔板墙以作特殊躲人藏信之用。大潭口交通站在解放战争爆发后,由于敌情的变化,根据工作需要,又发展吸收了社会关系比较复杂、但对我党不存二心的沈桂连、沈家太父子为交通员,利用他们为"黑白通"。

第三,有在对敌斗争中一不怕苦,二不怕死且随机应变、巧装打扮、蒙混敌人的大智大勇精神。春夏秋装扮成弄鱼摸虾、掏螃蟹拾花生的;冬天装拾草挑私盐、背粪篓子拾粪的,把情报书信送进送出,护干迎来送往。可以用八句打油诗来高度概括大潭口交通站人员是如何吃大苦耐大劳的:"战争交通不问时,一有任务急奔驰。明知艰难险阻大,斗勇斗智献神奇。经常事急踏晨霜,都是黑夜接线忙。渴饮沟河冰冷水,饥饿难受野蔬尝。"

第四,有各地有关领导对该站工作上、生活上给予多方面的关心和帮助的环境。盐东县书记胡特庸、建阳的刘阳生、杨以希、丁铁、倪学凤等领导对我大潭口交通站的同志非常好,当个宝,见面总是问寒问暖,硬是要吃饱睡好。沿途的韦干才、陶明、仇老花、董正香、谷连方、陈曙东、郑云都能指点迷津,给予方便,确保了大潭口地下交通的畅通,保证了铁军3师盐东、建阳党政军护干、传情任务的完成。

我大潭口地下交通站从1942年6月组建到1949年冬完成历史使命,八年之多的日日夜夜,经历了抗日、解放两大战争的洗礼,全站人员在斗争中学会战斗,与魔鬼周旋,斗智斗勇,智过串场河,巧过封锁线上千次,递信护干,征程数万里,为抗日战争和解放战争的胜利作出了不可磨灭的贡献。1949年,华中五地委有关领导在总结表彰地下工作会议上，表扬大潭口地下交通站："站小作用大，人少奉献多，隐蔽战线矢志无声具有铁军精神的好典型。"

8 个人不足道，未来在青年

当年，可以说是硝烟弥漫、敌我殊死搏斗的年代。当时，我自我加压的精神支柱就是，为了解放全人类，拼死拼命过敌人封锁线；为刨穷根，就要日夜奔走；想到接头战友，就要忘我奔走。我写过一首打油诗："潭草河水闪星光，护干递信步履忙，越过碉堡沟壑去，闻来身后送行枪。"这体现了应有的无产阶级革命英雄主义精神。1943 年，在参加攻打观音阁〔1〕大坝的战斗中，我个人就险被小阜庄〔2〕伪军乱枪打死。1948 年冬，华中五地委授予我"模范地下交通员"称号。

总之，我个人虽然做了一些事情，当然，也是微不足道的，但我对得起自己，报了国仇家恨。虽然现在早就离休了，但我还是一直关注形势的。抗日战争胜利，固然要庆祝，但从目前形势来看，我们现在的青年同志更要不忘国耻，要铭记国耻，捍卫未来！所以，我最后有句话想说："伟大复兴，创业创新。强国强军，争当尖兵。我们每个人都要有梦！"

---

〔1〕 今庆丰永安村五组境内。
〔2〕 今庆丰镇洪桥村境内。

第一次上战场就打了胜仗

孙道成

"感谢党和政府，给我们一个月几千块钱，让我们过上吃穿不愁的日子。"

★ 口 述 人：孙道成
★ 采 访 人：齐春风　肖晓飞　莫非　杨汉驰
★ 采访时间：2016 年 8 月 4 日
★ 采访地点：江苏省南京市孝陵卫双拜岗路
★ 整 理 人：肖晓飞

【老兵档案】

　　孙道成，1928 年出生，安徽省庐江县人。16 岁被抓壮丁，在第 33 集团军第 59 军第 38 师当兵。抗战时期在湖北一带作战，胜利以后随部队前往河南信阳接收日军武器、物资。解放战争初期跟随部队进入山东，国民党军队整编部队以后，和战友来到南京，进入中央训练团。1949 年随国民党撤往上海、杭州，后从杭州返回南京，务农至今。

1　少年被抓壮丁

　　我叫孙道成，1928 年出生，安徽省庐江县人，家住庐江县泥河区大化乡鳌山保第七甲。父母都是农民，种的是地主家的地，据说地主是吴三桂的后代。我兄弟四人，念过两年私塾。

　　那个年代正值抗日战争，国民党在我们那里征兵，征兵标准是"三丁抽一""四丁抽二"。1943 年，我 16 岁，四月里的一天，我上山砍柴，中午在回家的路上经过保公所，不料被保公所的人抓住了，就这样被国民党拉了壮丁。

当天就把我送到了区里，紧接着送到乡里，过了两三天，送到县里。我被国民党拉壮丁，家里是知道的。当时挑柴回家，走在我前面的人没有被抓，在我后面的人看到我被拉走，赶紧回家告诉了我父亲，可是家里也没有办法。

送到县里以后，我们被安排在补充团，补充团大约有 30 多人。很快就有人来检验，先是连长验。我只有 16 岁，只能算个小鬼，个子很矮，另外一个小鬼和我一样，也是 16 岁，连长说："这两个太小，不要。"连长验完了，营长又来验。营长问："这两个小鬼为什么不要？"连长说："小鬼不行，走不了路，从安徽到湖北有 2 400 多里路。"营长说："小鬼越长越大，大的越长越老，可以要。"就这样，我们又被选上了。

补充团一天两顿稀饭，用冬瓜下饭，吃不饱。夏天晚上睡得也很简陋，简单的稻草铺张席子就算是床，晚上把外面的褂子一脱，躺下了就睡。

接着把我们从庐江送到了六安，那里是安徽的师管区。从庐江到六安，路上走了四天。经过舒城时候，有个地主家里有牛屋，晚上我们住他家里。把牛拉出去，里面打扫一下，地上撒上点灰，就安排各班睡牛屋。我刚好被安排睡在牛屎屋，我不敢睡，硬生生坐了一夜。

部队里为了防止我们这些新兵逃走，想了很多办法，例如晚上睡觉的时候，以班为单位，用一根很长的绳子，在每个人的身上绑上，所有人绑一根绳子。有一个人半夜起来小便，其他人都得起来。印象中有一回一个"小鬼"拉肚子，半夜起来七八次，我们这些人也得起来"陪厕"，臭都臭死了。

除此之外，还实行连坐，比如一个班里，第一个人跑了，第二个人就要倒霉，要挨揍，第二个人跑了，第一个人和第二个人就要挨揍。从庐江往六安送的路上，有一天下午下大雨，天空打炸雷，有一个老油子胆子大，就趁着大雨逃跑了。结果其他人就被打了，两个人轮流拿棍子打，我当时在旁边吓得不敢吃晚饭。班长说："小鬼，你怕什么，又不是打你！"说完还盛饭给我。

在六安苏家埠师管区训练了大约两个月。那个时代,老百姓变成军人,怎么打仗、怎么使用武器,都要接受训练。教的是卧倒、向左转、向右转这些基本的军队口令。

师管区里的生活不行,国民党克扣军饷,我们吃不饱。我们总共有 12 个班,各班班长轮流到司务长跟前领钱买菜,有的有良心就买点好菜,没良心的领了钱自己买吃的,吃完剩下的钱再买菜回来。早上伙夫送来早饭,你要吃就吃,不吃拉倒。也不能洗澡,身上的虱子生了不少,很多人都病死了。早上在门口的池塘洗脸。

2 在湖北打鬼子

六安训练结束后,开始把我们往湖北送。途经河南,从邓县进入湖北,到南漳交给正规部队。我所在的部队番号是第 33 集团军第 59 军第 38 师,我在第113 团第 2 营第 4 连第 3 排。集团军司令是冯治安,军长是刘振三,师长是李九思,团长是郭坚勋,营长是王之初,连长是罗一介,排长是张平三,班长是艾明满。我们这些底层小兵一般轻易接触不到大领导,军长、师长平时见不到,只有在部队大操或大典上才能见到。军长、师长站在高高的检阅台上,我们隔得太远,脸也看不清楚。

交给正规部队的那天,早上天还没亮,老百姓就送来了早饭,冷的,也没有菜。营部把我们分到第 4 连,我们新兵分在新兵班,士兵都住在前线的草屋里。连长过来看看我们,说:"炊事员,称几斤饼,煮点稀饭给他们喝喝。"我们以为到了部队就有好饭吃,结果还是喝稀饭。连长说:"你们在师管区,肚子饿得肠子细了,先吃稀饭。"

接下来的日子里，我们吃了不少次稀饭，就跟连长提意见，我说："连长，我们是不是差不多该吃干饭了？"连长说："行啊，明天早上到团部大操场，你们跟老兵后面跑步，只要能跟得上，你们就吃干饭。"结果我们十五六个人，只有一个人能跟上老兵。除了他，我们还是喝稀饭。大概个把礼拜以后，我们才开始吃上干饭。在正规部队，很少吃肉，逢年过节才有。湖北本地的莴巴菜、泥豆腐难吃死了。排长、连长平时在部队和我们吃的一样。他们要吃肉，就自己下馆子。我们一个月有 7 块钱军饷，偶尔也下馆子。直到日本投降以后，伙食才渐渐好起来。

部队里也有一些精神教育。每周都有中山纪念周，后来改为中山俱乐部，但是形式化比较重。有的时候也会开会，由排长讲话。我还记得排长说，政治就是国家大事，他就从鸦片战争讲起。排长说，我们中国地大物博，资源丰富，但是受到外国人侵略压迫。

刚进部队，给我发的枪是汉阳造，我个子小，枪比我还要长。我站岗的时候见到团长，对他喊："敬礼！"团长看看我，说："小鬼，蛮好！"他让连长给我换了一把中正式。除了枪，每人有二三十发子弹，子弹带斜背在身上，还发 4 颗手榴弹。我们平时穿的都是老百姓做的布鞋。

当兵的几年，有两场仗记忆犹新。第一次战斗是打钟祥的蘑菇岭，我们排长张平三是甘肃人，平时可能和营长关系不太好。营长说："张平三，上去把那个山头给拿下来！"排长带我们匍匐前进，往山头爬。我那个时候很小，新兵上战场，不懂该怎么做，就站起来往前跑了两步，敌人发现了，就朝我开枪，排长喊："妈的，刚才那子弹打的就是你！"

敌人是一个小支队，十几个人。我们力量占优，这一仗打死 8 个，击伤 2 个，俘虏 3 个。敌人的小队长也被打死了。这一次我们缴获了几支步枪和几把军刀。

第一次上战场，出发之前我心里很害怕，一到战场上就忘了紧张，等打完了晚上睡下回想，又开始后怕。

第二次打仗是增援湖北老河口，这次是运动战。日军一支部队从河南南阳过来，进攻老河口，我们主要是保卫老河口。另一支日军的目的是牵制我们不要增援老河口。从荆门县杨河集打起，日本人后来主动撤回了原防阵地，即宜昌一带。老河口战斗结束以后，我们在南漳县武安镇休整。团部电台广播说日本投降了。我心想：瞎吹！战斗刚刚才结束，日本就投降了？那时候既没有报纸，也没有电视，就团部一部手摇的电台，我们晚上去听，真是日本投降了。说美国在日本投了一颗原子弹，那时候我们也不懂原子弹是什么东西。

打仗几年，我们逐渐摸索出经验。日本人最怕我们的轻重机枪，我们最怕日本人的炮。日本的枪扫射很少，我们扫射很多，因为中国人打枪不心疼子弹，只顾打。但是日本人的炮打得准，我们很怕这个。

战场上牺牲、负伤是常事。我有个战友，打仗的时候下巴给打穿了。还有个战友，打仗时候眼珠子打坏了。

3　抗战胜利后接收日军物资

听到广播以后，没过三四天，团部开大会，说日本投降了，我们要收复失地了。

我们从襄河出发，要求一周内到达武汉，接收日本人的武器。我们日夜赶路，下雨天都走。有一天下雨，走到凌晨两三点才到休息地点，老兵们经验丰富，一早就抢好门板睡下了，我年纪小，没抢到门板，只好找一些松树枝铺下睡觉。浑身湿透，加上赶路辛苦，正睡得迷迷糊糊，我听到炊事员操着四川口音喊:"'小鬼',吃饭喽!"我心想:"老子累死了,不吃!"第二天早上吃早饭时,我知道不吃的话,一天都没的吃,就起来吃了早饭。为了尽量抄近路,我们走的都是乡道、小路。经过宜城、随县,一路翻山越岭,到达武汉花园车站。结果命令又变了,说不到武汉,改到河南信阳,接收日本人的武器。

我们住在花园车站,日本人也住在这里。首长告诉我们不要和日本人接触,要保持军纪,井水不犯河水。当地老百姓不给日本人吃井水,只给他们脏水、剩水。营长出来调解,老百姓痛骂:"他们不是人,是畜生,就只能吃这个水!"后来团长出来,说:"他们不讲人道主义,我们要讲,他们已经投降,水还是要给他们吃的。"到了信阳,当地老百姓告诉我们,日本人心眼坏,仓库里很多生活用品如副食品、肥皂等,都被日本人给了本地的娼妓。仓库里都是军毯、军衣、皮鞋以及枪支等,没有弹药。点过数字以后,都被我们接收。师部有个副官看守仓库。平时我们连条毯子都没有,副营长爱护士兵,他说:"我们的部队看着仓库,连我们自己人也不分点物资。我去陪看仓库的人打麻将,你们去把窗子撬开,抱几份出来。"

抗战胜利没多久,内战就要爆发。上面又下来新的命令。我们从信阳出发,经过平顶山、固始、新蔡、涡阳、蒙城,到达徐州,乘坐津浦线进入山东,开始打内战。在枣庄、滕县一带作战。

当时毛主席在重庆和蒋介石谈判,双方约定要削减军队。国民党随后整编军队,军改为师,师改为旅,这一改就把军心改散了。本来我们第2营战斗力是最强的,第1营战斗力差一点,第1营的营长可能有点关系,结果,我们第2营就被遣散,编入了第1营。

有个战友跟我说:"这儿没什么干头了,我们赶紧走吧。"他就带我到了南京。他有关系，带我一起进了国民党中央训练团[1]，干了一段时间。这个训练团是从重庆迁回南京的，地点就在今天的孝陵卫，下设交通班、农村班、财务班等机构，每天也都是训练。

三大战役以后，内战的形势迅速变化。国民党很腐败，美式装备打不过小米加步枪，可见腐败到了什么地步。1949年初，国民党很多机关开始发疏散费，南京也疏散人口，往广州方向撤退。我也跟着单位一起走，先到上海，再到杭州，准备渡海到台湾。本来说好发遣散费，但一直没发。我想，我不能跟他们走，还是回来当老百姓，凭自己的劳动可以吃饭。我就从杭州回到南京，在孝陵卫的村子里种地，务农直到今天。

像我这个年龄的人，这一辈子吃的苦最多，经历了战火纷飞、政治动乱的年代。感谢党和政府，给我们一个月几千块钱，让我们过上吃穿不愁的日子。

---

[1] 中央训练团，简称"中训团"。1938年由国民党中央训练委员会在湖南创办，蒋介石兼任团长。1939年迁至重庆。1946年迁往南京孝陵卫，主要进行党政干部训练。

在战斗与歌声中成长

孙德明

"虽然现在富裕了，但是我们需要明白，今天的幸福来之不易。"

★ 口 述 人：孙德明

★ 采 访 人：王骅书　王金鑫　陈雯　卢珊　赵文静　吴念祺

★ 采访时间：2018 年 1 月 23 日

★ 采访地点：江苏省盐城市第一人民医院老干部病房

★ 整 理 人：王金鑫

【老兵档案】

　　孙德明，1922 年出生，安徽省明光市人。1936 年参加中共苏皖边区临时特委。1937 年 3 月参加中国工农红军第 15 军洪泽湖游击队。1941 年 10 月加入中国共产党。曾任中共苏皖边区临时特委护理员，中国工农红军第 15 军洪泽湖游击队战士、宣传员，八路军第 115 师第 344 旅宣传队宣传员，八路军第 5 纵队宣传队宣传员、班长、文化教员，新四军第 3 师第 8 旅第 24 团 1 营 2 连连支部书记、排长、副指导员、指导员等职。1948 年 3 月复员至江苏省射阳县六垛乡，1952 年起任六垛供销社经理，1982 年退休。1989 年 4 月 3 日，经盐城市委组织部批准改为离休，现为副厅级政治、生活待遇，享受副省级医疗待遇。

1 流浪孤儿参军当"小鬼"

　　1922 年，也就是民国十一年，我出生在安徽皖北嘉山县[1]的一户穷苦人

---

〔1〕 今安徽省滁州市明光市。

家。老家原本是在盱眙的一座小山上，房子被国民党烧光后才搬到了嘉山。我自幼父母双亡，家里原本有个哥哥，很早就过继给了外婆家，也有姊妹，但是后来就剩下我一个人了。从我记事起，自己就是孤儿。刚开始是我的姑母卖掉了所有家什，供我上学。可是不到两年，姑母没钱交学费，我就开始在在外过着居无定所的生活。一个人孤苦无依地过着流浪生活，因为常年风餐露宿，面黄肌瘦，个头比较小，所以看上去比实际年龄要小得多。

1936年，也就是14岁那年，我参加了红军，当了一名"红小鬼"。之所以能当"红小鬼"，是因为我家的隔壁是徐海蚌地区中国工农红军游击队副司令员李桂五[1]烈士的家。现在淮安市盱眙县有一个桂五镇，就是用来纪念李桂五烈士的。我从小就没有父母，他曾经是我父母的同事。李桂五烈士的遗孀，我叫她婶母，大家叫她李五婶子，她是地下党员。后来，是她找到我，把我介绍到中共苏皖边区临时特委找专员刘玉柱要求当"小鬼"。我被安排给一位在北伐战争中肺部受重伤的首长金主任做护理员，从此我结束了流浪生活，走上了革命的道路。

在护理首长期间，金主任教我学文化，教我唱前苏联歌曲《十月革命》，我现在还能唱几句。1937年3月，金主任因伤势太重去世了。刘玉柱专员问我："你是回老家还是怎么办？"我想，我回老家就是活埋，国民党看见就活埋，后来他们把我送到了安徽砀山，那里是红15军所属的洪泽湖游击队的营地。我又经刘玉柱介绍参加了洪泽湖游击队，成了一名战士。首长看我年龄小，将我安排在宣传队里。作为一名宣传员，我既能唱歌，也能跳舞，所以能鼓舞部队的士气。那年我15岁，印象中第一次战斗是我们部队在皖北打张圩子和大百圩，向

---

〔1〕李桂五(1905—1932)，江苏盱眙人。1929年春考入上海新华艺术专科学校，并加入中国共产党。曾任中共盱眙县委员会书记、盱眙红军游击队副司令、中国工农红军徐海蚌地区游击支队司令员等职。1932年4月，发动西高庙农民武装起义，后遭国民党军"围剿"，率部突围时被捕。8月30日慷慨就义，时年27岁。

地主展开"借粮"斗争。在 15 个小宣传员当中,10 个人负责喊话,我和小组长等 5 个人负责抬担架。结果 10 个喊话的战友,当场被敌人打死 8 个。战斗结束分战利品,每人分得 3 块银圆,我想到这个胜利是用 8 个战友的生命换来的,忍不住放声痛哭。领导为哄我不哭,又多给了我两块银圆。5 块银圆我一直舍不得用。解放后,我把这 5 块银圆拿到上海,铸成两双银筷子,用来纪念牺牲了的战友。现在,我把银筷子交给了二儿子保管,作为"传家宝"教育后人。

2 "小秀才"战地宣传鼓士气

很快,抗日战争就爆发了。1937 年 7 月 7 日卢沟桥事变,红军改编为国民革命军第八路军,后来又改为第 18 集团军。我们洪泽湖游击队要被整编进八路军 115 师 344 旅,这时候我们的任务是找到 18 集团军,我们最终的目的地是河北省,离安徽省大概好几百公里。我们白天不敢走路,只能当夜行军。我们经过江苏省、安徽省、山东省、河南省,最后到山西省。

后来我们在 1938 年三四月份到达山西榆次地区。山西省省长阎锡山发给我们工资、衣服和粮食,因为我们八路军打仗有功劳。我们在山西住了一个多月,他们那里铁路宽度比一般的铁路窄 43.5 厘米,敌人一般到不了,所以我们住得很安全。在榆次地区休息一个多月,后来又去了河北省,又跑了一个多月,我们从安徽到河北总共花了半年时间。洪泽湖游击队在河北被编入了 344 旅,旅长是红 25 军军长徐海东,后来又调回了中央,政委是黄克诚。那时候我 16 岁,就跟着黄克诚。后来黄克诚升任新四军 3 师师长,我们还跟着他,新中国成立后授了大将。张爱萍后来是国防部长。这些人我们经常在一起,但是我那时候还很小。

因为我年龄小，识字，有文化，在部队里算是个人人喜欢的"小秀才"。我和以前一起的"小鬼"们组成宣传队，随军边学文化边打仗。每到一个地方，我们就先到老乡家刮锅灰做黑粉，和水混合后用稻草把子在地上、路上、墙上写标语："坚持团结，反对分裂！""国民党、共产党，我们都站在一条线上，同心协力抗日救国，一起走上抗日战场！"我在部队写宣传标语，从 16 岁一直写到 18 岁。

部队行军时，由和我一样大小的孩子们组成"红小鬼"轮流喊口号："同志们，精神涨起来！"那时天天有仗打，我们驻一个地点，一夜最多要转移八个地点，一般是三到四个地点，不睡觉。

你迟了，敌人就来了。高班长总是在夜里将我叫醒，然后发给我一块用榆树皮粉和大麦面做的大饼，大约两斤重，规定吃两天半。行军很辛苦，白天要跑80 里，夜里跑 40 里。长行军一小时七八里，急行军一小时十二三里，快步行军一小时十四五里。行军中大休息 30 分钟，小休息 15 分钟。草鞋的筋跑断了，撕块布条粘起来，再坏，我就光脚丫跑。战士们看到我们这样的"红小鬼"光着脚都能跑而士气大涨。

在战斗和学习的休息时间，我就教战士们唱革命歌曲，如《游击队之歌》《八路军军歌》《黄河谣》等，部队的战士们都很喜欢。我唱的《黄河大合唱》这首歌是当年冼星海亲临部队教我们的。打仗时，我们就向敌人喊话，我还会简单的几句日语，叫日本鬼子投降，缴枪不杀。

3 连支书火线上阵作贡献

后来八路军南下时，又要重走那几个省，从河北转战河南，然后转战山东，然后到安徽，最后回到江苏。我们才回到安徽一夜，日本鬼子的飞机就赶来了，没有办法，我们部队又去砀山休息。砀山的部队很厉害，砀山兵就是小蛮兵，也是我们共产党的部队。我们休息的时候，他们东一枪西一枪，把日本鬼子弄得晕头转向，不知道我们部队驻在哪里。后来我们休息了一个礼拜，黄克诚司令员找我们谈话，说："你们从安徽还要到江苏，到江苏你们就找到组织了。"他给我们发了小船，我们就不跑了，改成划船了，最终我们到达了苏北。

1940年，18岁那年秋天，我下连队当支书，开始了一线指战员的战斗生涯。那时候打的是游击战，全要靠我们自己自力更生，虽然很艰辛，但是我们都坚持了下来，主要原因一是共产党的平等思想。国民党有个说法，叫"官打民不羞，父打子不羞"。我们共产党不这样，共产党是平等的，不打人不骂人，所以群众感情好。二是我们那时候打仗没有按时完成任务，就会在年轻干部肩膀上贴"怕死鬼"三个字。而"怕死鬼"对我们来说是耻辱，作为一个军人，那就是说没有退路。退，你就是怕死鬼，或者你这个打不下来，你就是怕死鬼。你说谁还不拼命！对一个战士来讲，他宁可死，也不愿意贴这三个字。

抗战时期，在攻打合德、八滩、东沟、益林和阜宁城等重大的战斗中，我都随部队参加过。和日本鬼子面对面的战斗中有一次印象比较深刻。当时，日本鬼子在陈港驻扎有一个连，响水也有一个连。在一个叫五条沟[1]的地方，我们待了两个多月，鬼子突然出来"扫荡"了。他们用的是歪把子[2]机枪，我们连都是一挺捷克和一挺勃朗宁交叉发射。正好鬼子机枪钝了一下，我们因为子弹不多就点射，把鬼子一个打成了重伤，两个打死了，鬼子就扛着机枪跑了。虽然那次战斗就打了三个鬼子，但是回去之后，那个重伤的鬼子也会被烧死，就算是打坏了一个手指头也会被烧死，就用我们平时吃的菜油烧，因为鬼子不留伤员。

---

[1] 今响水县七套中心社区境内。
[2] "歪把子"是日本大正天皇十一年(1922)开始投入使用的制式机枪，因为其枪托为了便于贴腮瞄准而向右弯曲，中国人俗称其为"歪把子"。

我们继续走，又撞见了一个班的鬼子，于是我们开始打。我们就在一块豆子田那里趴着，我旁边是我老乡，都被鬼子打死了，我后面趴的二班长也被打死了，战友的血从我脖子里一直往下淌，在我面前被打死的战士我一个也忘不掉！当时朱德彪带着一个青年班也全都英勇牺牲了，后来我一挺机枪活捉了八个鬼子。有一次新华社记者来问我："是不是打了 36 个鬼子？"我说："在五条沟也不止打了 36 个鬼子啊！"幸运的是，我没有死，我后来算是二等乙级残废，我也是死了七次的人了。

4 幸运与死亡交织，鲜血在眼前流淌

1941 年 4 月 26 日是我最难忘的日子。那天，我新四军 3 师 8 旅 24 团 1 营 2 连，在淮安县大胡庄遭日伪军 7 000 余人[1]合围。经顽强抗击，毙伤日伪军 100 多人，全连 83 人除战士郭步廷[2]一人重伤幸存外，全部壮烈牺牲。这次战斗当年报纸上也登出来了。郭步廷是代我受伤，我是死里逃生。因为就在战前，我受命刚刚调出 2 连，他调进连队。那时候营长是我老乡，他临走前让团长把我从 1 营 2 连调到 2 营 5 连，但是我不知道这个情况。等到第二天，我听到消息他们全军阵亡，83 个人最后只剩一个郭步廷，他是从 5 连调到 2 连的。后来有个当过兵的人说："你的老战友郭步廷在盐城。"我说："这个人没了。"后来，我和我儿子去盐城一看，我问："你比我大两岁？"他说："对啊，我叫郭步廷啊！"一问真是他，我儿子就去街上头买了五斤苹果，去感谢他郭叔叔。这是肯定要死的一次，但是没有死，一共 7 000 个鬼子把我们连包围起来了。

---

〔1〕 此处有误，应为 700 余人。
〔2〕 此处有误，应为刘本成。

记得在 1943 年大"扫荡"之前,我们去南三区。到那里第一个晚上就住在南三区后面的一个大桥那儿,才一夜鬼子就上来了。4 点左右,通信员报告:"鬼子有情况。"我们部队听到紧急情况以后,就派 2 排排长龚乡钲去阻击,龚乡钲外号"大傻子",因为他不怕死。我们共产党就是这样,打仗都是猛打猛冲,但是"大傻子"没到三分钟就抵抗不住了,后来 2 排掩护我们退到南三区。我们退到南三区后,离我们不到 150 米处,日本鬼子一个子弹射过来了,我也负伤了。后来我们班班长小沈就背着我,一个班护着我跑,副营长膀子被打断了,通信员腿也打断了,最后我们一个连只剩连长没受伤。

小沈就夹着我跑,一直跑到小龙王庙[1],后面敌人也不追了,从南面陈洋出来的敌人也没有发现我们,从花中沟也来了一路鬼子,三面埋伏。盐城地区下来了一个连的鬼子,他们的目的就是消灭我们这个连队,我们组里有捷克式[2]轻机枪和勃朗宁式机枪。后来,我们走到小龙王庙,王裕就喊了:"不得了,花中沟打了两个信号弹,说明小鬼子后备部队已经上来了。"所以我们不能去花中沟,我们直接在小龙王庙安排一个阵地,我们镇守空营,也不打空枪,一个子弹消灭一个敌人。当时,我们手里的机关枪总共不到 300 发子弹,只能点发,不能快键,那一下子就是 25 发,我们到小龙王庙不到 25 分钟,埋伏在那里的敌人就从我们面前过去了,离我们不到 300 米,当时没有发现我们,一发现我们全都得死。后来我们部队到 10 点钟左右又去南三区煮饭吃了。也是在 1942 年这一年,在龙王庙,当时有 100 多个敌人,是司务长先发现的,他看到了日本鬼子的旗,敌人离我们 130 多米远,他们的子弹打到我们的连部,连长的膀子当场被打断了。

---

〔1〕 今盐东镇东南村境内。
〔2〕 捷克式轻机枪,即 ZB—26 轻机枪,是捷克斯洛伐克布尔诺国营兵工厂在 20 世纪 20 年代研制的一种轻机枪,口径 7.92MM,表尺射程 1500 米。

1943年农历二月，我所在部队在射阳县的南三区、花川港[1]一带与日军的一场恶战中，我因腰部被鬼子炮弹炸伤后被撤离了战场，但是我的副营长傅士以及我的通信员小麻子都因受伤没来得及撤退，惨死在日本鬼子的刺刀下，我也被评了六级伤残军人。1943年3月30日的八滩战斗，是我最难忘的一次战斗。当天，我们去打滨海八滩的鬼子碉堡，团长谢振华说打死敌人有功。这场战斗我们一个营牺牲了48个人，2营副营长王光汉也英勇牺牲了。当时在我们身边有一位叫王德诚[2]的大学生，他把大刀磨得亮亮的，对我说："支书，我大刀砍死两个鬼子，回来你给我介绍入党。"我俩刚爬到鬼子碉堡跟前，他的位置正好在碉堡的枪眼口，第一枪就被打伤了，人脸已经变色，敌人一枪把他打死，他牺牲前嘴里还喊着："坚决抵抗！"八滩战斗我记得我们一共打死了68个敌人，后来只剩下了3个敌人。战斗结束后建立烈士墓，埋葬牺牲的烈士，有个别的是有差错的。所谓差错，就是名字和人不符。我有一次到八滩去，那个时候还是八十来岁，烈士墓上的那些人的名字我都是烂熟于心，唯独有一个人名字弄错了，我就提出来。因为只有我知道，因为那场战斗到现在活下来知道全部情况的只剩我一人。

5　全国终得解放，志士安享晚年

抗战胜利以后，解放战争开始了。1948年3月份，我离开了部队，由阜东县荣管科安排复员到射阳县六垛乡。那时候我已经是连指导员。我记得最后

---

〔1〕 今亭湖区黄尖镇花川村境内。
〔2〕 王德诚(？—1943)，河北南宫人。曾任八路军阜宁大队宣传队副队长、新四军第3师第8旅第24团2营干事等职。1943年3月，英勇牺牲于八滩王桥战斗中。

一仗是跟张灵甫打,我因复员的事情去找我们部队,当时是华中野战军第 10 纵队,也就是后来的华东野战军第 12 纵队,但是没有找到。我原来部队的李营长在 10 纵当团长,于是我带着通信员去找部队。在涟水打过以后,我们退到了淮阴,张灵甫部队一个炮弹把我们盖到沟里了。我们积极地找到了 10 纵。我们第 10 纵队一部分去了滨海,我也就去了滨海。我没有办法,只能拿着团长开的证明去复员,但是行政证明不是党员证明,所以后来我党员身份和红军身份都没有了。

1948 年 3 月,我被复员安置到射阳县六垛乡后就开始种地,然后娶妻生子,靠做酱油卖来维持家小生计。全国解放以后,到了 1952 年,我被安排到六垛合作商店工作,任六垛供销社经理。由于我姐夫是台湾人,我就成了台属。为了恢复党员身份,我跑了八个省,遍寻当了高级干部的老首长和老战友。中央军委工程兵政委和装甲兵政委都出证明给纪检组织部门,射阳县的同志们看见证明后,立刻召开射阳县党员大会,我就恢复了党籍。定红军身份的时候,我曾经去找过南京军区司令员。后来,他写了封信到射阳来。我们 24 团团部主任在上海做司令员,我也找过他,他给我开了证明,证明之后我还在职。1982 年我就退休了,1989 年 4 月 3 日,经盐城市委组织部批准将我改为离休,现在是副厅级政治、生活待遇,享受副省级医疗待遇。

离休以后,我也没闲着。还在乡下老家的时候,我带头捐款修桥铺路,邻里谁家有困难需要帮忙我也会尽力去帮助,汶川地震、雅安地震也尽量去捐款,为灾区重建贡献自己的力量。虽然现在富裕了,但是我们需要明白,今天的幸福来之不易。我特别喜欢看战争故事片和国内外大事,这可能同我的经历有关。看了战争片子,我就想到了许多为革命牺牲的战友;多看看国内外大事可永葆自己的政治头脑清醒。我之前在射阳福利院的时候写了一首诗,算是我这一生的写照和感想:

年少时期当红军，
认真学唱革命歌。
战地宣传鼓士气，
火线上阵作贡献。
一路战斗一路歌，
战友鲜血眼前流。
逐个战役向前进，
全国解放得胜利。
出生入死闹革命，
和平社会享晚年。
如今住在福利院，
越过越想越思甜。

青春在战斗中燃烧

阴署吾

"我的青春岁月是在战争环境中度过的，时局动荡，戎马倥偬，但是与国家民族同呼吸、共命运。"

★ 口 述 人 : 阴署吾
★ 采 访 人 : 王骅书　房　慧　杨家辉　李玲玲　陈昌明　姜韵慧　陈桢　陈成
　　　　　　吴念祺　张婷婷
★ 采访时间 : 2015 年 4 月 29 日、5 月 16 日
★ 采访地点 : 江苏省盐城市老年大学
★ 整 理 人 : 王金鑫

【老兵档案】

　　阴署吾,1926 年出生,江苏省阜宁县人。1940 年参加八路军,曾任八路军第 5 纵队第 2 支队第 4 团话剧团演员、新四军第 3 师第 8 旅第 22 团话剧团演员、苏北文工团第 3 分队队长、苏州文工团团员、江苏电影制片厂导演、新四军重建军部纪念馆筹建负责人、江苏省盐城市老年大学教师等职。

1　参加青年训练班,入选八路军话剧团

　　我是阜宁县人,当初家住在农村。我们那个村庄在 1940 年之前就有了学校,与别的村庄有所不同,其他的农村当时还没有建。我们学校的校长名叫周晓航,他对人非常热情。1940 年鬼子来了,以后学校就停掉了。学校停掉以后,因为周晓航校长的家住在阜宁城里,学校停办之后他就回阜宁城了。但是,他回家后不久,八路军来了,八路军是从西北过来的,来了苏北之后就到了阜宁,周校长就接触到了八路军。

　　那个时候,八路军的队伍还不是很多,需要扩充人数。我们校长就到我们

学校里面去找我们的同学。因为他是校长,我们大家都熟悉。他对我们说:"阜宁现在有个学校,这个学校不花钱,可以读书。"这个时候在我们同学当中,读书是最好的选择,大家都希望能够读书,本来已经没有书读了,校长又来动员我们去学习,所以我们很高兴。当时包括我在内前后共计有十个人,一起响应了他的号召。我们的老家离阜宁城有 40 里路,我离家随校长去了阜宁城。当时我们十个人中,我的年龄最小,虚龄只有 15 岁。到了阜宁城之后,我们才知道那不是一所学校,它当时的名字叫青年训练班,也叫青训队。鬼子来了以后,很多商人都搬家搬走了,所以进了阜宁县城之后,我们就临时住在一个商店的楼上。

第二天,部队就有人视察来了,那个时候八路军来的都是西北的老侉子,讲的话我们不懂,之前也没听过那些话。他讲的内容大多是统一战线、一致抗日这类的,但是大体精神我们都能够知道。看过了以后,没有上课,也没有讲什么其他东西,他就走了。走了之后没过三天,我们就转移了,从阜宁城迁到了沙家界,在沙家界住了没两天就又转移了。因为那个时候鬼子来了环境并不稳定,我们就又迁到了阜宁的河南,沙家界是在阜宁的西南,在阜宁河南,住在一个叫沙岗[1]的地方。

当时的情形我记得很清楚,因为是第一次出门,经过的地方我印象很深。我们住在沙岗并没有多少天,什么课也没上,但是有老同志来看我们,表示关心,并且打招呼,说:"最近不稳定,没时间学习。"他们就讲了些抗战的东西给我们听。我们所属的部队当时叫八路军第 5 纵队第 2 支队第 4 团,就是原八路军第 115 师第 344 旅第 687 团,我们那个部队是一个团的部队,部队当时驻扎在阜宁西南五六十里路远的板湖[2]。部队把我们带到了板湖,到了以后,就根据我们十个人的性格和处事的态度,不同的人就分配到了不同的单位。有的年龄

---

〔1〕 今阜宁县施庄镇沙岗村。
〔2〕 今阜宁县板湖镇。

大点的、年级高点的同学就分到连队里面当文化教员,有的分到了卫生队学护理。我和另外两名同志就被分配到了话剧团,实际上按现在的讲法就是文工团,所谓话剧团就是演戏、演话剧。

2 教唱抗日歌曲,排演精彩话剧

我们去的时候是 1940 年 10 月份,当了 4 个月的八路军。新四军北上,八路军南下,后来在白驹的狮子口[1]会师。皖南事变以后,就改编成新四军了,在盐城成立新四军军部。现在的新四军纪念馆是我筹备起来的,以前就是一张白纸。成立新四军以后,黄克诚大将是 3 师的师长,他原本就是苏北八路军的负责人。我们改编成新四军以后,活动地址就在盐阜区包括涟水,最多到宝应那些边界地方去活动。到了 1941 年改编以后,部队活动的地方以益林、板湖为主,北边到达阜宁,西至涟水,基本都是在乡里活动。当时新四军改编一共有 7 个师,还有一个独立旅,南下的八路军改编成新四军第 3 师、第 4 师和独立旅,我们是第 3 师,也就是黄克诚的部队,负责盐阜区和淮海区,其他各师部队在外地。

那么正常的生活是什么呢? 我们没有参加战斗,因为我们是话剧团,不是打仗的人,打仗有连队在前面战斗。我们正常的生活就是教歌曲,先是由那些北方来的年龄大的老同志教我们唱歌,教我们跳舞。实际上,这些老同志有的只比我们大两三岁,也不算老,也是小同志,就是以当兵来讲,他们算老兵了。我记得那时候话剧团里一个女同志也没有,我们话剧团的副团长叫清川,他留着一头长头发,平时就把头发往帽子里面一带,大家也不知道,演戏的时候需要

---

[1] 今盐城市大丰区白驹镇狮子口村。

用了,就把它放下来,就演女的。其次就是排话剧,所谓的话剧就是一些活报剧,就是根据情况编成小故事,然后再把它演出来。还有些时候,我们把歌曲学会、学熟了,等部队坐下来了,我们就到部队里面教战士们唱歌。

我记得初次当教官的时候,拿不出,怕难为情,而且从来没有见过那么多部队坐在那里叫我教官。说老实话,那时候我个子还很矮,加之部队的同志都坐在布包上,我站在前面,教官要指挥,但是,我刚开始指挥的时候后面的人看不见,后来就用凳子站起来。教歌的时候,部队的人看不起,认为一个小孩子还来教我们歌曲呢!当时是连队的连长、指导员站在旁边维持秩序。我记得我第一次教歌的时候就教错了两句,感觉不好意思教,所以一着急把歌词都忘记了。那时候教歌也不教曲子,反正就是我唱一句,他们跟着唱一句,教的歌曲现在大多数都已经忘记了,主要有《我们本是一家人》《中华民族好儿女》这一类的歌曲。

部队看到我们,他们也认识,为什么呢?因为那时候我们比较特殊,部队穿的都是灰军装,而我们宣传队的同志穿的是黑军装。部队一看就认出来了,因为当时根据地没有第二个军队,只有新四军,所以部队一看到我们就非常兴奋,非常高兴。我记得当时我们 22 团[1]就驻扎在益林。有位副团长叫童世明[2],后来牺牲在单家港[3]。童世明同志那时候才 29 岁,当副团长,看到我们就喜欢的不得了,和你握手的时候,就把你握得疼的不得了,他高兴。所以部队看到我们还是非常高兴的。

---

〔1〕 即原八路军第 5 纵队第 2 支队第 4 团。

〔2〕 童世明(1912—1943),河南商城人。1930 年参加中国工农红军,同年加入中国共产党。曾任红 25 军通信员、班长、排长、指导员、连长、营长,八路军 115 师 344 旅 687 团参谋长、副团长,八路军第 5 纵队第 2 支队第 4 团副团长,新四军 3 师 8 旅 22 团副团长等职。1943 年 3 月 19 日,于单家港战斗中壮烈牺牲,年仅 31 岁。

〔3〕 今阜宁县羊寨镇单家港村。

3 行军途中贴标语，巧用谜语鼓士气

那个时候平常的生活非常艰苦。我记得曾经一天转移了四个地方，背包往下一放，我们就用柴草或者玉米杆子往地下一铺，然后把被单往地下一铺就当床了。待在老百姓家里，如果大桌子碍事就把它抬出去。但是你刚刚弄好了以后，那边哨子一吹就得集中，要赶快走，当时非常紧张。我记得最多的是一天换四个地方，因为环境很不稳定。

当时，我们的臂章是五色的，所谓五色就是红黄蓝绿黑，五个颜色，两头一缝，这样好翻过来用别针一别，通知你什么时候换哪种颜色，你就得换。你如果不换的话，人家碰到你不是把你干掉了，就是把你带走。因为那时候坏蛋也多，国民党也夹在里边，这样做是为了识别。通知你换白的，那就得换白的，通知你换蓝的，那你就得换蓝的。这个时候不允许有一点犹豫，接到通知立即就得更换。另外我们还有口令，口令是什么东西呢？站岗的问你："什么人？口令？"你口令答对了就让你过去了，如果你答不对那你就倒霉了，如果三句不对的话可能枪就响了，那个时候太紧张了，这个是最紧张的情况。我们一天要跑几个地方，有时候饭煮好了，来不及吃，将背包一背，把饭端着，边跑边吃着，不像现在大饭堂里面一待很舒服，那时候没办法。我们吃菜有个小盆子，一个班六七个人相当于一个小分队，大家往周围一围，小盆子放在中间，就这样吃菜。

行军是最大的问题，白天行军大家都看得见还好一点，夜里行军最艰苦。一个是要求不准说话，要肃静，只能听见脚步声，别的不准有声音。当时行军困难到什么程度呢？有时候走着，人家都背着背包，跟在后面走，自己走路都走睡着了还不知道，一撞撞到前面背包上撞醒了，就是脚底下不自觉地走着，人已经疲劳到这种程度了。有时候停下来睡觉了，很快就能睡着，因为大家都很辛苦。但是，睡觉的地方不像现在的床那么平整，就是将那个玉米杆铺在地上，然后睡

觉。因为它不平,一觉睡醒了以后,我们就被压得浑身都动不了了,非常疼,难受的不得了,但是活动活动就好些了。有时候到河边把冻撬撬,把脸弄湿了,然后用干毛巾擦擦,就是洗脸了。

行军的时候,部队还给我们布置有特殊任务。部队在前面走路,我们其中一项任务就是写标语,将锅灰用水一蘸,就在墙上写字,有时候有条件了,就用点石灰。标语都是上面发下来的口号,还有一种就是上面印好了的标语传单,小小的一张纸,字有各种颜色,黄的、红的、蓝的、白的好几种颜色的纸,印好了以后,走到有人的地方就散发,实际上就是搞宣传。还有个任务就是为了避免战士行军疲劳,要调动战士的情绪,我们就站在战士的前面,用毛笔写字,写得大大的,在必经的路上,往墙上或者树上一贴,贴的是谜语,战士一看到谜语他就要动脑筋猜了,这样就把情绪都调动起来了。有哪些谜语呢?像飞机送信,打一个地名——高邮,一下子就猜出来了,诸如此类的,就是调节行军的气氛。

4 战斗期间抬担架,亲历惊吓与危险

因为我们是非战斗人员,一般打仗不要我们去,而且我们也没有枪,但是打起仗来的时候要去保护伤员。这个保护就是组织民工抬担架,哪个地方需要担架队了,我们就到群众当中去找老百姓,和人家商量,把人家请过来,实际上就是动员,前方打仗了,需要人抬伤员。在一次组织民工抬担架的时候,我自己差点遇险,这是我亲身经历的。那次是在郑潭口战斗中,时间是 1941 年 9 月 20 日。当时部队攻打郑潭口[1],我带一副担架,由两个民工抬个凉床,到了郑潭口的圩子,在我们住的地方的西南角。我记得上去的时候我一点都没怕,但是

----

〔1〕 今涟水县境内。

回来的时候出了两个事情,第一个就是上圩子那边接伤员,接住了我们就往下走,当时领导说:"你们向后退的时候一定不能走直线下来,走直线下来,敌人在圩子里面就好瞄准了,走的时候一定要拐弯,这样他就不容易打中你。"

我们在下来往东北走的时候,有个同志,单人背个背包,他做什么我不知道,他走着走着就往下一跌,是敌人的机枪打到他了,把他打倒了。我们这三个人当时很害怕,说:"赶快走!赶快走!"咦!再看看,那个人又爬起来了,还跟我们打招呼,说:"一起走。"我说:"你没受伤啊!"他说:"没有,机枪打到我背包上,把我推到了。"多危险啊!后来我带着担架到了指挥部,指挥部说:"你到卫生队去,让卫生队给他包扎。"后来就又走了,那个时候是夜里,路上我一听什么东西在地上响啊,我说:"你停下来让我看看。"当时又没有手电筒,只能在地上慢慢摸,一摸,吓得要命,是一颗手榴弹。但是,我发现的这个手榴弹没响,簧没有拉掉,如果拉掉了,那么我们四个人就都完蛋了。我知道这个东西不能乱拉,后来往上摸,原来是套在芦柴上的,怎么也掉不下了,当时吓得浑身是汗。后来,抬担架的人听说是手榴弹都要跑了,我说:"不要跑,现在炸不了,我抓在手里面呢!"后来把柴折断了,才把手榴弹拿出来。当时很害怕,也就是经历这么一个危险的事情吧!

后来还有一次参加战斗是打泾口[1],那一次我们没参加,找人抬担架也没找到,人都跑掉了,实际上一点事情没做。我总共参加过两次战斗。我们在部队,有时候还要演出给部队看。舞台是战士和乡亲们一起搭,伴奏以简单的民族乐器为主,西洋乐器很少,更没有扩音设备和话筒。除了唱歌以外,我们就是跳舞,学习《快乐舞》《乌克兰舞》《农作舞》,进行排练和演出。因为从来没有看过这么多人,后来就跳错了。领导说重来,后来把大幕一拉,重新来,结果第二次才跳好。还有就是演活报剧。有一次,话剧团在东沟演出,演了一场抓汉奸的戏。当时,张爱萍

---

〔1〕 今淮安市淮安区泾口镇。

副师长也来观看了。讲得是有个地方出了个汉奸,向敌人通风报信,后来被抓住了,他还不承认。当"汉奸"出现在土堆舞台上时,在场看戏的部队同志把这个戏当真的了,立即拿出枪,射了一枪,幸亏没有射中演员,把人吓得不轻。我们最初上台演出的时候,还是非常幼稚、笨拙与羞涩的,现在想想也很好笑。虽然演出条件差,但是台上、台下都非常热情澎湃,每一次演出,都像是参加战斗那样神圣,干部、战士和乡亲们都很欢乐。

5 转战苏北迎接解放,导演电影展现江淮风光

我当兵以后,在工作中经常感到自己文化水平低,读书太少,也特别羡慕领导和战友能读大部头的书,会做报告,能写文章。抗战胜利以后,我原本想着自己能够继续读书,但是很快就因为蒋介石发动内战而搁浅了。1945 年 10 月,黄克诚师长奉命率新四军 3 师北上,我们苏北文工团一分为三,团长黄其明率一批文艺骨干随 3 师北上去开辟东北新区,一部分去支持新四军军部文工团,剩余一部分划归五分区,仍称苏北文工团。组织上鉴于我在文工团表现比较优秀,就任命我担任了苏北文工团第三分队的队长。

之后,我就带着同志们转战淮海区和盐阜区,为参加淮海战役、渡江战役的部队宣传各个战场胜利的捷报,为快速行军的队伍鼓劲加油。部队扎营时,为战士们演出农民遭受地主压迫的《白毛女》以及农民开展减租减息的《照减不误》等节目,在配合参军支前时,表演《送子参军》《张大妈戴上大红花》等节目。渡江战役胜利之后,1949 年 4 月建立了苏南军区和苏南行政公署,我留在苏州文工团工作,主要负责向人民群众宣传和解读中国共产党进城以后的政策。

新中国成立后,我一直在文化部门工作。1958 年,我和一批文艺人才在党

中央的号召下去学习电影制作技术。在扬州强化学习了三个月的电影编导后，我被分派到江苏电影制片厂继续学习和工作。之后，为了描写新中国成立后近十年江苏的巨大建设成就，让 30 岁以上的人温故知新，更加热爱新社会，教育新中国的年轻人能明辨美丑和善恶，我们电影厂拍摄了江苏省第一部电影《江苏处处春》，我负责导演了片中农业部分的拍摄，内容包括苏南、苏北的田野沟壑，绮丽的湖光山色，浩瀚的黄海、长江。影片的拍摄、放映都获得了成功，影响很广泛。

6 筹建新四军纪念馆，发扬当代铁军精神

改革开放以后，因为盐城的红色资源相当丰富，由江苏省委、南京军区党委负责组织、盐城市委承办，着手建立"新四军重建军部纪念馆"，也就是今天的盐城新四军纪念馆，我受命担任主要的筹办人。1981 年，由我带领团队先后到南京、镇江、苏州、无锡、南通、淮阴等地拜访新四军将士，通过调查研究，征询意见，收集了大量文字资料和实物，我们还专程前往北京拜访新四军老领导和老战友，征集材料，听取意见。

我们的工作还得到了前国防部长张爱萍上将的赞赏和支持，张爱萍同志还赠送了 300 多张新四军珍贵照片和亲自手书的陈毅军长诗作：

> 十年征战几人回，
> 又见同侪并马归。
> 江淮河汉今谁属，
> 红旗十月满天飞。

原件今天还保存在纪念馆中。正是在同志们的支持和激励下，我才完成了新四军重建军部纪念馆建馆工作。新四军重建军部纪念馆于 1986 年正式开馆，是全国一座大型的新四军专题纪念馆，也是全国中小学爱国主义教育基地、全国爱国主义教育示范基地和全国文化工作先进集体，许多党和国家领导人都曾亲临视察过，给我们盐阜这块具有光荣传统的革命老区和这座人杰地灵的沿海城市，注入了无限的生机与活力。我的青春岁月是在战争环境中度过的，时局动荡，戎马倥偬，但是与国家民族同呼吸、共命运。回忆往事，我心胸坦荡，了无遗憾！

考了三次
黄埔军校

纪仲舒

"我说，日本人占领了我们的家乡，我要当兵保家卫国。"

★ 口 述 人：纪仲舒
★ 采 访 人：肖晓飞　莫非　陈敏
★ 采访时间：2017 年 1 月 13 日
★ 采访地点：江苏省淮安市纪仲舒家中
★ 整 理 人：陈敏　肖晓飞

【老兵档案】

　　纪仲舒，原名纪律铭，1925 年出生，江苏淮安流均镇头桥村人。1942 年在同乡蒯东亮介绍下，参加国民党军第 89 军辎重兵团，同年报考黄埔军校成都分校，因种种原因，被 21 期录取。毕业后曾在湖南保安司令部、国民党第 14 兵团警卫营搜索连任职。1949 年 12 月在四川大渡河随宋希濂一起被解放军俘虏。新中国成立以后先后在上海、兰州、张掖工作，1986 年在新疆退休。

1　淘藕出来当兵

　　我叫纪仲舒，在军校的时候叫纪律铭。1925 年 2 月份出生，阴历是正月十五，家住江苏淮安流均镇头桥村，过去属于盐城。我的父母是佃农，帮地主种地，地主姓张。我们家没有田地，靠一个水荡谋生活。我有两个姐姐，两个哥哥，家中属我最小。我大哥叫纪叔舒，一直在家务农，二哥叫纪伯舒，原本是上海的钢铁工人，后来调到北京石景山钢铁厂。

　　我小时候念过私塾，但念的很少，从五六岁开始念，《百家姓》《千字文》《三字经》《大学》《中庸》都读过。先在涧口村小学读书,后来抗战时期在太义小学读五六年级。初中在联合中学读的,校长叫唐炳玄。高中读的是江苏省立二中,在一个庙里,校长是居逸仙,高中没读完,只读了高一。

读初中的时候,我参加过三民主义青年团。当时有个盐城分团,主任叫刘剑秋,出身地主家庭,我大姐是他的舅母,他介绍我去的,团员平时正常学习,当时是公开的,学校也有共产党的地下党。

1942 年,我读高中一年级。日本人轰炸我们村,炸死了两个人,一个人也姓纪,还有一个是妇女。牛也炸死了,棚也炸翻了。日本人下来抢东西,什么鸡啊,鸭啊都扫光了。日本人住在流均镇上,我们就弄小船,跑到芦苇荡里去了。这个时候呢,日本人已经占领我们的家乡了,又下来"扫荡",所以在这个情况之下,确实也有一个想法,怎么办呢? 往哪里跑呢? 没有地方跑。

后来,我的一个同乡叫蒯东亮,比我大好几岁,也是涧口小学毕业的,他以前在中央军校驻苏干训班[1],不是 16 期就是 17 期,后来去了台湾,守过金门。他还有个兄弟,叫蒯东臣,和我也是同乡,后来参加了解放军。蒯东亮在 89 军的 33 师当排长,赶上日本人大"扫荡",部队就整个垮了,这个部队就转移了。他请假回家的时候,没跟着部队走。后来他就找部队,他看我那时已经十几岁了,叫我跟他一起走。但是,我既没有钱,路费也没有,问他到哪去,他说到安徽阜阳。

于是我就和父母讲,要到安徽去。父母阻挠不让我去,我说非要走不可。父母说家里没有钱,十几岁的娃娃,怎么跑这么远呢。我说不管怎么样,我也要走。后来,父母劝我,这样吧,给你找个对象,你就不要出去了。我说我才十几岁,不想要对象,我非走不可。

---

〔1〕 中央军校驻苏干训班,前身为江苏省军警干部训练班,在江苏淮阴成立。徐州沦陷后,迁至东台。1939 年改名为中央军校驻苏干训班。

我家水荡子里面种有莲藕,为了凑钱,就到芦苇荡里掏了一池藕,这个藕是家里的生活费。蒯东亮也没钱,也掏了一点藕。我们弄了几百斤藕,用亲戚家的小船把这个藕运到泰州去卖。一路都要通过日本人的地区,那个时候已经有伪军了,到了泰州就把这个藕下到藕行去卖。一到那个地方啊就有一个问题了,因为我们什么证件都没有——那时在敌占区要有良民证,我们那里刚被日本人占领,还没有这个证件。藕行老板一看,这个不得了,你们两个年轻人没有良民证。他人很好,叫我们待在他家里。日本兵每天到湖边上巡查藕行,我们就往他家房里面一躲,吃饭睡觉都是在他们家里头。

过了一个多礼拜,藕已卖掉,弄了一点钱,换的是汪伪的票子,叫"储备票"[1],准备往阜阳去。没有良民证,怎么走?后来就和藕行老板讲,请人家行老板代我们办,他是本地人,他说这个良民证是办不了的,不但办不到,要弄出来你不是本地人,就有问题了,要抓走。后来就想办法,他说可以办船民证,于是花了二十多块钱弄了个船民证,一人一个。有个船民证在手,就好行动了。船民证挺小的,证上有姓名,年龄等信息,上面有泰州政府盖的章。那时我装的青年学生,包里面带的都是地理、历史这些书,说是到蚌埠上学,蒯东亮等于是我哥哥,把我送过去的。

我们先到扬州,过江到了镇江。到了镇江住下来,日本人天天晚上要来旅馆查房,那时旅馆老板还是帮忙的。日本人与和平军要来查房,老板就说,他们都是学生,上学去的。还塞给和平军一张红票子,五块钱,于是和平军就跟日本人说,这两个人是学生,没问题。

后来从镇江坐火车到南京,日本人在火车站出口的高台上一站,手里拿根长鞭子。如果有人拥堵混乱,日本人就用鞭子打。我那个时候年纪小,带着行

---

〔1〕"储备票",亦称"储银券""储备券",抗战时期汪精卫政府中央储备银行发行的纸币,全称"中央储备银行兑换券"。

李一个劲地往外跑，但还是被鞭子打了。再后来就到了浦口，从浦口坐船过江。一过江就遇到危险。蒯东亮当过国民党的军官，他身上带有一张过去的排长委任状。就塞在我的被子里头，我的被子是夹层的，在下关没怎么查，到浦口开始查，日本人拿着枪，和平军挨个检查。人走过去，每一个人把行李摊开，给他看，委任状就在被子里头啊，这个时候就紧张了，一摸出来就不得了，我们两个脑袋瓜就没了。结果这个时候，蒯东亮随机应变，往那个检查的人身上靠了一下，这么一靠，就把钞票一塞，和平军的人随即和日本人说，没的什么事。日本人说，开路开路！这一次真危险！

坐火车到了蚌埠，那里发大水，四周都是水灾，高粱杆子都没在水里。住了两天，就想办法找人雇了一只小船，到了颖上。我们两个人身上也没有什么钱了，就每天步行，天天都在走。皖北那边饮食和我家乡也不同，卖的是高粱馍和高粱稀饭。走到脚上生出泡，才跑到阜阳。

到了阜阳，住在中央大旅社，名字很好听，实际上旅社都是高粱杆子架起来的，住下来没钱了。蒯东亮就跟我讲，你放心，没关系，军部就驻扎在阜阳桥区里。第二天，他就去了89军军部，把情况一说，两天以后回来，身上带了一百块钱。他说，有办法了，现在钱拿到了。我们俩就休息了一下，在旅社里剃个头洗个澡。蒯东亮说你先住这个地方，我还要到部队去一下。其实是为了安排我。

把我怎么安排呢，我又没当过兵。他找到89军辎重兵团，辎重兵团中有一个副官叫高明，是他的同学，他和高明说，我有一个老乡到这个地方来，现在没的办法，你把他引荐一下。那个地方我记不清楚了，大概离阜阳有个四五十里路。

之后蒯东亮就把我带到阜阳，把我送到了团部去，那个团长叫左非，他是我们阜宁人。把我安插在这个辎重团，给我弄了一个上士，我就这样当兵了。辎重兵是搞后勤的，运粮食、被服，当时在后方收购棉花，棉花从阜阳周边的农民手上收来，以交租的形式上交。因为我有点文化，就叫我管理。我没有发枪，押运棉花的人才有枪。

2　从黄埔第19期到第21期

到了冬天，大约11月份的时候，四川成都陆军军官学校到阜阳招生，起初我还不知道这个信息，蒯东亮在部队，知道招生，告诉了我。军校招生也滑稽得很。我那个时候正好感冒了，蒯忠亮来找我，他说："仲舒啊，现在军校招生就要考试了。"我说："我感冒了，发高烧。"他说："这样子，我帮你。"他买了生姜、红糖，还有大葱，熬了一大锅水，让我把它喝了。喝了以后，第二天人出了汗舒服了。他把我带到阜阳住下来，到军校去报考，蒯东亮自己没有去。

报考的时候军校是这样的，先集中检查体格，最注重眼睛色盲的检查，大便小便都要检查，身高要160厘米以上，检查合格了发榜。然后就是学科考试，在阜阳四中考，数理化都要考，也考英语，但是比较简单，没有那么严格了。作文题目是你为什么要当兵考军校。口试时我说，日本人占领了我们的家乡，我要当兵保家卫国。考试过后又等了两天，放榜，榜上有名，这下子好了。一共大概一百多学生考的，收了50个。

我们这一批叫19期3总队，后来就编起小组来了，十个人一组，我是小组长，编起来以后集体出发。第一站到漯河，那里可以上火车，步行到漯河，坐上火车，一直到西安下。火车途经潼关，晚上才能过。为什么呢？潼关风陵渡那个地方，日本人的炮兵很好，只要听到你的火车声就放炮。车子的车顶上也是人，车厢里都是人，都是难民。我们在车厢里待着，火车停在那，晚上就慢慢慢地过潼关，防止日本人发现。到了西安，到附近旅馆住下来了，等于在这休整。

日本人把西安炸的一塌糊涂，到处混乱，也没什么人。三天以后，继续坐火车，到了宝鸡。

到了宝鸡以后，往四川成都去，雇了骡马大车来装我们的行李，一队五十多个人，带队的姓黄，我们每天走路，大车就拉行李，每天都走，翻过了秦岭——路上风景名胜很多，但是我们也没时间欣赏。从西安到宝鸡再到成都本校，大概花了一个多月，三天小休息一天，在路上吃饼，到了四川开始煮饭吃。记得有一天到了一个县城，一样东西都买不到，很是艰苦。

快过年时，到了成都，住在成都皇城坝，这里过去也是皇城，被日本人飞机炸得乱七八糟。大家就在这里等各地要来的学生，一直等到过了年，到了1943年了，学生也等不来，忽然听说19期3总队不存在了，要成立20期1总队。然后就是准备再考试，我运气也不好，临考试了，痔疮犯了，就住到北校场军医院，开刀动手术。开刀的医生叫刘昌红，当时用的是局部麻醉，动手术不是一天两天的事情，就没参加考试，可是人家已经考试了，我就落后了。当时有个入伍生团，在成都北门外的新都县，距离几十里路，新都县有个宝光寺，很有名，宝光寺外面就是一个草房子，入伍生团就在那里。后来就把我弄到那里去学习，学的都是高中的知识，物理、化学之类。教师都是川大的老师，学的都是高中的知识，例如抛物线，化学，大代数、排列组合等。军事方面学的少，文科的东西多。

不久，这里要凑一批人到新疆去，要我报名，我没有报，继续留在新都。又过一年，成立21期，我再参加考试，就成了21期学生。

开始的时候，住的是皇城坝，军校进行了三个月的士兵教育，结束后考试分科，这个考试分科呢，一个是填志愿，有步兵、骑兵、通讯兵、辎重兵、工兵、炮兵，二是根据文化程度分科。我分到炮兵，当时炮兵教导严格，我们的区队副叫李相津，19期的，山东人，他脾气很不好，弄不好就要挨打。没学几天，我就跟他闹起来了。我因为动作没做好，他打了我，我就和他闹了意见，不学炮兵了。找到我们总队长萧队长，他问我想要学什么兵，我说学什么兵都可以。他说那就学习骑兵吧。我说好。给我换了骑兵。

骑兵有两个总队，我在第一总队一中队，总队长姓高。骑兵首先要会骑马，骑马不是那么简单的，学骑马的时候，三个人一匹马，在西校场训练。学骑马非常艰苦，一个人拿根大长鞭子，一个人牵住马，一个人上去骑，后面的人用鞭子赶马，三个人轮流换着骑，转圈子。每天训练四个钟点。不会骑马的时候遭罪，当时穿的是单裤子，马是光背，没有马鞍，衣裤很容易磨破，不会骑的时候，在马背上坐不住，屁股都打烂了。第二天，有人不想骑了，但是不行，非骑不可，当军人不可以那么马虎的。骑马的时候被摔下来，用两个膝盖夹住，不能光抱着，像螺丝钉一样夹住。后来稳住了，就是一个人一匹马，马还是光背，没有马鞍。熟练以后，开始上马鞍，但没有脚蹬。先在操场上跑，以后在野外跑，四川梯田多，一不小心就容易滑倒。然后跳障碍，兜圈子，跳平台，也是先是过操场上的障碍物，后来是野外障碍物。这些都要人掌控好。还要学战斗的东西，我们学习在马上射击，劈刺的是用长刀，训练时用的枪有中正式、美国的、苏联的、德国的。我当时的成绩还可以。因为有了基础，后来也就无所谓了，打野外都是骑马进行，一直到毕业。骑马先学摔马，摔马一定把手抱好，一定不能丢缰绳，脚蹬子不能全套进去，否则把你拖死了。

军校的伙食简单，每人45斤粮。抗战胜利以后，伙食好一点了，是物资配给制，但是吃不饱，早上吃稀饭。除了出操、上课，晚上有两个钟点自习，上午四个钟点，教步兵操典等教程，下午要么是马术出操，要么是打野外，刺枪，空余时间用来挖地，修路。

在成都的时候，日本的飞机有时来轰炸。美国人运来很多飞机，其中有黑寡妇战斗机[1]。日本人飞机来的时候，军校放警报紧急集合，郊外都有指定地

---

[1] 第二次世界大战时期 P—61 飞机的绰号，由美国诺斯洛普公司制造。

点躲避,我们骑兵备马到指定地点,美国人的飞机就飞上去,我们亲眼看到把日本的一个飞机打掉了,一团火球从天上掉下来。

教育长万耀煌基本上在军校,蒋介石也来,不仅有过讲话,还有阅兵。1946年回南京以前,他来过成都分校,坐着吉普车到操场上,我们骑兵都骑在马上,他对我们点头示意。他讲话的内容多是鼓励大家。

3 抗战胜利以后的经历

1945年胜利以后,军校要改制,说要学西点军校,我们学校是步、骑、工、炮几个兵种,而西点军校中还要学海军、空军。学校原本计划要改制,但后来发生内战,改制的事情就停下来了。一直到1947年年底,我们才毕业。

毕业以后,我分到了湖南保安司令部,由湖南省主席王东原兼任司令。他有个军事干部训练班,在衡山,我在那当区队长,教学生,训练的都是班长。

到1948年年底,宋希濂由新疆调到了南京,担任华中"剿匪"司令部副总司令,一共两个兵团,他兼任14兵团司令部司令,还有个12兵团,是黄维。我们三个同学就一起离开长沙,一个宋幼庚(湖南人)、一个王笈(河南人),坐船到汉口,我在14兵团警卫营搜索连当排长,后来连长调走了。在淮海战役时,黄维来了,宋希濂调任川湘鄂边区绥靖公署主任,驻在宜昌,我就调到军政干部学校当队长,在干部训练班当副中队长。

1949年,解放大西南,刘邓大军首先进来,这时我们的部队已经没有了。军政干部学校跟着宋希濂往四川撤退,先是准备去云南,和李弥兵团一起入缅甸,到宜宾的时候,遇到国民党一个军起义,就走不过去了。上面指示转向四川大渡河那边去,准备去西昌和胡宗南会合,结果在走到大渡河沙坪镇的时候,被解放军包围了，我们就成了俘虏了。1949年12月19日，把我们解放，包括宋希濂在内成立军俘团，从少尉一级到上尉的一个团，少校以上的另一个团。解放军很愿意要国民党的下级军官，后来在峨眉动员我要参加解放军，我没有去，以后进军西藏我也没去。我是黄埔军校学生，信仰三民主义，现在被解放军俘虏，再跟着他们一起，我觉得尴尬，再一个思乡情切，所以就不愿意。后来去了隆昌学习，在隆昌自愿自行回家。

1950年，我在重庆警备司令部领了路费，先到湖南，经过长沙的时候，我和宋幼庚在黄兴北路开了一个三友小食店，那时候身上还有13块光洋，两个戒指，解放军没有收去。我的同学有老婆、小孩和兄弟，加上我，一共五个人，开了几个月，没什么生意，也不会做生意，钱都吃光了。我身上钱就用完了，于是就去上海。到了上海，住在上海临清路62号的哥哥家，我的哥哥是个钢铁工人。我本来是想回老家，好几年没回过家了，可是家乡搞土改，家乡人告诉我不能回去，回去的话会掉脑袋。所以我就在上海自谋职业。在茶叶店里工作，卖茶叶做销货员。"三反""五反"来的时候，茶叶店垮了，由于偷税漏税，茶叶店两个老板都被抓起来了，我们七个工人没了工作，店员失业工人救济会办了一个会计学习班，我就在那里学了几个月的会计。但是学了会计也没用，为什么呢？因为成分不行，人家都有人介绍工作，我没有人介绍。后来我拿了45斤粮，住在大姐家，在上海北站每天拉车子(运零件)维持生活。

1956年，上海动员失业工人到西北去支边，我去了甘肃兰州修铁路，修到新疆的兰新铁路，当时那里什么人都有。后来我被调到张掖供应科第四供应站，去当售货员。这是1956年年底。

我去的时候管的是百货摊子，三间房大小，完全是我一个人打理，生意做得非常好。我们有一个站长叫王立高，那个时候大罗马的手表十分时髦，130元一块。当时西藏那边过来走私的人，为了拉拢你，也送你大罗马手表，让你帮他开发票，他们就去找站长王立高，卖一块手表出去，我就要开一张发票。站长收到很多大罗马手表，就让我帮他卖手表，我心想站长让我做，那我就做。当时柜台很简陋，有的时候我一个人顾不上那么多，大罗马的表就被人顺手拿跑了。按照当时的售货制度来说，站长不能让售货员帮你卖东西。丢了手表，认为是我拿走了手表，让我赔，我是不想赔的，但这个事情怎么解决呢，我当时的工资一个月一百多块，我就分批给人家赔，但是人家不同意，要我一次性拿出来，我就不赔，我一没偷二没拿，因此就闹到工运科。工运科一听这个话，就按照规章制度处理，说不赔，后来把站长调走了。我也被调走，让我搞粮食，搞煤炭，还有卖柴火，分别在两个地方，为了生意方便，我就住到外面去了。

1957 年，又把我调回来，还是让我管百货。当时说要交粮票，我就把收来的粮票交了。结果会计喊我："老纪，你过来。"他问我："还有没有粮票了？"我说没有了。会计又问："挎包里面还有没有粮票？"当时挎包里有刚刚从外面收回来的粮票，但那是伙食团收回来的，是全国票。好了，这下问题来了，上面就给我安上了盗窃粮票的罪名，让我交代。我交代什么呢？后来又是翻柜台又是搜柜台，新发现许多粮票，问我从哪里来的，我说我不知道——我到现在也不知道那里为什么会有粮票。于是就把我逮捕了，我坚决不承认，到 9 月份把我逮进去，一直到来年四五月份，我还是不承认，住在看守所里。外面闹饥荒，看守所没有粮食，后来人饿的没办法了，床都爬不上去了，喝水也成问题，就"承认"了盗窃粮票，就这样被关了五年。

释放以后，我去了新疆，在新疆兵团一直干到退休，1986 年在新疆退休。1973 年，别人给我介绍了一个寡妇，她的前夫生病死了，带着两个孩子。结婚的时候我一无所有，我当时已经四十多岁，不太想结婚。1986 年，我回来的路上经过张掖，提了一下我的事情，还是给我报的冤案，我也就算了，不计较了。此后成立黄埔军校同学会，我参加了同学会。

连续炸掉鬼子十个碉堡

李安平

"在八滩打仗的时候，我才16岁，连续炸掉了十个碉堡。"

★ 口述人：李安平
★ 采访人：王志龙　薛刚　张英凡
★ 采访时间：2017 年 8 月 30 日
★ 采访地点：南京军区联勤部无锡干休所
★ 整理人：杨帆　张旭飞

【老兵档案】

李安平，1926 年 2 月 14 日出生于河南省濮阳县，1942 年 2 月加入中国共产党。曾担任八路军黄河支队司号员，新四军第 3 师第 8 旅第 24 团司号员、班长，曾参加了阜宁、涟水、滨海、连云港、陈家港等战斗，历经四平战役、辽沈战役、广西剿匪、抗美援朝等战役、战争。1982 年离休。

1　黄河炸堤后的流浪生活

1926 年 2 月 14 日，我出生于河南濮阳县八公桥乡李油坊村。小的时候，家里有父母和 5 个孩子，我有两个姐姐、1 个妹妹和 1 个哥哥。当时家里有 3 亩地，还租了别人 7 亩地。租子是这样交的，如果一亩地收了 200 斤粮食就要交100 斤，收了 150 斤粮食就要交 50 斤。我爸爸的亲大哥是个大地主，他家有几千亩的地，每年租给很多人，能收很多粮食。他心很坏，在安徽做贩卖人口的生意，就是贩卖女孩子给别人家做老婆，然后用挣的钱回来买土地。提起他我就很生气，我爸爸也生气，我们不吃他家的饭，也不到他家去。我爸说："穷就穷，我们家俩小子捋绿叶、挖野菜就够吃了。"地主把一麻袋的麦子送到我家门口，我爸爸也不要，大声说："给他退回去，卖人的粮食咱们不能吃！"小时候，我家里的生活很苦，吃饭就是把高粱灌水以后跟菜拌起来，然后放锅里蒸着吃，再弄点高粱打成面糊糊来喝，还腌了点咸萝卜，就是靠这些维持生活。因为家里太穷，读书都是要钱的，所以我连学校门都没有进过。

1938 年，国民党为了阻止日军过黄河，把河堤炸开了。那时候是夏天，因为家里热，老百姓都拿个席子在外面睡觉。半夜，大家睡得正熟，不知道黄河开口了，村长一边敲锣一边喊："跑啊！水来了！"大家就赶紧往滑县那边有高山的地方跑。我那时候虚岁 13 岁，周岁只有 12 岁。我母亲牵着我和我妹妹跟着人群一块跑，但我妹妹跑得慢，我母亲光顾着我妹妹了，我被人一挤就挤散了。挤散了以后我跟着人群继续跑，一直跑到了滑县的一个庄上。我们庄上还有十几个小孩也找不到大人了，我们就一起去讨饭吃。开始时，国际救济会[1]还在救助点支了几个大锅，用来熬稀饭。为了防止国民党把粮食给当官的，就规定这个稀饭筷子插进去不准倒，要叫老百姓吃饱。后来国民党当官的为了发财，把粮食弄走一部分，然后在里面掺上沙子。大家都很饿，也不管有没有沙子，吃饱就行。最后人越挤越多，成千上万的人都挤在了一起。人一多就闹事，国民党拿着棍子把人都打散了。我们这十几个小孩就顺着黄河往上跑，边跑边讨饭。

2 从流浪儿到司号员

就在我们流浪时，正好遇到八路军第 115 师从山西过来，要到山东去。原

---

[1] "国际救济会"是由当时在郑州的中外宗教界人士倡议组建，向加拿大红十字会、英美基督教援华会等组织请求援助，开设救济所收容难民。

来我们这儿有个黄河支队,支队长鲍启祥。后来黄河支队与其他部队合编为冀鲁豫支队,杨得志为支队长。我想参加他们的部队,但那时候我实际才 12 岁,还没有枪高,所以他们不要我,叫我回家去。我没有家了,因为家早被黄河淹了。我就跟炊事班的老班长要了个饼子吃,看他人好,就一直跟着他,他做饭我就帮他烧锅。我烧锅有两个好处:一个是帮他烧锅他会给我饼子吃;二是烧锅以后身体很暖和,晚上能睡好。我这样既有住的地方又有吃的东西了,所以他走哪儿我就跟哪儿。他说:"你老跟着我干什么? 你回家吧!"我说:"我找不到家了!"这个老班长就不说话了,他去跟连长说:"这个孩子很苦,他找不到自己家了,就一直跟着咱们,还有几个孩子也回不去了,你看怎么办呢?"连长说:"现在部队扩大了,通信都要靠号,正好咱们团部要训练司号兵,把他们收去学号吧。"然后他们就收了我们十几个人,编了一个司号排,下面编了三个班,我们是第 2 班,有二十多个小孩子。

学号开始要学吹五音,就是"哆来咪发嗦"这样提气、吹气。早上小孩睡觉睡得死,憋了一宿的尿,起来也不准我们小便,只准吹号把尿吹掉,真是憋得跺脚。还要对着风吹,不能顺风,一直吹到吃早饭才能结束。吹号时排长拿着棍子站在旁边,谁小便就打谁屁股。我只能悄悄顺着大腿尿,脚下都是沙地,尿了用脚一踩别人也发现不了。大家都问我:"别人憋得直跺脚,你怎么没事?"我就告诉他们这个方法,之后大家都开始学我。

我们吹的号分为两种,一种是双管的,一种是单管的。双管有九个音,单管有五个音,我吹的是单管的。我们那时候起床、熄灯、吃饭、集合、出发、调动都要吹号,起床号是"答答,滴答,答滴,答答",所有的连都吹同样的起床号。冲锋号是"滴滴答答滴滴滴,滴答答答滴",每个连都有自己的冲锋号,哪个连吹,哪个连就要冲锋,不吹就不能动。连长身边有三个兵:一个司号员、一个卫生员、一个文书。两个连之间有联系号,调动的时候不同的连也有不同的号音。我们那个号音顺风可以传到三四百米外的地方,有时候也可以传到五百米以外,再远就听不清了。

我们司号员的待遇和其他兵一样,大家都是吃一样的饭、穿一样的衣。发钱的时候,战士发一个铜板,副班长发两个,班长发三个,排长发五个。铜板是好东西,不但可以用,还可以做子弹壳,一个铜板可以做一个子弹壳。我们发了铜板以后,就是买点咸菜。那时候纪律很严格,把老百姓的东西弄坏了要赔,吃了老百姓家的饭也要给钱,不能白吃的,白吃是要关禁闭的。关禁闭一般关三天,就是叫你立正站着不动,有人给送饭吃,但是不能出去,一般站三个小时就累得不行了。我们当时发了铜板以后也没有人去赌博,因为赌博也要关禁闭。原来是"三大纪律六项注意",后来加了两项注意,其中就有不准赌博的规定。我们过去都是住在老百姓家,老百姓住两边的房间,我们在堂屋中间铺上稻草一个挨一个地挤着睡。做饭由炊事班负责,他们会在地上支个大锅,做好以后,每个班派人拿个盆来打回去吃。粮食是上面从老百姓那里统一买了,然后供应到各团、各营、各连。

我们这个支队从滑县出发,准备到山东去,路上一边走一边学吹号,还要跟国民党打仗,跟红枪会[1]打仗。红枪会既是国民党的走狗,也是日本鬼子的走狗,见了八路军就杀。他们不准我们进村,因为怕我们进村以后要吃的、要喝水、要烧柴火、要住房子、要睡觉。大家为了赶路,只好绕着村子走,但有时候绕着走也不行,因为他们说那里都是他们的地方。没办法,我们就和他们打,不打过不去,红枪会还是很强的。后来走到洪泽湖的时候,碰到一个叫王光夏的土匪,拦住我们不让过,我们只好在草湖里头和他打,在那儿耽误了一个多月。

我们在洪泽湖待了一段时间后到了涟水,之后又到了阜宁,跟新四军会合,

---

[1] 红枪会:以宗教迷信相号召、以红缨枪为主要武器的村民武装自卫组织。起源于清末,兴盛于民国,在河南、山东和河北等地最为活跃。

改编为新四军第3师。我在第8旅第24团当司号员，当时部队集合、吃饭、睡觉、出发都要靠号。我比较机灵，就跟我们指导员换着吹。

3 坐上土坦克去炸碉堡

我在苏北的时候，直接和日本人打过，在阜宁、涟水、陈家港等好几个地方都打过。我们住在农村，日本人住在城市，有时候我们晚上会悄悄摸进去打他们。当时，我们的枪子弹少，主要靠手榴弹，炸药也是自己做。我们把庙里的钟都砸碎，做成手榴弹，然后把炸药装在里面，效果也挺厉害。那时候我们没有枪，就拿红缨枪当枪。从陕西过来的正规部队，比如杨得志支队，一个班有四五条枪，还有湖北条子[1]。

日本鬼子很坏，他们经常留一个排驻守在城里，然后叫汉奸给他们垒砌炮楼，在楼上站哨守着，他们自己出去玩。我们一开始没有炮，后来美国轰炸东京的时候有一架飞机落到了阜宁，日本人和国民党都要抢，最后被我们抢到了。抢到以后，我们就把上面的机关炮拆下来，机关炮的子弹很粗，可以拿去打炮楼，但只有几发子弹，我们舍不得打。飞机的轮胎很好，是胶皮的，枪打不透，我们就用它来做"土坦克"。我们先用棍子把轮子插起来，把桌子反过来放在地上，在桌面上开个洞，然后把轮子放上去。接着在桌腿上面一边绑两个竹竿子，在竹竿上面绑上浸湿的棉被，棉被在水里泡了很长时间，枪和手榴弹都打不透，这就叫"土坦克"。打仗的时候，一个人在后面推，一个人在前面拉，再派一个小孩抱着弹药包坐在中间，上面和下面都炸不透，中间很安全。前面拉的人是最危险的，牺牲了好几个。我们黄玉先指导员跟我说："小李，你机灵，你去试炸

---

〔1〕 指湖北汉阳兵工厂生产的德式步枪。

药。"我说:"好!"就抱着炸药包往桌上一坐,后面一个人推,前面一个人拉,往炮楼那个方向走,子弹一点也打不到我。有的人去了就跑,结果被打伤了。我就想千万不能跑,要观察好炮楼的死角,过去就直接往死角跑,枪就打不着了,等一等就能钻到被子里了。黄指导员夸我说:"你这个小鬼还挺有能耐,我早就教给他们不能乱跑。你要找死角那个地方,一出来就直接插到死角,这才是好办法。"

在八滩打仗的时候,我才16岁,连续炸掉了十个碉堡。我们黄指导员夸我说:"好小子,你可以参加我们党了!"我问:"什么叫'党'啊?"他告诉我:"就是专门打鬼子、干革命的!"我是1942年2月加入共产党的,入党介绍人就是黄玉先指导员。那时入党一般有3个月的候补期,但我没有。入党要宣誓:遵循党章、党纲,遵守党的纪律,保证革命到底。如果你3个月内有行为违背了自己的宣誓,就要再延长3个月的候补期,如果还不行,就取消你的党员资格。

入党之后,我被调去给杨得志当勤务员,给他背文件、安排生活,有时候也给他带带小孩。后来,杨得志去延安学习,要坐船从海里走,他对我说:"小李呀,我本来打算也把你带到延安去学习学习,但你太小了。"我说:"我会水呀!我游泳可有本事了!"他说:"不行,你岁数太小了,那海可是无边的!"我说:"海无边也总是要靠岸的啊!"他说:"靠岸就到大西洋去了! 你留下来吧,就跟着黄玉先指导员,做他的勤务兵。"我说:"好啊!"所以我就留下来了[1]。留下来以后,黄指导员就跟我说:"小李啊,你打仗是个人才,不能只跟着我,你到第3师第8旅第24团第9连当班长去吧!"就这样,我16岁就当班长了。

1944年在东海县,我们被日本鬼子赶到了海滩里。海滩上几百里路都是芦苇,我们饿了就抓海里的小螃蟹和小虾子吃,渴了就趁下雨的时候把衣服脱

---

[1] 李安平老人的回忆有误。因为1940年6月黄克诚率部自冀鲁豫根据地南下并于1941年2月在苏北组建新四军3师,杨得志留在冀鲁豫根据地直到1943年下半年去延安学习。

下来顶在头上接雨,然后一点一点喝。在那儿待了一个多月以后,我们开始大反攻,把日本鬼子打跑了。因为大家很长时间没有吃饱过,都很饿,就一天吃四顿饭,早上一顿稀饭,上午 10 点钟一顿稀饭,下午 4 点钟一顿稀饭,晚上 8 点钟再吃一顿稀饭,结果这么吃撑死好多人。我们胡团长说:"这样不行,谁再吃就关起来!"后来,部队要去东北,我就跟着胡团长一直向山东走,过陇海铁路继续北上。当时谁也没有见过火车,就觉得火车跑得可真快,你提前二三十里路开始跑,一转眼就被火车撵上了。大家争论火车到底是什么做的,有人说是木头的,有人说是石头的,也有人说是铁的。大家谁也不知道,就争了一路。

4　从东北血战到广西剿匪

1945 年日本投降时我在苏北,听到消息以后很高兴,大家还敲锣打鼓、扭秧歌。抗日战争整整打了八年,中国损失很大,当时有一句话叫:"抗战八年半,流血又流汗!"那时也没想回家,因为仗还没打完。我们本来打算从山海关去东北,结果到了山海关才发现那里被国民党占领了。我们只好转弯向西走,从喜峰口过长城,从长城出来以后到了一个专门产大烟的县。我们不知道什么叫大烟,只听人讲过,说大烟很好抽,旧社会经常有人抽。我们进了县城,发现县政府里头有好多一块一块的大烟。你如果拉肚子,弄一点大烟喝,很快就治好了,所以我装了满满一挎包的大烟。

那个挎包是随身携带的,里头装有五发子弹。当时部队的子弹很少,规定一个人最多装五发。其他装的都是假子弹,就是把高粱秆子剪成一段一段的,然后用纸包起来当子弹,这样看起来好像有很多子弹,实际上大都是高粱秆子。新兵们不知道,有个新兵领到子弹就打了几枪,连长跟他说:"你把五发子弹都打光还打不打仗?"他很惊讶,就问:"只有五发子弹? 为什么他们那么多? 你们欺负我们是新兵啊!"连长笑着说:"你不问问他们那是什么子弹?"他这才知道原来每个人都只有五发子弹。他又问:"那把这五发子弹都打光了该怎么办?"连长说:"那我这五发也给你吧!"连长就把自己的五发子弹给他了。我们用高粱杆子假装子弹,就是为了给敌人看,也给老百姓看,让他们觉得我们这个部队很厉害,有很多子弹。我用的第一支枪是六连响,其他步枪只有五发子弹,它有六发,子弹很细,别的枪都不能用,只有我能用。这种枪比别的枪长,稍微有点重,但打得又远又准。

我们到了四平以后跟国民党打仗。那时候一个班只有两支枪。我们从苏北到了山东以后,山东的同志说:"等你们到了东北,肯定要给你们装备三八大盖,你们还要这些破枪干什么? 给我们吧。"所以我们一个班只留了两条枪用来站岗放哨,其他枪都留在山东了。因为听说苏联红军在东北缴获了日军大量武器,我们一到东北就能发枪。说起苏联红军来,他们好也好,不好也不好,不好的是他们把日本鬼子的枪统统运回自己国内了,好的是给我们补充了手榴弹,一个人有 12 个,当时没有枪,全靠这些手榴弹。

第一次打四平的时候,战士们都很勇敢,一个班只有两条枪,就只靠手榴弹把四平给打下来了。打四平的时候伤亡很多,因为没有枪,老兵们伤亡了三分之一,很可惜,那都是能打仗的。四平打了四次才把国民党打掉,所以我们就说"四平四平,四次打平"。

当时牺牲的人很多,也没有棺材,就用老百姓家里装衣服的柜子装遗体,一个柜子装两个,然后埋掉。在用老百姓柜子装遗体埋的时候,有一个没有埋好,柜子有个褡裢,狗钻进去吃尸体的时候就被扣在里面了,它受不了,就在里面弄出"梆梆梆"的响声。因为过去有人被埋了以后还能活过来,我听到了这声音就以为还有活的,就去掀盖子。结果盖子一掀,狗就跑出来了,把我吓得呆在那里。后来战友问我："小李,你看到什么了?"我说:"狗!"他们说:"狗怕什么,你打死它还能吃一顿狗肉呢!"我说:"别说打死它了,我都快被它吓死了!"他们说:"你这个大胆鬼怎么还能叫狗给吓死!"之后将近有十多天,我一睡觉就被吓醒,他们嘲笑我说:"你这个李大胆儿,竟然被狗吓得十多天睡不着觉。"但当时我哪知道它是个狗啊。

打了四平以后,我们参加辽沈战役去打锦州,国民党上将范汉杰在锦州。打完锦州以后就打天津,陈长捷守在天津,他有 40 万的军队。他看我们打掉了锦州,知道天津守不住了,就想和傅作义联合。傅作义驻守在北平,有 60 万的部队。他认为他和傅作义加起来有 100 万人,我们只有 60 万人,这还打不过吗?结果我们很快就把天津打下来了,陈长捷也被抓住了。

我们继续南下,打下武汉以后又到了广西,在那打了一个月的土匪。广西到处都是山,每个山都有好多洞,洞里面都有枪。广西的土匪实际上是国民党被打散的部队。开始抓住俘虏时还优待他们,给他们换上新衣服,给他们路费叫他们回去。结果他们回去以后,就到山洞里拿上枪又来打。抓住以后放了,放了又来,最后越抓越多。老百姓说:"你们不要抓了,这样是抓不完的,他们在山洞里面都有枪。你们抓了再放,他们回去拿起枪又跟你打。"我们之后抓住他们,就一个一个送回老家。大概三个月后,土匪就被剿灭完了,其中有些跑到邻国种大烟去了。

在南下路过河南兰考时我给家里写了一封信。收到信后,我妈妈说:"原来安平还活着呢!你看还来信了!"结果我爸爸就跑到广西,去部队找我。那时我当连长了,正好到团里开会,团部就派人把他送到我们连里去了。我们连的司务长是个麻子,他和我爸开玩笑说:"爸,你怎么来了?"我爸看他有麻子,就说:"不对呀,我儿子没有麻子呀!"司务长骗他说:"我出来以后就患了天花,长了麻子,你不认得了吧!"他又吩咐其他人说:"我爹来了,赶快做饭,炒几个菜,再打半斤酒！"我爸还问他："你出天花怎么长麻子了？"后来团里告诉我说："你父亲来了，已经把他送到你连里去了。"我就赶紧回到连里，进连一看到爸，我就哭了。我爸说："你哭什么呢？"我说："你看看我是谁呀？"我爸说："这个司务长不是我儿子吗？"我说："司务长怎么是你儿子啊？"我爸说："他讲他是我儿子！"我骂司务长说："你这个麻头，怎么还和我争父亲！"他说："我跟你开个玩笑嘛！老爷子这么远从河南来到这儿，我给他买了半斤酒，炒了几个菜，你陪陪他吧。"我爸还不相信，我说："我就是安平啊！"他说："我说儿子没麻子的。"我说："那是我们司务长，他这个人很好。你看，他还给我们弄酒炒菜呢！咱们吃一点！"

5　朝鲜战场缴获 20 多辆坦克

我们是 1951 年第一批去朝鲜的部队。入朝后穿的是朝鲜的军服，战士们的衣服上有五道勾，干部的衣服上有一条红线。之后成立了志愿军，就穿我们自己的服装了。我们当时的团长叫李耀先，是他带着我们去的，我在朝鲜一共待了四年。美国兵都是政府花钱雇的雇佣兵，虽然装备和射击技术都很好，但是很怕死。我们把他们包围以后，就告诉他们："志愿军优待俘虏，赶快出来吧！谁不出来就扔手雷了！"你一接近他，他就赶紧把枪甩掉，示意不要打他了。我们说："那你跟我们走！"但他听不懂中国话，也不走。后来，我们每个战士就在衣服上缝三张英语纸条，第一个是"志愿军优待俘虏"，第二个是"交枪不杀"，第三个是"跟我走"。三句话用英语一讲，他们就能听懂了，抓的俘虏也就多了。有一次，美国人在临近江边的地方有 20 多辆 18 吨的坦克。我带了一个连从山上下去，把手雷扔了过去，坦克都被炸坏了。有 100 多个美国鬼子在那里，一看坦克炸坏了，又知道志愿军不杀俘虏，就都把枪交了。我们一个连八十几个人抓了一百多个美国鬼子,还缴了20多辆18吨的坦克。这次,我成了战斗英雄,但是我们的一个陈姓排长牺牲了。

从朝鲜回来以后,领导说:"学了文化你就能当团长了。"我不想学也得逼着自己学,就说:"行!"然后被送到长沙工程兵学校学了半年文化,达到初中程度才回来。回来以后又到厦门修飞机场和炮兵阵地。从厦门回来以后,就到了南京南面的方山,在那建基地和营区,之后又回到长沙进行第二次学习。学完回到无锡修营房的时候,我是第3营的营长。后来我在无锡离休。离休以后,后勤政委说:"你身体这么好,离什么休呢?"我说:"那我能做什么?"他说:"国家报下来了,你是1938年的老八路,又是打坑道的专家,所以还不能快活,要到金寨打坑道去。"结果我就到安徽金寨打坑道去了,一直打了三四年坑道。我们打的最长坑道有3公里,8米宽,8米高,有3个出口。上面派了一个排在那儿看房子,看坑道。1982年我就正式离休了。

九死一生的
白衣战士

李连仲

"我们第74军后来改成了第4方面军，保卫陈纳德搞的全国最大的芷江飞机场。"

★ 口 述 人：李连仲
★ 采 访 人：齐春风　叶铭　肖晓飞　莫非
★ 采访时间：2016 年 7 月 21 日
★ 采访地点：江苏省南京市玄武区佛心桥
★ 整 理 人：陈敏

【老兵档案】

　　李连仲，1917 年出生于河北保定，1934 年考入国民党第 10 军军医学习班，1937 年毕业后分配至第 10 军第 41 师野战医院。抗战爆发后参加南京保卫战。1938 年加入第 74 军，在第 51 师野战医院工作。抗战期间先后参加过武汉会战、上高会战、长沙会战、常德会战、雪峰山会战等。抗战胜利后参加内战，淮海战役结束后回到南京。1980 年从市总工会退休。

1　少年从军

　　我家在河北保定市，离北平 100 多里路。1931 年九一八事变以后，我们都听说日本人侵略中国了，很残暴，老百姓很害怕。我那会儿已经念了两年私塾和小学，到 1934 年我 16 岁的时候，因为家离北平近，家里害怕我的安危，于是爷爷叫我去南方找工作，我就和一个同乡到了湖北省襄阳市。我是 1934 年离开老家的，3 年后抗战爆发，家乡成为八路军游击区，就是白洋淀，小兵张嘎战斗的那个地方。家里被划为中农，我有两个妹妹、一个弟弟，都是共产党员。大妹夫原来是我们那边的区委书记,后来做了驻印度文化参赞,最后是湖北省外事办副主任,厅级干部。

　　到了襄阳,工作不好找,恰好第 10 军,就是徐源泉[1]当师长的那个军,在招考医生训练班学员,我就报考了军医学习班。两年多后毕业,1937 年分配到第 10 军第 41 师,在野战医院做司药员。大概到了 4、5 月间,我们医院有个北京籍的少校调到团卫生所当主任。他很喜欢我,又因为都是北方人,他就让我跟他一起去。

　　七七事变爆发后,我们师部在四川万县,团在夔府。12 月份,我们从四川坐船到南京参加保卫战,在栖霞山尧化门一带布防。我们那会儿带了很多药品和器械。因为药品太多了,不能跟着部队,少校就让我和另外两人在下关商埠街看着。过了 3 天,还没有人来接,那会儿大概是 12 月 11 日左右了,上海退兵和逃难老百姓很多,下关乱了。我们 3 个人商议了一下,因为我和少校关系好,我就说我去找部队。我雇了一条船,走了一个多小时,找到了部队和少校主任,而南京留下来的人一直没有消息。主任说:"来命令了,南京不守了,晚上就要过江。"我就问:"那药品怎么办?"如果坐船去下关,因为是上水,大概要两个多小时,主任说来不及了。我们师长丁治磐说我们守的地方是死地,就找了几十只木船,找了一个团长指挥。上完一只船,走一只船,然后再回来。我们那时一个师有 2 个旅、4 个团。过了江之后走了两个多小时,向西过铁路到安徽全椒,整了一下队。又走了十几天到湖北麻城,停下来整顿。

▌2　在第 74 军的抗日经历

　　大约是 1938 年正月过年的时候,因为第 74 军在上海、南京损失较大,于是

---

〔1〕　徐源泉(1886—1960),出生于湖北黄冈仓埠镇。宣统二年(1910 年)毕业于南京陆军讲武堂,参加辛亥革命。因中原大战战功提升第 10 军军长,1935 年 4 月,晋升二级上将,11 月当选为国民党中央委员。

第 10 军抽了几千老兵去支持。我听说第 74 军需要医务人员,就和另外两个老兵去麻城县城找第 74 军,最后在湖北荆门找到了第 74 军第 51 师。我们去军医处报到,第 74 军需要医务人员,很欢迎我们。我们 3 个人,2 个分在野战医院,1 个分在团卫生队,继续整训补充。第 74 军军长是俞济时,我们第 51 师师长是王耀武。1938 年,我们支援台儿庄,军部和第 58 师在徐州下车,第 51 师在铜山下车,下车时间大概是下午两三点。下车后,我就去找房子住,医院需要大房子,我就找了个中学。大概下午三四点的时候,9 架日本飞机先炸了火车站,后炸了铜山县城。我其实本来已经找好防空洞了,但是看房子的人把后门锁了,我出不去,就想躲到城门头。我们院长就大喊,不让我躲到城门头里面,让我去院子大门两边找地方躲。我出门就一直跑,跑到城南找到一个防空洞躲了起来。日本飞机飞走了,我回到住的地方一看,原来想躲的城门头被炸了一个大坑,院长那几声大喊救了我。

几天后,台儿庄战役结束,第 74 军奉命从徐州到郑州转武汉,又到九江,在九江德安布防,准备武汉会战。长江以北是第 5 战区,司令官是李宗仁。长江以南是第 9 战区,司令官是陈诚。我们军隶属于第 1 兵团,由薛岳和罗卓英指挥。武汉会战大概在 7、8 月间开打,我们在江南有 20 个师,日本有三四个师团,还有旅团。打了半个多月,在打一个山头的时候,第 51 师有个团长叫张灵甫,带了 100 人的敢死队从后山翻到山顶上去,下面部队开始进攻,这就是张古山战斗。[1] 顺便说一下,战前十几天我得了伤寒,我们马主任到后方医院买药,我吃了就好了。

仗打起来之后,伤亡很大,我每天除了抢救伤员,还要转运伤员。我们医院在德安以南十几里路的镇上。每天我都要把百十个轻伤员送到修水北边 20 里

---

[1] 张古山战斗是武汉会战中的一场著名战斗。第 51 师第 153 旅旅长张灵甫率部,从日军疏于防范的后山绝壁上进攻,经过白刃格斗,占领张古山主阵地。张灵甫率部死战,腿部负伤仍不下火线。

路的地方。部队里肠胃病最多,还有呼吸道疾病。那会儿水不干净,都是喝的池塘水。伤员到医院,之前一般在前线团卫生队都处理过。我们医院处理那些没有处理过的,我们技术不高,一般都不能做手术,就是用急救包包扎好送后方医院。受伤很痛苦的,救不下来就死了。医院里最常见的都是一些救急包,还有夹板。药品一般都是消化道、呼吸道药品,药品比较少,条件不好。部队经费很困难,各种设备都跟不上。当时医务培训很少,就是开会讲讲课,讲讲急救知识。美国人也帮我们培训医务人员,大概持续了一个月。万家岭、张古山,我们担架兵太少,很多人下不来。因为汽车很少,送弹药去前线的车回来的路上会带上重伤员,轻伤员都是自己走回来的。

马路上人来车往,和现在城里大马路一样。日本飞机来时,飞得很低,不但丢炸弹,还用机枪扫射。我们都趴在路边的洼地里,每次飞机来都有人死伤,路上很乱。有半个月左右,天天都这样,是抗战以来最危险的时期,感觉比在上海的时候还危险。虽然我那时不在第74军,但听部队里面都这么讲。我们年轻人为了抗战,都是不怕死的,院长也让我们坚持下来。

在部队里伙食很简单,几乎没有荤菜。后方伤兵医院平时都是素菜、素汤,吃的都是陈米,当官的和当兵的一样。抗战时期,官兵生活很艰苦,营长以上要好一点,连长以下都是很苦的。部队一年发两套衣服,夏天单衣,冬天棉袄。1943、1944年之前最困难,营养根本谈不上。后来美国支援我们30个师的装备,才有了肉罐头吃,每人还发一条羊毛的黄毯子。

当时,前方非常紧张,打了20多天,万家岭战役结束了。我还记得当时长沙大火,那时我们离长沙还有百十里。在长沙的时候,因为营养差,部队肠胃炎、肺结核多。万家岭战役,第106师团基本被我们消灭了,这是最凶的一次战役。第74军立了大功,王耀武接替俞济时当了军长,张灵甫当了旅长,那个俞济时是蒋介石的外甥。战役结束后,我们向修水撤退,后来保卫南昌、高安、上高,在江西两年多。

长沙战役开始后,第74军奉命从江西出发支援长沙。部队到浏阳过捞刀河,到了一座三四百米高的交吉岭。日本人侦查到第74军从这里过,就派来9架飞机轰炸,第74军损失很大。我们十几个同事,包括院长和马主任都因为过捞刀河的时候船翻了,牺牲了,王耀武非常生气。部队到醴陵集结后,就往长沙开去了。敌人离长沙40里的时候,发生了长沙大火,烧死了很多人,城里没有几间房子了。那个警备司令叫酆悌的,是黄埔1期的,被枪毙了,那时湖南省的主席是张治中。打那之后,第74军一直在湖南了。我们第74军后来改成了第4方面军,保卫陈纳德搞的全国最大的芷江飞机场。

3 战后到解放

1945年8月日本投降,当时第74军奉命守卫南京。知道抗战胜利后,我很高兴,盼望国家给一个适当工作,我再成家立业,或者自己开诊所。我们从邵阳武冈步行十几天到汉口,在路上碰到日本军队。他们缴了枪,到武汉集结,就和我们走在一起。日本投降以后,上边有命令,不准侮辱日本兵,不准打骂日本人。到武汉后,乘船两天到南京,军部在孝陵卫,那时军长是张灵甫。第51师师长是邱维达,师部在中山北路。我在第151团卫生队当队长,我们团在板桥。大概是1946年,我们在板桥受降日本1个师团。第74军那时作为南京的警卫部队,大约在1946年七八月间参加内战,打了孟良崮战役和淮海战役。在孟良崮战役中,军长、副军长,还有一个叫卢醒的师长都死了。淮海战役时军长是邱维达,投降了。在突围的时候,有大概100多位伤病员在徐州,我那会儿是野战医院副院长,部队乱了,我就换便衣去徐州住了几天。那时徐州外来人口多,城里很乱。军管会发通知,愿意离开徐州的就去登个记,然后给开路条。我就去登记了,因为那会儿我爱人在南京。

1949 年年底,全国解放,我找了个以前的同事一起在板桥开个诊所。1950 年参加工作,先在上新河那边的搬运工会医务室,1953 年调到市总工会。1957 年困难时期,下放到浦口医院。1960 年因为爱人去世、家里人口多,市总工会把我调到第一医院,工作了 1 年。组织对我还是很关心的。后来市总工会恢复医务室,我就回去了。1969 年下放农村 9 年,在公社卫生院,后来又回到了总工会。1980 年,我 62 岁退休,因为那会儿还实行顶替制度,小儿子就顶替我去文化宫工作。

带领姐妹们抗日

李　萍

"那时候老百姓对共产党就像是一家人，热情得很。军民很团结，大家一心一意打日本人，就想把日本鬼子赶出去。"

★ 口述人：李萍
★ 采访人：肖晓飞　莫非　来碧荣　刘倩　谢吟龙　张英凡　蔡青　钟慧慧
　　　　　彭博涵　刘延革
★ 采访时间：2017 年 11 月 11 日
★ 采访地点：江苏省无锡市青龙山支路 73011 部队第二干休所
★ 整理人：刘倩　肖晓飞

【老兵档案】

　　李萍，1927 年 4 月生，河北唐县西杨庄村人。少年时期参加共产党领导的青妇队、妇救会，从事支援前线、组织群众工作。抗战胜利以后，先后在晋察冀边区电台、华北农业部工作。新中国成立以后先后在南京、无锡工作，1984 年离休。

1　日军"扫荡"下的苦难生活

　　我是 1927 年 4 月 13 日出生的。老家在河北唐县西杨庄村，家里比较贫苦。父亲兄弟三个，我大伯在家务农，后来出去看我大哥，他死在外边，死的比较早。二伯帮人家干活，一辈子没有结婚。我父亲在家种地，家里原来有一点地，后来又分了一点地，自己够吃。

　　我兄弟姊妹五个，我是老大，下面有四个弟弟。我工作以后，大弟弟到我单位里去，也参加了工作。他上过速成中学，毕业以后摔了一跤受了伤，就这样一直躺在家里。我还有个堂哥，小名叫李东生，大名叫李挺方，也出来参加工作。

他比我大六岁，以前是青抗先[1]的一个头头。有一回，我们村里好几个人都被日本人抓去了，其中一个叫郭胜，他算是一个头头，脖子被砍下来了。我堂哥逃出来以后，又继续参加革命工作。

我们小时候那会儿，父母一般是不允许女孩上学的。1940年，我13岁才上小学，上了一年多，不到两年。那时候村上没有房子作校舍，就把神像请走，我们就在庙里上小学。小学没有名字，就是村里的小学。老师是从外边请来的，是一个男老师。他人还蛮好的，同学们也不叫他名字，就是"老师、老师"的叫。我们上学不交学费，那是村里办的，请个人教一教。老师工资村里管，村里给他多少钱，我们也弄不清楚。当然，我们家穷得也没有钱交学费。我上学的时候，男女混在一起，原先只收男生，不要女生，后来不知怎么就收女生了。日本鬼子"扫荡"的时候，我们就不敢上学，学校也就开不起来了。

我的家乡唐县是老解放区，那时候部队伤病员都在那修养、治疗。白求恩大夫就是牺牲在我们那个县的。我们村两边是路，中间比较平坦，前头是山，这山是唐县最前边的一座山。抗战时期驻的部队比较多，日本人来的时候，他从两边来。我们西杨庄是革命根据地，日本人经常下来"扫荡"，一般十天八天来一次。我们那还有个东杨庄，日本人在那里搞了炮楼。

鬼子下来"扫荡"的时候，老百姓就往外跑，主要是往山里跑。日本人虽然进村"扫荡"，但是不在那里住，随后就撤走了。等鬼子走了之后，老百姓又回到村子。鬼子来了以后，村民家里的小毛驴肯定会被弄走，破东西他们是不要的。所以，老百姓在逃离时，就把小毛驴牵着跑，家家户户牵着小毛驴跑。

日本人很残忍，每次"扫荡"都会杀害村民。我们村民听到"日本鬼子来了"，就赶快跑，有的人年纪大跑不动，就被鬼子抓住。我们北方有存贮山芋的地窖。有一次日本人来到我们村，把两个年纪大的扔到地窖里，放毒气把他们

---

[1] 青年抗日先锋队。

全毒死了。日本人走了以后,有个人想下去看看,他顺着台阶扶墙下去之后,结果没到底就死了。这样,旁人就不敢下去了。等时间长了,毒气散了,才敢把三具尸体弄出来。

大概是 1943 年冬的一天,鬼子来了,我们跑到山里的一个山沟里。我们待在山沟的阴面,对面不远处就有太阳光,但是我们很害怕被鬼子发现,不敢到有太阳光的那边去,差点冻死在那。有一个叫二生的人,他小孩冻得直哭。他们一家三口就跑到有太阳的那边。结果,夫妻俩让日本人开枪打死了,小孩在那哇哇大哭,谁都不敢上去抱。等日本人走了,才有人把他抱起来。

2 在地方组织宣传抗日活动

共产党八路军到我们村很早。那时候不是一支部队常驻,而是经常调换。他们从山上下到村子,不建造营房,都住在老百姓家里,一般是老百姓腾出房子给他们住。在八路军的宣传组织下,我们村子的群众组织很活跃。

那时候,村庄上的男子参加青抗先,妇女就参加青妇队[1]和妇救会。青抗先比较积极,他们和部队联系密切,直接支援部队,甚至整个队都到部队参军了,村子里只剩下很少很少的年轻人。参军的青抗先成员有的牺牲了,有的负伤就回来了。我们村子里当二鬼子的人很少。有个二鬼子叫安金寇,他平时跟日本鬼子通气,帮助鬼子干坏事。抗战胜利之前,他被村东的一帮人枪毙了。其他村里也有二鬼子,被枪毙了好几个。

我不上小学以后,就参加了村子里的青妇队,还当上了队长,副队长叫李青梅。我还担任过妇救会的副主任。青妇队要开展训练,队里有红缨枪,每一个

---

[1] 青妇队又称青妇先,就是青年妇女抗日先锋队。

人都有一把。我们加强训练红缨枪的枪法，进行体操训练，吹哨子跑步。除了村子里开展训练外，一个区还要集合训练。不管你是结过婚也好，没结过婚也好，青年妇女都被集合在一起来训练。

我们青妇队的主要任务是支援前线打日本鬼子。部队没有鞋穿，我们帮着穿线纳底子，鞋面子是另外一部分人去做。鞋底子布是区里组织发下来的，我们每一家分一些，纳好以后送上去。我们把纳好的鞋底子给他们送过去就行了。

晚上，部队去摸日本人的炮楼，我们在后头抬担架支援。部队去了一个连的人，我们十来个跟随其后。摸炮楼也不容易，我们牺牲了很多人。

我们还要做宣传工作。七八个青年妇女组织起来，去扭秧歌、跳舞、表演、搞宣传，大家弄得很红火。一些宣传抗日战争的歌、减租减息的歌我现在还会唱，一个打日本的歌，叫《抗战到底》，其中一小段歌词是这样：

> 抗战到底，抗战到底。
> 抗战到底，抗战到底。
> 不怕风吹，不怕雪。
> 不怕流血，不怕死。
> 房屋烧光，我要重建。
> 哥哥战死，弟弟再续。
> 无论如何，我们要胜利。

还有一个关于减租减息的歌：

> 咱村里有个王老三，种着嘎咕地二亩半。
> 浇三遍，锄三遍。

打的粮食一石五啊，租子缴了一半。

辛辛苦苦整一年，

糠面、窝窝、糊糊饭。

一家大小半饥半饱，苛欠苛欠一冬天。

王老三，心盘算，

盘算盘算要把那租子二五减。

为哪般，为哪般，

为的是生活不困难。

这些歌都是别人先教我们唱，教会后我们上台表演，开展宣传。

我们的宣传形式也是多样的。村子里除了一家姓贾、另一家姓安外，其他200来户都姓李，所以大家都很热情。我当自卫队队长以后，每天晚上都要集合搞活动，白天做了多少工作，大家都会互相交流。我是区委员，要到每个村，给村里讲讲形势，协助他们村的头头讲一下怎么宣传。那个时候就两条腿跑，一张嘴说，没有油灯，没有电，村里有事情就是搞个大喇叭，然后站在房梁上说。政策怎么传达？搞大喇叭宣传，有什么事都是用大喇叭通知。

上面来的人到我们这儿做宣传，老百姓对他们都非常热情。他们来了怎么吃饭呢？其实老百姓很穷、很苦。穷到什么程度？过年的时候吃麦，白面的饺子根本就没有，吃荞麦面的饼子就比较好了，就穷到那个程度。上面的工作人员就被派到各家各户去吃饭，老百姓非常欢迎他们，还会做一点好的。老百姓家里没有什么特别的菜，都是大锅菜，给他们煎个鸡蛋。那时候老百姓对共产党就像是一家人，热情得很。军民很团结，大家一心一意打日本人，就想把日本鬼子赶出去。

那时候搞减租减息，但是在我们那里有分田地的情况，这个比别的地方要早。我们村地主不多，就是一两户，还不是很富有。李智晓的家庭就比较富一点，他家的土地拿出来分给贫苦农民了。他当时是共产党的一个领导，具体什么职务我不清楚。他在外头开展工作，也回到我们村里搞过宣传。他教过我们唱"小日本，我敌人，枪口瞄瞄准"。

因为村里没有大地主，中农的地多了，也是要分的。因为大家都是一个姓，所以中农多了的土地就悄悄地分掉。李通先家属于中农，家中地方比较宽阔些，干部们都住他家。他本人也参加了革命工作，但是多余的地也拿出来分了。贫苦农民分到了土地以后，有地种了，都很高兴。

1944年冬天我入了党。那时，我白天帮着父亲种地，晚上就搞活动。北店头人贾美玲嫁到我们村以后，她领导我们开展活动，比较活跃。当时李银政是我们村的支部书记，他介绍我入党。我们天天晚上集合，李银政就对我们讲共产党怎么样。有一天，他问我愿不愿意入党。我问够不够条件，他说："条件够了，可以的，再加强一点。"当天晚上，我就在党旗下面宣誓，加入了共产党。我们党员三个人一个小组，一周要开一次会，过组织生活。大家一起活动，一起宣传，宣传口号是："打倒日本帝国主义！""打倒小日本！"我们年轻人基本上都是共产党员。有的家庭不是贫农，阶级成分不好就不行。好多中农以上家庭成员，工作不那么积极，就入不了党。我家里穷，干革命积极，所以符合入党条件。

日本鬼子投降了，大家高兴啊，都站在房梁上拿着洗脸盆"当当当"地敲，庆祝胜利。

3　奋战在多个工作岗位上

1946年春天，晋察冀边区电台要人，有一位工作人员来我们村子招人，村里有夫妻俩要去，我就跟他们一起去了。

晋察冀边区电台在河北省阜平县，我们总负责人叫孙国际，工作人员不多，分好多个科室，都"滴滴答答"地响，有人翻译，有人收集材料。所有电台"嘀嘀嘀"打出来，字要翻译，我就是小学二三年级文化，对我来说，翻译这个事儿是很困难的。

有个女青年叫小白，跟我住一起。不知道怎么搞的，小白身上长了疥疮，然后传染了我。长了疥疮以后，我就回老家了。后来蒋介石发动内战，张家口失守，我又背着小包赶快回阜平。我回去以后，他们已经搬了家。留守的人员叫我到医院，我说不行，我不适合到医院里工作。然后，我又回到老家唐县，党组织关系也介绍到我们县里来了。县里找我受训，受训以后就参加了华北农业科学队，去做宣传工作，主要宣传农业育种，怎么提高产量，还有就是发动群众。这就相当于正式参加工作了。

后来，科学队的梁金要搞工业工作，王瑞田说："我们到北京去搞汽车。"去搞了半年以后，我的体质过敏，肺又有了问题，领导就不让我搞了，把我调到华北农业部办公厅做办事员。

我的文化水平比较低，1951年到1952年就进入工农速成中学学习。1953年春，我和贺志一在北京结婚。我们是朋友介绍认识的。他比我大四岁，我当时觉得还可以，就结婚了。他是石家庄人，原来在清华大学工农附属中学学习，后到河北涿县当炮兵，是个老八路军，参加过抗日战争、解放战争、抗美援朝、抗法援越战争，还有解放一江山岛战斗。1956年，我离开北京到了浙江黄岩，后又到南京雨花台区妇联当副主任。当时周强是妇联主任，李凤华是书记。

1981年的10月，我调到无锡市工会支部机关，1984年离休。

通信员的抗
战岁月

李德才

"战士们在前线上阵杀敌值得称颂，但是如果没有我们这些送信员的情报，就不能取得大小战斗的胜利。"

★ 口 述 人：李德才

★ 采 访 人：王骅书　张鹤军　尤劲峰　张宏羽　杨康

★ 采访时间：2017 年 7 月 11 日

★ 采访地点：江苏省盐城市响水县陈家港镇下辛村

★ 整 理 人：薄凡　王金鑫

【老兵档案】

李德才，1926 年出生，江苏省响水县人。1942 年参加新四军，1944 年加入中国共产党。曾任新四军第 3 师第 8 旅第 24 团战士、盐阜区滨海县交通局通信员、淮北盐务管理局通信员、淮北盐警团战士等职，1949 年复员回乡。

1 国难家贫，全家投身共产党

我小时候的小名叫小友子，家住上冈〔1〕，父亲是响水县的码头工人。小时候家里很穷，供不起我上学，所以没有读过书，大字都不识一个。1941 年，共产党领导抗日的时候，响水县的陈港、响水、小尖子〔2〕、三套、六套、七套、南河〔3〕都有日军。日本人来的第二年，所有的物资都被调转到连云港去了。我们五六个人无法支撑生计，到处逃荒做小工。

---

〔1〕 今盐城市建湖县上冈镇。
〔2〕 今建湖县境内。
〔3〕 今响水县南河镇。

有一天，在回家的路上，我遇到了党领导的新四军，我就参加了新四军。后来我的父亲、弟弟都参加了新四军。父亲当了 9 年的兵，弟弟当了 20 多年的兵，从淮南盐警团辗转到福建炮兵团，回来后还当过大队纪委，我也当了 9 年的兵。对抗战的第一印象是"苦"，我们脚下穿的是草鞋，身上披的是单衣，后方的补给严重不足，经常有人在路上饿死。

2 青春年少，初生牛犊不怕虎

我当初是在滨海双套[1]参加的新四军，那个时候滨海县城南尚德区到处都是日军，我们在那里打了三次仗，第一次从双套打到阜宁县外面，第二次打响水外面的新乡，第三次攻下了双套和运河。刚开始地方上还没有划区，1943 年我们攻下陈港，划分了区，有了南河区、陈港区等等。

后来我被调到滨海县，当时我才十八九岁，很年轻，执行任务跑到运河边，就直接游水，横穿运河，游到河东。后来进入了交通局，负责送信。方圆几十里全是日伪军，陈港、南河的日军人数加起来可以抵得上好几个排，但我自己并不知道害怕。

3 不怕牺牲，冒死传消息

我先被编入新四军 8 旅 24 团，后被调到了滨海县交通局，日常负责送信。这个工作看似简单，实则不然。送信的人要沿着田边走，不能走大路。日军训

---

[1] 今响水县黄圩镇双套村。

练有素,对枪支和机械设备使用极为熟练,走大路我们只能是白白送死。如果在大路上碰到鬼子可不得了,听到"噗嚓""曜通"两声,那就是鬼子的三八式,立刻就要举枪还击,不然敌人一枪就能把你打死。

1943年,我们和日伪军正面打了一仗,正好日伪军换防,我们24团攻下了据点。第二天,鬼子海军的炮艇扔了11颗炸弹,没打到我们,但炸了大桥北边做生意的一家人。这家人的瓦房在小河边,日军飞机侦察时发现了房子,随后就用炮弹猛烈地轰炸,正中锅屋。当时我就在边上,只听见"轰隆"一声,房子被烧焦了,人也被炸傻了。我赶忙叫弟兄们过来救人,遗憾的是没救成功,场面惨烈至极。记得有一回县里的同志说:"你参加抗日战争的时候,怎么没被打死?"他说话不知轻重,非常让人生气。如果要是全被打死,现在哪里还有人保卫、建设国家?

我送了大约五年的信,没有任何车辆。一天120里的路,我全部都是靠腿走过来的。有敌人的时候,信就是小纸条,看到敌人就要把信吃掉,不能让情报落入敌人手中。幸好我从没有正面遇到过敌人,在交通局送信的五年里我是平平安安的,也没受过伤。日本人投降的时候,是我把信送到了东守山我们的部队里,百十里路依然是靠腿走下来的。战士们在前线上阵杀敌值得称颂,但是如果没有我们这些送信员的情报,就不能取得大小战斗的胜利。

▌4 铸成大错,开除党籍成憾事

我是1944年入党的,入党的第二年就犯了错误。

后来领导把我调到了淮北盐务局,人调走了,党籍也开除了,相比其他处理方式,只是调离交通局,已经算是轻的了。到那个时候,我才认识到问题的严重性，如果没有这个错误，我总不至于失去党籍。我弟弟比我小四岁，也是参军后入的党，先被编入淮南盐警团，后来调到福建炮兵团，驻防在福建川石岛[1]。他当了20多年兵，回乡后担任了村干部，但是，不知怎么染上了赌博。

赌钱的时候，正好派出所李所长来抓赌，他是后进房子里的，赌钱的人都翻窗子逃了，他把门一开，一下子就被逮住了，也被开除了党籍。现在回想起来，我们弟兄虽然当兵早，也干了不少工作，但都是自我警醒不够，才先后失去了党籍，这也看出来，那时我们的党和军队的纪律有多严。

5 解放战争，再显男儿真气概

1946年，我被调到淮北盐务局，那时候二十多岁正血气方刚，后来又被调到淮北盐警团。盐警团有五百多人，政委是杜李。1948年，我还在淮北盐警团，当时我们在陈港打仗，一路打到连云港。这一战我们打得很激烈，也很艰苦，但还是咬着牙坚持了下来。

熊熊燃起的解放之火，激励着我们为国家抛头颅、洒热血。1949年解放战争结束后，盐警团基本上解散，有文化的人都参加了其他工作，没有文化的人就安排回家务农。

6 返乡归家，生活平静且满足

1949年淮北盐警团解散后，因为我自己没有文化，就回了家做些小生意。

---

[1] 今福建省福州市连江县境内

没有太多的钱,只能做些小生意,卖些萝卜菜籽,挑着担子走乡串镇地跑。即使是生活最艰难的时候,我也没有丧失对国家的希望。

小生意做了三四年,后来我靠替人做些帮工维持生计。土改后,开始好好种村里分的土地,现在也足够一家人生活。我的妻子叫林步清,已经去世了,若是还在的话,她今年应该 83 岁。我们一共育有两个女儿、四个儿子,子孙满堂。我现在的生活很平静,我很满足。